喻园新闻传播学者论丛

新闻传播与管理科学方法四论

FOUR DISCUSSIONS ON SCIENTIFIC METHODS OF
NEWS COMMUNICATION AND MANAGEMENT SCIENCE

赵振宇 著

社会科学文献出版社
SOCIAL SCIENCES ACADEMIC PRESS (CHINA)

喻园新闻传播学者论丛
编辑委员会

顾　问：吴廷俊
主　任：张　昆
主　编：张明新　唐海江

编　委：（以姓氏笔画为序）
王　溥　石长顺　申　凡　刘　洁　吴廷俊　何志武
余　红　张　昆　张明新　陈先红　赵振宇　钟　瑛
郭小平　唐海江　舒咏平　詹　健

总 序

　　置身于全球化、媒介化的当下，我们深刻感受与体验着时时刻刻被潮水般的信息所包围、裹挟和影响的日常。这是一个新兴的信息技术快速变革和全面应用的时代，媒介技术持续地、全方位地形塑着人类社会信息传播实践的样貌。可以说，新闻传播的形态、业态和生态，在相当程度上被信息技术所决定和塑造。"物换星移几度秋"，信息技术的迭代如此之快，我们甚至已经难以想象，明天的媒体将呈现什么样的面貌，未来的人们将如何进行相互交流。

　　华中科技大学的新闻传播学科，就是在全球科技革命浪潮高涨的背景下开设的，也是在学校所拥有的以信息科学为代表的众多理工类优势学科的滋养下发展和繁荣起来的。诚然，华中科技大学新闻与信息传播学院还是一个相对年轻的学院。1983年3月，在学院的前身新闻系筹建之时，学校派秘书长姚启和教授参加全国新闻教育工作座谈会。会上，姚启和教授提出，时代的发展，尤其是科学技术的日新月异，将对新闻从业者的媒介技术思维、素养和技能提出比以往任何时代都高的要求。当年9月，我们的新闻系成立并开始招生。成立后，即确立了"文工交叉，应用见长"的发展思路，强调培养学生的动手能力和应用能力，强调在科学研究和人才培养中，充分与学校的优势理工类专业交叉渗透。

　　1998年4月，新闻系升格为学院。和其他新闻传播学院的命名有所不同，我们的院名定为"新闻与信息传播学院"，增添了"信息"二字。这是由当时华中科技大学的前身华中理工大学的在任校长，也是教育部原部长周济院士所加的。他认为，要从更为广阔的视域来审视新闻与传播活动的过程和规律，尤其要注重从信息科学和技术的角度来透视人类传播现象，考察传播过程中信息技术与人和社会的关系。"日拱一卒，功不唐捐"。长期以来，这种思路被充分贯彻和落实到我院的学科规划、科学研究、人才培养、社会服务等各项工作中。

因此，华中科技大学新闻与信息传播学院的最大特色，就是我们自创立以来，一直秉承文工交叉融合发展的思路，在传统的人文学科和"人文学科+社会科学"新闻传播学科发展模式之外，倡导、创新和践行了一种全新的范式。在这种学科范式下，我们以"多研究些问题"的学术追求，开拓了以信息技术为起点来观察人类新闻传播现象的视界，建构了以媒介技术为坐标的新闻传播学科建设框架，确立了以"全能型""高素质""复合型""创新型"为指向的人才培养目标，建立了跨越人文社会科学、科学技术和新闻传播学的课程体系和师资队伍，营造了适合提升学生实践技能和科技素质的教学环境。

就学科方向而论，30多年来，学院在长期的学科凝练和规划实践中，形成了相对稳定的三大支柱性学科方向：新闻传播史论、新媒体和战略传播。在本学科于1983年创办之时，新闻传播史论即是明确的战略方向。该方向下的教学和研究工作主要包括马克思主义新闻观与思想体系、新闻基础理论、新闻事业改革、中外新闻史、传播思想史、传播理论、新闻传播学研究方法等领域；在建制上则包括新闻学系和新闻学专业（2001年增设新闻评论方向），此后又设立了广播电视学系和广播电视学专业（另有播音与主持艺术专业）、新闻评论研究中心、马克思主义新闻观教研平台等系所平台。30多年来，在新闻传播史论方向下，学院尤为重视新闻事业和思想史的研究，特别是吴廷俊教授关于中国新闻事业史、张昆教授关于外国新闻事业史的研究，以及刘洁教授和唐海江教授关于新闻传播思想史、观念史和媒介史的研究，各成一家，卓然而立。

如果说新闻传播史论方向是本学科的立足之本，那么积极规划新媒体方向，则是本学科凸显自身特色的战略行动。20世纪90年代中期，互联网进入中国，"新媒体时代"正式开启。"不畏浮云遮望眼"，我们积极回应这一趋势，成功申报并获批国家社科基金重点项目"多媒体技术与新闻传播"（主持人系吴廷俊教授），在新闻学专业下开设网络新闻传播特色方向班，建立传播科技教研室和电子出版研究所，成立新闻与信息传播学院并聘请电子与信息工程系主任朱光喜教授为副院长。此后，学院不断推进和电子与信息工程系、计算机学院等工科院系的深度合作，并逐步向业界拓展。学院先后成立了传播学系，建设了广播电视与新媒体研究院、媒介技术与传播发展研究中心、华彩新媒体联合实验室、智能媒体与传播科学研究中心等面向未来的研究平台，以钟瑛教授、郭小平教授、余红教授和笔者为代表的学者，不断推进信息传播新技术、新媒体内容生产与文化、新媒体管理、现代传播体系建设、广播电视与数字媒体、新媒体广告与品牌传播等领域的研究和教学工作，引领我国新媒体教育教学和科学研究风气之先。

2005年前后，依托于品牌传播研究所、广告学系、公共传播研究所等系所平台，学院逐步凝练和培育了一个新的战略性方向：战略传播。围绕这个方向，我们开始在政治传播、对外传播与公共外交、国家公共关系、国家传播战略、中国特色网络文化建设等诸领域发力，陆续获批系列国家课题，发表系列高水平论文，出版系列学术专著，对人才培养起到了积极支撑作用，促进了学院的社会服务工作，提升了本学科的影响力。可以说，战略传播方向是基于新媒体方向而成形和建设的。无论是关于政治传播、现代传播体系、对外传播与公共外交、国家传播战略方面的教学工作还是研究工作，皆立足于新媒体发展和广泛应用的现实背景和演变趋势。在具体工作中，对于战略传播方向的深入推进，则是充分融入了学校在公共管理、外国语言文学、社会学、中国语言文学、哲学等学科领域的学科资源，尤其注重与政府管理部门和业界机构的联合，最大限度整合资源，发挥协同优势。"既滋兰之九畹兮，又树蕙之百亩。"近年来，学院先后组建成立了国家传播战略研究院和中国故事创意传播研究院，张昆教授、陈先红教授等领衔的研究团队在提升本学科的社会影响力方面，起到了非常积极的作用。

"却顾所来径，苍苍横翠微。"本学科诞生于20世纪80年代初信息科技革命高涨的时代背景之下，其成长则依托于华中科技大学（1988~2000年为华中理工大学）信息科学和人文社会科学的优势学科资源，规划了新闻传播史论、新媒体和战略传播三大支柱性学科方向，发展的基本思路是学科交叉融合。30多年来，本学科的学者们前赴后继、薪火相传，从历史的、技术的、人文的、政策与应用的角度，观察、思考、研究和解读人类的新闻与传播实践活动，丰富了中外学界关于媒介传播的理论阐释，启发了转型中的中国新闻传播业关于媒介改革的思路，留下了极为丰厚和充满洞见的思想资源。

现在，摆在读者诸君面前的"喻园新闻传播学者论丛"，即是近十多年来，我院学者群体在这三大学科版图中留下的知识贡献。这套论丛，包括二十余位教授的自选集及相关著述。其中，有吴廷俊、张昆、申凡、赵振宇、石长顺、舒咏平、钟瑛、陈先红、刘洁、何志武、孙发友、欧阳明、余红、王溥、唐海江、郭小平、袁艳、李卫东、邓秀军、牛静等诸位教授的著述，共计30余部，涉及新闻传播史、媒介思想史、新闻理论、传播理论、新闻传播教育、政治传播、新媒体传播、品牌研究、公共关系理论、风险传播、媒体伦理与法规等诸多方向。可以说，这套丛书是华中科技大学新闻传播学者最近十年来，为新闻传播学术研究所做的知识贡献的集中展示。我们希望以这套丛书为媒介，在更广的学科领域和更大知识范畴的学者、学人之间进行交流探讨，为当代中国的新闻传播学术研究提供华中科技大学学者的智慧结晶和思想。

当今是一个新闻业和传播业大变革、大转折的时代，新闻传播业正在经历人类历史上"百年未有之大变局"。首先是信息科技革命的决定性影响。对当前和未来的新闻传播业来说，技术无疑是第一推动力。大数据、云计算、区块链、物联网、人工智能等技术，持续带来翻天覆地的变革，不断颠覆、刷新和重构人们的生活与想象。其次是国际化浪潮。当前的中国越来越走近世界舞台中央，"讲好中国故事""传播好中国声音"，中国文化"走出去"和提升文化软实力，是国家层面的重大战略，这些理应是新闻传播学者需要面对和研究的关键课题。最后是媒体业跨界发展。在当前"万物皆媒"的时代，媒体的概念在放大，越来越体现出网络化、数据化、移动化、智能化趋势。媒体行业的边界得到了极大拓展，正在进一步与金融、服务、政务、娱乐、财经、电商等行业建立更紧密的联系。在这个泛传播、泛媒体、泛内容的时代，新闻传播研究本身也需要加速蝶变、持续迭代，以介入和影响行业实践的能力彰显学术研究的价值。

由是观之，新闻传播学的理论预设、核心知识可能需要重新思考和建构。在此背景下，华中科技大学新闻传播学科正在深化"文工交叉，应用见长"的学科建设思路，倡导"面向未来、学科融合、主流意识、国际视野"的发展理念，积极推进多学科融合。所谓"多学科融合"，是紧密依托华中科技大学强大的信息学科、医科和人文社科优势，在新的时代条件下，以面向未来、多元包容和开放创新的姿态，通过内在逻辑和行动路径的重构，全方位、深度有机融合多学科的思维、理论和技术，促进学科建设和科学研究的效能提升和知识创新。

为学，如水上撑船，不可须臾放缓。展望未来，我们力图在传统的新闻传播史论、新媒体和战略传播三大支柱性学科方向架构的学术版图中，在积极回应信息科技革命、全球化发展和媒体行业跨界融合的过程中，进一步凝练、丰富、充实、拓展既有的学科优势与学术方向。具体来说，有如下三方面的思考。

其一，在新闻传播史论和新媒体两大方向之间，以更为宏大和开阔的思路，跨越学科壁垒，贯通科技与人文，在新闻传播的基础理论、历史和方法研究中融入政治学、社会学、语言学、公共管理学、经济学等学科的思维方式和理论资源，在更广阔的学科视域中观照人类新闻传播活动，丰富学科内涵。特别的，在"媒介与文明"的理论想象和阐释空间中，赋予这两大学术方向更大的活力和可能性，以推进基础研究的理论创新。

其二，在新媒体方向之下，及时敏锐地关注5G、人工智能、云计算、区块链等新兴技术日新月异的发展演变，以学校支持的重大学科平台建设计划"智能媒体与传播科学研究中心"为基础，聚焦当今和未来的信息传播新技术对人类传播实践和媒体行业的冲击、影响和塑造。在此过程中，一方面，充分发挥学校的计算机科学与技术、电子信息与通信、人工智能与自动化、光学与电子信息、网络空间安全等优势学科的力量，大力推进学科深度融合发展，拓展本学科的研究领域，充实科研力量，提高学术产能；另一方面，持续关注和追踪技术进步，积极保持与业界的对话和互动，通过学术研究的系列成果不断影响业界的思维与实践。

其三，在新媒体与战略传播两大方向之间，对接健康中国、生态保护、科技创新等重大战略，以健康传播、环境传播和科技传播等系列关联领域为纽带,充分借助学校在基础医学、临床医学、公共卫生、医药卫生管理、生命科学与技术、环境科学与工程、能源与动力工程等学科领域的优势,在多学科知识的有机融合中突破既有的学科边界,发掘培育新的学术增长点,产出标志性的学术成果,彰显成果的社会影响力和政策影响力。

1983~2019年,本学科已走过36年艰辛探索和开拓奋进的峥嵘岁月,为人类的知识创造和中国新闻事业的改革发展贡献了难能可贵的思想与智慧。在人类的历史长河中,36年的时间只是短短一瞬,但对于以学术为志业的学者们而言,则已然是毕生心智与心血的凝聚。对此,学院谨以这套丛书的出版为契机,向前辈学人们致以最崇高的敬意!同时,也以此来激励年轻的后辈学者与学生,要不忘初心,继续发扬先辈们优良的学术传统,在当今和未来的时代奋力书写更为辉煌的历史篇章!

"潮平两岸阔,风正一帆悬。"在技术进步、全球化发展和行业变革的当前,人类的新闻传播实践正处于革命性的转折点上,对于从事新闻传播学术研究的我们而言,这是令人激动的时代机遇。华中科技大学新闻传播学科将秉持"面向未来、学科融合、主流意识、国际视野"的思路,勇立科技革命和传播变革潮头,积极推进多学科融合,以融合思维促进学术研究和知识创新,彰显特色,矢志一流,为建设中国特色、世界一流的新闻传播学科,为我国新闻传播事业的改革发展,为人类社会的知识创造,为传承和创新中华文化做出应有的贡献!

张明新

华中科技大学新闻与信息传播学院教授、博士生导师、院长
2019年12月于武昌喻园

目 录
CONTENTS

一论　新闻策划论：组织媒体传播的制胜之宝

新闻策划概述 ································· 003
　　一　"新闻策划"发展历史回顾 ····················· 003
　　二　对新闻报道策划的界定和认识 ··················· 007
　　三　新闻报道策划的几种类型 ····················· 012

新闻报道策划的前提与原则 ························· 014
　　一　新闻报道策划的价值前提 ····················· 014
　　二　新闻报道策划的事实前提 ····················· 020
　　三　新闻报道策划的时效原则 ····················· 025
　　四　新闻报道策划的整体原则 ····················· 025

不同类型报道策划要略 ··························· 027
　　一　典型人物的报道策划 ······················· 027
　　二　建设成就报道策划 ························ 029
　　三　参与式新闻报道策划 ······················· 034
　　四　网络新闻报道策划 ························ 041

新闻策划人的素质要求 ··························· 045
　　一　提高责任意识 ·························· 045
　　二　遵循新闻规律 ·························· 047

三　讲求科学方法……………………………………………049
　　四　发挥创造精神……………………………………………050
讲好中国故事，创新融媒体时代新闻策划模式……………………052
　　一　新闻及其时空观辨析……………………………………052
　　二　到一线、循规律、出佳作………………………………063
　　三　实施编辑主导责任制，提高媒体竞争力………………067
　　四　怎样认识和讲好中国故事………………………………072
　　五　恪守新闻规律，创新融媒体时代新闻策划……………081

二论　舆论引导论：应对突发事件的协同互动

突发事件及舆论演变特征………………………………………091
　　一　突发事件的分类及特点…………………………………091
　　二　突发事件舆论演变特征…………………………………095
突发事件中的信息变异及应对策略……………………………108
　　一　突发事件信息变异的界定及内涵………………………109
　　二　突发事件信息变异的影响………………………………111
　　三　突发事件信息变异的原因………………………………112
　　四　突发事件信息变异的宏观调控策略……………………117
突发事件舆论引导机制构建……………………………………121
　　一　突发事件舆论引导原则…………………………………121
　　二　突发事件舆情预警机制的系统论建构…………………124
　　三　突发事件舆情监测和预警………………………………126
　　四　突发事件舆论引导主体联动机制………………………129
建立突发事件的常态化管理机制………………………………140
　　一　加强和改进突发事件中的公民表达……………………140
　　二　加强突发事件报道中的媒体责任：以食品安全报道为例……144
　　三　对民众呼声"有所应"更要"有所为"………………150
　　四　如何科学有效地获取政府公开信息……………………151
　　五　建议设立突发事件状态下"谣言甄别委员会"………157

六　加强和完善新闻发布的程序化建设……………………… 159

三论　激励方法论：发掘人力资源的神奇杠杆

激励的作用、问题及对策…………………………………………… 169
　　一　激励理论研究回顾…………………………………………… 169
　　二　激励实践中存在的问题及对策……………………………… 174
对不同人群的激励方法……………………………………………… 179
　　一　对不同层次人士的激励方法………………………………… 179
　　二　对不同年龄和性别人士的激励方法………………………… 183
　　三　对知识分子的激励方法……………………………………… 189
　　四　对领导和集体的激励方法…………………………………… 197
　　五　广开言路、倡导竞争的激励方法…………………………… 205
激励的基本原则……………………………………………………… 210
　　一　有益性原则…………………………………………………… 210
　　二　公平效率原则………………………………………………… 211
　　三　整体效应原则………………………………………………… 212
　　四　首次激励原则………………………………………………… 214
　　五　物质和精神相结合原则……………………………………… 215
　　六　民主公开原则………………………………………………… 217
　　七　处理好激励中的奖惩关系…………………………………… 218
时代呼唤，促进激励理论新发展…………………………………… 220
　　一　建立和完善一整套奖励法规………………………………… 220
　　二　建立中国特色的奖励学……………………………………… 225

四论　程序科学论：大力推进程序化建设

程序科学概述………………………………………………………… 233
　　一　什么是程序…………………………………………………… 233
　　二　程序存在于万物之中………………………………………… 238
　　三　非程序化的危害及对策……………………………………… 241

程序的运行及功能 … 246
- 一　人与外部世界的互动程序 … 246
- 二　程序的运行 … 251
- 三　程序的功能 … 255

程序设置的基本原则 … 260
- 一　科学原则 … 260
- 二　法治原则 … 262
- 三　公开原则 … 265
- 四　效益原则 … 269
- 五　参与原则 … 272

加快推进程序化建设 … 274
- 一　建立和完善程序化的实现途径 … 274
- 二　面对现实需要回答的问题 … 286
- 三　程序化：新闻舆论传播的科学保障 … 298

后　记 … 306

一论　新闻策划论：
　　　　组织媒体传播的
　　　　制胜之宝

新闻策划概述

从20世纪90年代至今，我国的新闻学界和业界关于"新闻策划"的争论仍在进行，争论的焦点就是"新闻"能否策划。由于"新闻"的含义十分丰富，不同的人对它有不同的理解，它在不同的场合也有不同的表示，于是，由新闻定义引起的关于新闻从业人员所进行的策划的争论就会无休止地进行下去。回顾多年来关于"新闻策划"的争论，求大同存小异，共同促进我国新闻事业的发展，是争论双方或多方一致的目标。

一 "新闻策划"发展历史回顾

从20世纪90年代起，中国新闻界就已经开始关注、研究和实施新闻策划了。

对"新闻策划"提反对意见的人不少：他们认为新闻根本就不能策划。这部分人认为，新闻策划是在新闻事件发生之前，由记者参与规划设计促成事件发生并予以报道的一种行为，这是一种先有记者行为，后有新闻事实报道的模式，是与新闻传播观念背道而驰的。他们认为，新闻媒介不是慈善机构、点子公司，更不是商业机构。对新闻记者来说，他的本职工作应该是发现线索、采集新闻、组织报道等。记者的职业道德和社会使命要求他严格自律，树立良好的社会形象。如果一味地参加策划活动，记者则难免为名利所左右，其本职工作中本应体现的客观性、公正性也就难以保证。所以他们认为，新闻报道根本就不能策划，凡是策划出来的也不能称为新闻；广告是可以策划的，唯独新闻不允许策划。他们认为，"策划新闻"同"造假新闻"是同义语。事实在先，新闻在后，这是铁的法则，先后顺序不能颠倒。倘若事件没有发生或尚未发生，就主观臆断地编造出一条新闻，这是地地道道的假新闻。"新闻策划"是一个含混的概念，它究竟是指新闻报道工作的策划，还是指新闻事件的策划？此论者把新闻策划分为两类：一类是编辑部内对版面、栏目、专题、采访的设计、谋划；另一类是把新闻事件作为策划的对象和内容。对于第一类策划，并无不可；对于第二类策划，却有防止的必要，特别要防止新闻策划与商业策划联姻，因为这类策划混淆了商业活动和新闻活动的界限。新闻媒体不该参与第二类策划，提倡这类新闻策划会导致有偿新闻的产生，会使部分新闻流于广告化。这又是一种意见。还有许多其他意见。

与此同时，对新闻策划持赞同意见的人也有不少：赞同新闻策划者认为，新闻策划不是"制造新闻"或"信息策划"；新闻策划也不是"大造舆论"或"宣传攻势"。新闻策划应具有多层面的含义：关于某一重要事件或新闻热点组织专题报道或系列报道是新闻策划；确立某一时期的报道主题、报道思路也是新闻策划；组织各种形式的探讨和评论是新闻策划；设计媒体以何种特色来吸引受众的"形象包装"也是新闻策划。甚至有时新闻媒介自身或与其他企业事业单位联手组织的一系列活动也可以列入新闻策划的范畴。在他们看来，新闻策划是提高新闻宣传水平的法宝。新闻策划是一种视角新、立意高、开拓深、介入及时的具有战役性、系列性、话题性并能形成新闻强势的新闻报道的谋划和组织过程。经过匠心独运的新闻策划，新闻的报道质量明显提高，新闻竞争力大大增强。当今的新闻竞争实质上是新闻策划力的较量。新闻策划的产生、发展为新闻业注入了生机和活力。同时，也向传统的重采轻编的观念、做法和机制发起了挑战。

争论没有结果，也不会有结果。但是，关于新闻策划的理论研究和实践仍在积极地进行着。

2001年6月，华中科技大学新闻学院举办了"新世纪首届新闻策划学术研讨会"。2008年7月在江西师范大学召开"新世纪第二届新闻策划学术研讨会"。来自全国部分新闻院系、科研院所和新闻实务单位的代表相聚一起，又进行了深入的研讨。

"新闻报道离不开策划"，来自楚天都市报社、华西都市报社、中国青年报社、北京青年报社等实务单位的代表以自己的成功实践说明了这一观点；"关于新闻策划定义的界定"，这是学者们议论较多的一个问题。大部分代表认为，"新闻策划"是个多义词，既可指报道策划，也可指新闻事件的策划，极易造成歧义和引起误解，应该摒弃这个不太科学的概念，还是提倡使用"报道策划"或"传播策划"。"关于新闻策划的层次"，来自中国人民大学、北京广播学院和华中科技大学的教授们从不同的视角提出了自己的看法。"关于新闻策划的教学和实践"，来自中国社会科学院新闻传播研究所、中国人民大学、武汉大学、湖北大学、南昌大学、上海文新集团等单位的代表介绍各自的情况，提出新闻策划应有度，学校开课宜慎重。

中国人民大学新闻学院蔡雯教授于2000年获新闻学博士学位，她的博士论文《新闻传播的策划与组织——宏观新闻编辑研究》于2002年入选"全国百篇优秀博士论文"，这是我国新闻传播学界第一位"全国百篇优秀博士论文"获奖者。在此基础上，她出版了《新闻传播的策划与组织》（新华出版社，2001）。

另外，笔者撰写的《新闻报道策划》（武汉大学出版社2008年5月出版，2021年1月第二版）也被教育部列为"普通高等教育'十一五'国家级规划教材"，这是国家教育部门对一个新领域的认可。虽然此前不少学校已经开设相关课程或讲授有关报道策划的内容，但是"新闻报道策划"作为国家"十一五"规划的教材内容向全国推荐，这还是第一次。

近年来，其他关于新闻报道策划的理论、实践类书籍层出不穷。蔡雯于2004年7月由中国人民大学出版社出版了《新闻报道策划与新闻资源开发》；陈寅于2004年由海天出版社出版了《非常新闻：策划大道》，收集了50个经典报道案例；李建新于2006年由复旦大学出版社出版了《媒体战略策划：新闻传播学前沿教材》，以个案解剖的方式对不同类型的具有代表性的媒体进行条分缕析；2006年6月，沈阳人民广播电台主任记者礼桂华撰写、东北大学出版社出版的《广播新闻策划》一书，对广播新闻策划的历史、概念、原则、方法、过程及广播新闻策划案例诸多内容进行了系统的论述。2013年11月，湖北教育出版社出版了资深媒体人、三峡日报社的李德明所著《新闻策划实战宝典》，该书将全年的新闻策划细化到每个月、每个周，甚至每个重要节日，很适合新闻采编人员学习。

除了理论专著外，为媒体服务的新闻期刊也结合报道实际进行专题讨论。如2007年第12期《中国记者》（新华社主办）组织专题研讨，其选题如下。梳理新闻策划的历史、发展阶段及未来趋势。新闻报道策划的准则和要求是什么？在实践中如何体现和具体实施？当前媒体新闻报道策划出现哪些问题？问题原因是什么？如何避免？结合实例讨论媒体进行报道策划的初衷是什么。如何把握媒体报道策划对于事件的干预度？如何保证媒体干预不影响事件发展方向？新闻媒体的角色是客观真实地报道新闻，那么，报道策划对于新闻媒体的社会角色行使是否有影响？对此应如何评价？对于一些媒体以自我为中心的策划方式，应如何评价？对于一些重大事件，媒体单位是否有一整套策划流程，一个策划班子？整个策划系统是如何运转的？对于一些重大战略性宣传报道，如何做到让党和人民都满意？国外新闻媒体如何进行报道策划？笔者为本次讨论撰写了《新闻报道策划的发展历程及现实责任》一文。

2020年第10期《新闻战线》（人民日报社主办）推出"前沿关注"专题"全媒体时代重大主题报道的改进与创新"，邀请了《辽宁日报》《河南日报》《海南日报》《甘肃日报》《长江日报》以及清博大数据、重庆大学、华中科技大学、澎湃新闻等媒体业界和学界人士就如何有效破解传统重大主题报道贴近性不强、融合力度不够、主流声音不响等问题，持续做强主流舆论，切实担当新时代新闻舆论工作职责使命；如何把"权威、原创、深度"等优势充分有效地激发出来，扩大主流价值影响力版图；如何让主流声音借助移动传播直抵各类用户终端，牢牢占据舆论引导、思想引领、文化传承、服务人民的传播制高点等进行深入探究和解答。笔者在本专题中以《新闻报道策划：融媒体时代的新气象》为题参与了讨论。

除了学术研讨，不少新闻院系已经将新闻策划这门课列入大学本科和硕士研究生的教学计划。不仅如此，许多高等院校的硕士、博士招生考试中也有了关于新闻策划的试题，如北京大学硕士生入学考试中，操作题为

"三家不同媒体作出对某重大交通事故的报道策划",30分;四川大学博士生入学考试的试题为"浅谈新闻策划与策划新闻";上海财经大学硕士生招考试题为"新闻报道策划的类型"……这反映出我国新闻院校特别是在高层次学生培养中对此课题的重视。

二 对新闻报道策划的界定和认识

综观20多年来我国新闻界对"新闻策划"这一论题的争论和实践,我们可以发现,学界和实务界的意见是比较分明的,即学界大多数学者不同意使用"新闻策划"的提法,认为如此提法有"造假新闻"之嫌,他们一般同意提"新闻传播策划"或"新闻报道策划";而实务界的同志们却对此不屑一顾,仍"我行我素",不仅嘴上喊着"新闻策划",在行动中干着"新闻策划",而且在自己的规划和机构设置中,都大量地使用着"新闻策划",有"新闻策划中心"、"新闻策划机制"和"新闻策划奖励"等——自然,他们的前提也是很明确的:我实施的"新闻策划"是新闻单位里面关于新闻报道的策划,而不是"造假新闻"!有的报社总编对此说得更明白:"新闻策划主要是指新闻活动的策划,更确切一点讲,是新闻报道宣传活动的策划。新闻策划不过是新闻界一种简明扼要的提法。"[1] 为了避免概念不清引起的麻烦,也为了减少概念宽泛引起的争论,笔者采用"新闻报道策划"的提法,并给出自己对这一提法的定义或文字表述:新闻报道策划是新闻传播的主体,遵循事物发展和新闻传播的基本规律,围绕一定的目标,对已占有的信息进行科学的分析和研究,着眼现实,发掘已知,预测未来,制定和实施相应的政策和策略,以求最佳效果的创造性的策划活动。

提出这个定义或表述基于以下考虑。

第一,新闻报道策划是整个策划属概念中的一种,在"策划"前面冠以"新闻报道",有别于其他如经济策划、军事策划、商业策划、文化策划、体育策划等。

---

[1] 秦绍德:《关于"新闻策划"几点浅见》,《新闻记者》1997年第9期。

第二，新闻报道策划既然属于策划活动中的一种，那么，关于策划活动的一般属性和要求，新闻报道策划都应具有和必须遵守。

第三，新闻报道策划的基本前提是必须遵循事物发展的基本规律和新闻传播的基本规律，这是新闻报道策划与其他策划活动的根本区别。新闻传播者步入社会，深入实践，一切所作所为必须符合客观事物发展的规律，不可越俎代庖或随意扭曲；策划者在进行新闻传播时必须遵循新闻传播的规律，遵纪守法，遵守新闻工作者的职业道德，讲究传播技巧。

第四，新闻报道策划是人们的主观意识作用于客观现实的一种行为表现。必须充分发挥人的主观能动性，创造性地搞好新闻报道策划；同时，必须防止新闻工作者由于主观意识违背客观事物发展的过程和结果，干预客观事实，造出假新闻或使新闻失实。

第五，新闻报道策划是着眼现实、面向未来的活动。在这个活动的进行过程中，新闻工作者必须大量收集和掌握各种信息材料（包括过去的和现在的、自己的和他人的、中国的和外国的、成功和失败的）进行科学的分析和研究，提出大胆的预测和假想——这是一个有一定风险的创造性工作。因此，增强人们的风险意识，建立科学的评价体制和宽松的思想环境是十分重要的。

第六，新闻报道策划是一种有目标并追求最佳效果的策划活动。以最小的投入去获取最大的社会效益和经济效益应是策划者的行动起点和最终检验标准，策划者的一切策划方案都不能违背这个大方向。

在上述"新闻报道策划"的定义中，关键词是事物发展规律、新闻传播规律、最佳效果、创造性——这就是我们对新闻报道策划一般的也是较为科学的认识。

将"新闻策划"改为"新闻报道策划"，虽然仅仅增加了两个字，但是这样的表述更加科学严谨；同时，对于新闻实务单位的同志来说，他们在使用"新闻策划"一词时也不必受到指责。对于一种约定俗成的东西，我们也不一定强求将其更改过来，实际上强求也是无效的。只要我们都对策划的实质认真把握，学界和实务界双方都是能获得好处的。

新闻报道策划一般来说有两种方式。一是新闻事件发生后，新闻工作者赶赴现场，进行报道策划，推出最受大众欢迎的报道。这种报道策划，只要符合新闻报道的一般规律，人们是不会有多大意见的。现在出现问题和人们对其有颇多意见的是另一种报道，即新闻工作者参与到正在发生或还没发生的事件之中，以自己的主观努力促其圆满和完善，而后再予以报道。对此，笔者以为，只要在实施时按"新闻报道策划"定义的要求办事，就是可行的。

人们为什么会对前一种策划持认同态度呢？因为，客观的事件发生在前，人们的主观报道在后，符合新闻报道的规律；而后一种策划，却是人们的主观策划在前，策划后产生事实，事实产生后再进行报道，这就是在"制造新闻"！对此，笔者以为要做一些具体分析。

从广泛的意义上说，人们的报道都是人们的一种主观意识活动。世界每时每刻都在发生着事件，问题是，我们能够发现的有多少，我们能够报道的有多少，我们能够报道好、报道成功的有多少？我们为什么只能发现那么一些，还有更多的事实发现不了呢？为什么在发现的事实中，我们真正报道成功且很有影响力的只占很少一部分呢？说到底，还是客观事物发展过程中的环境问题、报道机制问题和我们报道者的主观水平、素质问题。传播者个人和群体的素质如何，主观能动性发挥得如何，与传播效果关系极大。正是在这个意义上，我们需要加强对新闻报道策划的研究和实践。根据目前在策划理论和实践中存在的问题，我们有必要正确认识新闻报道策划中记者的参与作用。

（一）时代的发展对新闻工作者提出了新的要求

人们对新闻工作者参与事件后的报道策划有异议，关键在于对新闻工作者参与事件的行为提出了质疑。所谓记者，其职责就在于记录、报道，其他的事则不属于记者的工作范畴。我国出版的各类新闻书籍都有对"记者"的解释，但是，不论关于记者的解释有多少种，它的基本职责大体上是相同的，即进行采访和报道工作。作为一种专门的职业，笔者以为这样的界定基本上是正确的，也是必要的——只有具备明确的职业特征才能有明确的角色意识，人们在从事这一工作时才能有明确的工作指向；人们只有明确了自己的工作责任才能敬业爱岗，把自己的本职工作做好。对于一切正在从事和向往从事这项职业的人来说，都应加强这方面的业务学习和培训，提高新闻工作者的思想和业务等方面的素质。但是，由于记者工作的特殊性，记者在完成好记录报道的同时，在有可能的条件下，参与社会的各种活动，遵循事物发展的基本规律，促其完善和圆满，在此基础上再进行报道，笔者以为是可行的，有时还是必需的，不仅在当代的中国新闻界，而且在国外很早以前就有这样的文字记录了。

当然，在中外新闻史上也有过这样的情况：新闻记者由于违背了事物发展和新闻报道的一般规律，在参与活动中，不恰当地夸大了人的主观能动性，按参与者的主观意志去改变既成的客观事实，从而造出虚假的新闻报道。如果我们的记者知道此事或参与其间进行了策划并予以报道，这样的行为是完全错误并且要受到谴责的，因为这是在"制造假新闻"。

之所以我们反对和不赞同这样的策划，是因为这种行为本身就违反了"新闻报道策划"的定义要求，即不符合事物发展的规律和新闻报道的规律，自然也就不算"新闻报道策划"，更谈不上成功的策划了。因为在策划实践中出现这样那样的问题就否定记者参与的新闻报道策划是没有道理的，但是，对新闻报道策划中存在的问题加强研究，不断提高参与者的自身素质，这是十分必要的。丁柏铨教授认为，在多数情况下，新闻事实是媒介之外的一种存在，它循着自身的规律发展。这时，对新闻事实进行干预是不恰当的，在一定条件下应当允许媒体为新闻事实的发生创造条件。在历史上和现实中，确实也有这样的情况：对于某些新闻事件，在它尚未发生之前，新闻媒介参与过谋划，并为它的发生发展努力创造过条件，新闻事实可以说是经过新闻媒介的策划而最终成为事实的。事实的存在是货真价实的，新闻是根据货真价实的事实所做的报道，它并没有违背新闻规律。这种新闻策划是可取的。① 这种认识和评价是符合我国新闻界的实际情况的，同时也是对新闻记者在某些特定的情况下参与新闻事件并予以策划报道持赞成意见的。

（二）记者以不同的方式创造历史

我们常说，人民创造历史。在创造历史的人群中，就包括广大新闻工作者。新闻工作者创造历史是以两种不同的方式来实现的。一种是记者职业所需要的最基本要求，即用自己的笔、镜头、话筒、摄像机、网络等手

---

① 转引自刘明华《西方新闻采访与写作》，中国人民大学出版社，1993，第13、16页。

段来真实地记录历史、反映历史，以满足受众知识、思想、情趣、休闲等方面的需要。在中外新闻史上，记载着许许多多叱咤风云的精英人物。人们永远不会忘记他们在记录和传播中国及世界的文明历史方面做出的杰出贡献。另一种则是新闻工作者以职业者的形象公开地参与或以特殊身份隐蔽地深入某一事件和活动中，遵循客观事件发生发展的基本规律，与事件和活动的参与者一起促使事件向着策划者的意图行进。由于有了记者的参与，该项活动得以圆满和完善；在事件发生发展的过程中，由于记者的努力，记者的意图和事件者的意愿基本相符；由于参与了策划，新闻工作者可以更多地发现新闻，更好地报道新闻，从而使传媒自身水平不断提高，声誉不断扩大。

新闻工作者不仅是文字工作者，还担任着"访员""访事"的角色，由于职业的特性，从某种意义上说他们还是社会工作者。他们每天要在社会中生活，要与不同的社会成员接触。特殊的知识结构和工作方式，使他们发挥着智囊团的作用——他们参与政府的决策咨询；他们参与企业的规划发展；他们参与社区的文明建设；他们参与整个人群素质提高的活动。他们有选择地在那些适于做，可以做，又能够做得好的事业中发挥着他们的聪明才智。同时，他们没有忘记自己的职责，将参与的事件有选择地予以报道策划，使其为更多受众所感知，从而更好地发挥新闻传播的作用。新闻工作者以自己特有的工作方式参与历史活动，创造历史。历史在记录这些重大事件时，同样不能忘记新闻工作者的功劳！在经济建设中，有因记者的牵线搭桥促成当地经济发展繁荣，而以参与记者的名字命名某地的；在捐资助学中，有因新闻扶贫建立希望小学，而以新闻单位的名字命名学校的；在惩治犯罪、见义勇为等突发事件中，在2020年发生的传播速度最快、感染范围最广、防控难度最大的新冠疫情中，都可以看到当代新闻工作者的身影；他们与广大人民群众一起谱写着一曲曲新时代的颂歌。

新闻工作者在参与事件中策划报道，是新的时代、新的形势对新闻传媒提出的新任务。为完成好这一重要任务，必须加强对参与者各方面的素质培养和训练，这是一项长期而艰巨的任务。

综上所述，新闻报道策划包括两方面内容，既包括新闻事件发生后的报道策划，也包括对符合事物发展规律的新闻事件的策划。当然，在新闻报道策划中，更多的还是在新闻事件发生后对于如何报道的策划，搞好报道策划仍是新闻单位的一项经常性的重要任务。

三 新闻报道策划的几种类型

新闻报道策划的成果是面向广大受众的，他们是否需要、是否接受、是否喜爱是决定我们策划报道成功与否的关键。不同类型、不同层次和不同地域的媒体面对广大受众的选择，比别人做得更快一点，更新一点，更好一点，是媒体竞争对策划者提出的要求。各媒体由于传统和现实的发展大都形成了自己的特点或特长，在竞争中展现自己特有的风采，这是策划者克敌制胜的一大法宝。新闻报道策划就是围绕满足受众需求、战胜竞争对手、展现自家所长这样三个既有联系又有侧重的方面展开的。

（一）满足受众需求的策划

受众的需求是多种多样的，而且，随着时代的发展，这种需求也越来越高，越来越苛刻。对于受众日益增长的接收信息的要求，新闻工作者只有经过精心的策划才能拿出满足广大受众口味的新闻佳作。

受众的要求是多方面的，不同的受众有不同的要求。策划者既要满足广大受众大致相同的要求，有时也必须满足特殊受众或小众的特殊要求。满足了不同受众的要求，从总体上说也就满足了广大受众的要求。只讲大众，不讲小众，只讲一般，不讲特殊，我们的策划就可能停留在一般的水平，要想争取更多的受众、在竞争中取胜也是不可能的。

（二）战胜竞争对手的策划

在与对手的竞争中，策划方案的产生和调整主要表现在时间、内容和表现形式等三个方面。

第一是时间。我们进行的是新闻传播的策划，所谓"新"是题中应有之义。而"新"首先表现在时效性上，一条别人早就报道过的新闻，你再去报道，无论如何去施展技巧，这种新奇感都是大大不如别人的。这种报道推出去，一般来说是很难超过对手的。所以，对于新闻从业人员来说，"时间就是生命"更是策划的重中之重。

第二是内容。新闻不仅表现在时效性上，还表现在一篇报道给受众的信息量上。一条消息虽然发得很早，但是，文中空空如也，干瘪无味，也是无法得到受众肯定的。新闻的"新"还必须表现在内容的新奇有趣上。新闻工作者不仅要比对手早一点抢到新闻，而且在对新闻的表现上还要超过对手，使自己的报道内容更丰富、更有趣、更吸引人。要达到此目的，记者和编辑人员就必须在发现新闻和认识新闻上比对手技高一筹。要在一般人不易发现新闻处发现新闻，要在发现新闻后发掘新闻中含金量高的"富矿"。

第三是表现形式。在与对手的竞争中，不可能事事都是自己抢先，在落后于人的情况下，如何后发制人，是策划者不能不认真和艰苦研究的。在新闻报道中，一般来说"后"总是要打败仗的；而"后"发制人，"后"来者居上，是需要很多条件的。比如说，在报道的深度上超过对手。深度是什么？是对一件事的材料比较全面的掌握，对事物发展规律和本质的比较深刻的认识，以及在这个基础上自己能够运用的比较熟练的表现手法（因报纸、广播、电视和网络的不同而有不同的要求）。在这里用了三个"比较"，一是资料的比较，二是认识的比较，三是手法的比较，说明要超过对手是十分困难的，只要我们比对手多这么一点或那么一点就有可能取胜。当然，如果策划时能有较多的胜出，那自然是大好事了。

（三）展现自家所长的策划

媒体都是在相互比较、相互借鉴中成长壮大的，因此，不同媒体之间的相互学习是少不了的，是谓取人之长补己之短。但是，与此同时，也不要忘了自己的所长，扬己之长有时也是策划取胜的一个高招。

新闻报道策划是一种高智力的运动。事在人为，策划者心里要有一本明白账。优势也是有时间和空间性的。此时此地你有优势，到了彼时彼地，优势可能就是别人的了；搞此报道，你有优势，搞彼报道，可能别人比你强。有了优势，孤芳自赏，不去很好地发挥；没有优势，自暴自弃，不去用心发掘；到头来都是搞不出好的可持续发展的策划报道的。在为受众服务中，在与同行竞争中，在展现自身优势的新闻报道策划中，新闻传媒的素质得到提高，新闻报道的水平得到提高，这就是我们重视新闻报道策划的目的所在。

新闻报道策划的前提与原则

新闻报道策划是一个复杂的过程,它有一个从起点到终点的运行轨迹。为了更深刻地理解和认识这一过程,策划者做判断时所依据的前提是非常重要的。

一　新闻报道策划的价值前提

所谓新闻报道策划,是新闻报道主体运用新闻传播的各种手段,以求最佳传播效果的创造性活动。为完成策划,策划者要做许多准备工作。但是,有一条是必须首先搞清楚的,即这次策划活动、这次策划报道该不该进行,能不能进行,进行这次策划活动的意义是什么,能否达到等,所有这一切都是策划者事先应该弄明白的。这就是我们进行新闻报道策划所要求的价值前提或者说理论根据。尽管我们从事策划者大多是经验丰富的行家里手,但是,在我们行动前,对策划活动的活动意义还是要做一番价值判断的,正如管理大师西蒙博士所说,价值前提不能以客观的事实证明是或非,也不能以经验或推理证明其正确性。[①] 价值前提大致包括以下四方面内容。

---

① 贾建国、崔建平:《决策的艺术与科学》,改革出版社,1992,第22、23页。

（一）目标价值

1. 目标的作用

恩格斯讲过这样的话："在社会历史领域内进行活动的，是具有意识的、经过思虑或凭激情行动的、追求某种目的的人；任何事情的发生都不是没有自觉的意图，没有预期的目的的。"① 目标是一个矢量，具有方向性，如果方向错了，人们干劲越大，效率越高，损失就越大；反之，方向正确，工作效率越高，工作成效就越大。盲目的行动是不可能取得良好效果的，所以，在新闻报道策划前问几个"为什么""干什么""达到什么目的"是十分重要的。

目标可以协调人们的行动——群体的行动常常带有分散性，而分散的行动是不可能形成合力的。目标可以鼓舞人们的行动——人们要做成一项事业常常要经历千辛万苦，此间出现泄气、埋怨、发牢骚在所难免。只要大家明确了行动的目标，就可以化消极为积极，一鼓作气，到达胜利的彼岸。

目标是行动的方向，又是检验策划成果的标尺。确立目标的过程也是新闻报道策划的过程。

2. 目标的分类

目标有总目标和分目标两类。

总目标是任何新闻报道策划都必须考虑的，它的制定决定各个分目标的实现情况。一般来说，总目标应包括以下几方面内容：

（a）符合新闻规律，具有良好宣传效果；

（b）具有良好的导向性，给人们和社会以正确的舆论导向；

（c）给人们以美的享受，给受众以新的震撼。

成功的新闻报道策划必须给人们更多美的享受——以它有效的内容和形式组合；给受众以新的震撼——以前所未见的内容和形式展示。这里除了内容的选择外，更多的是强调策划报道的形式美和形式新。

当我们确定了"符合新闻规律，注重宣传效果；坚持良好的导向性，给人们和社会以正确的舆论导向；给人们以美的享受，给受众以新的震

---

① 《马克思恩格斯全集》第二十八卷，人民出版社，2018，第356页。

撼"这个新闻报道策划的总目标后,还必须制定各个分目标,在这些分目标里体现总目标的精神,通过分目标的实现完成总目标的最后实现。

从时间上看总目标是长期目标,除此还有中期目标和短期目标。长期目标是战略性的,在比较长的时期里面起作用;中期和短期目标是长期目标的具体化,两者都具有策略性。长期目标是中期目标和短期目标实现的依据,正是由于长期目标的确立,人们才在从事中期目标和短期目标工作时有了明确的方向;而中期目标和短期目标则是实现长期目标的阶梯和手段。只有一个个中期和短期目标实现,长期目标才可能最终实现;中期和短期目标的确立,必须符合、服从于长期目标的要求;同时,长期目标的确立,又必须从阶段和局部所可能提供的条件出发,考虑中期和短期目标的实际情况。

3. 目标的把握

在确立策划方案的目标时有两点是需要注意的。

第一,目标必须明确具体、有约束性。目标是人们努力的方向,在用文字表述时务必准确清楚,如时间、地点、数量、效果等都应该加以确定。同时,为使目标可以被衡量,必须规定目标的约束条件或边界条件。美国学者杜拉克认为:"边界条件说明得越简明、清楚,决策的有效性和达到目的的可能性也就越大。相反,如果在边界条件的判断上有任何严重欠缺之处,则所作的决策不论看起来如何高明,几乎可以肯定是无效的。"[1] 所谓"边界条件"就是要弄清楚"解决这个问题的最低要求是什么"。对新闻报道策划来说也是这样,在制定策划方案时,不仅要用语明确具体,还要指出本方案的最低要求是什么。只要达到了最低要求,我们就可以说这次策划基本成功了,否则,就是失败的。

第二,目标要确立"必须完成"和"希望完成"两部分。只有确立了"必须完成"的内容,才符合上面强调的"边界条件"要求,人们才有拼命奋斗的方向;确立了"希望完成"的内容,人们才不会在成绩面前沾沾自喜,故步自封,而是不停止地前进。

区分这两类目标的作用在于:一是一开始就有助于人们认识和淘汰那

---

[1] 〔美〕杜拉克:《有效的管理者》,吴军译,求实出版社,1985,第139页。

些不可能采纳的方案；二是不至于在决策时忘记某些基本要求；三是可能会发现已有的各种备选方案没有一种是令人满意的，从而广开思路，想出更好的方案来。

在确定方案时，"必须完成"的目标是最重要的，凡是不能满足这种目标要求的方案，不管它的文字多么动听，都不在考虑之列；"希望完成"的目标是鼓舞人心的，但是，这毕竟是人们的一种良好愿望，它是人们努力的方向，绝不是人们确定方案的基础。在确定方案时，将不同的要素按轻重缓急排列，突出"必须完成"的目标并配以切实可行的措施，确保这一目标的实现；同时列出"希望完成"的目标内容，在有可能的情况下，尽可能多地实现"希望完成"目标的内容。这样进行区别，可以使人们在完成自己的任务时有一个明确的目标层次。

(二) 导向价值

新闻报道是舆论引导的一部分，它是政策性、原则性、艺术性都很强的新闻宣传，需要策划者审时度势，认真对待。导向价值是我们在进行新闻报道策划时首要考虑的基本前提。导向错了，尽管参与者都吃了苦，报道也很有艺术性，但这样的策划是失败的。

新闻报道策划的导向价值包含两个方面内容，一是新闻价值，二是宣传价值。

所谓新闻价值，是指新闻报道赖以存在的新闻事实中可能给人们带来的新信息的分量。这种信息量表现在它的新奇性、时效性、重要性、启迪性等方面。一篇报道，它的新闻价值越大，它的导向价值也越大。所以，我们在考虑新闻报道策划时，必须遵循新闻规律，按新闻规律办事，只有这样才可能获得新闻报道策划的最大效益。

宣传即传播者阐述某种观点和思想、意见和建议，以说服、引导和鼓舞受众，达到传者目的或目标的活动方式。衡量这种活动效果优劣大小的尺度即宣传价值的高低。宣传可以对社会起服务、控制、协调等作用。尽管社会宣传的方式和途径有多种，但是，在目前的形势下，新闻仍是一种强有力的宣传工具和手段。这也正是各方面都十分重视新闻报道的原因所在。在新闻报道策划时，必须考虑它的社会宣传效果，效果好了，导向就正确了，反之，导向就出现偏差。

新闻价值与宣传价值既有联系又有区别。有的新闻报道从新闻价值上来说是完全可以发表的，但从社会宣传效果来说又是不宜发表的，那么，这样的报道就不能发表；有的报道从宣传价值上来说是很好的，但从新闻价值上来说，它的"含金量"太小，这样的报道发表了效果也不会好。选择既有新闻价值又有宣传价值的报道予以发表就能最好地体现导向价值。如果新闻价值与宣传价值发生矛盾，必须以宣传价值为主要标准来决定报道的发表与否和如何发表，这是不能动摇的。

（三）服务价值

新闻信息是一种特殊的精神产品，它的有用性是促使人们购买它的重要因素。人们只有喜爱它，买了它，媒介的导向功能才能发挥出来。所以，在新闻报道策划时，在注重导向价值的同时，千万不要忽视服务价值。而衡量服务价值大小的唯一标准就是人民满意不满意，高兴不高兴。只有人民满意了高兴了，媒介的服务价值才能最大地体现出来，同时媒介的导向价值也才能最终地表现出来。

新闻报道策划的服务价值表现在以下几个方面。

方针政策服务。社会主义市场经济体制的建立和发展，是在党和政府的科学领导组织下进行的，党和政府的各项方针政策对于各个地区、企业、单位和团体、个人的影响关系重大，因为这些方针政策的出台或变化会直接、间接地影响人们的政治、经济、文化、家庭生活。

思想观念服务。解放思想是一项伴随着社会和人类发展而产生的长期艰巨的历史任务。党的十一届三中全会以来，我们的每一项成果，每一步胜利，都是解放思想、实事求是的结果。要保证这场变革顺利进行，则必须以解放思想为前提。只有人们的思想观念转变了，心理承受力提高了，一切改革的措施才能到位，改革才能取得预期的效果。

科学知识服务。当今时代，科学技术不仅光彩地走向了社会，而且异乎寻常地受到人民群众的欢迎。随着经济的发展，学知识、学技术、考文凭之风在经过一阵曲折的低潮之后又呈现出勃勃向上的生机。与此相适应，新闻报道策划推出的一些有关科学技术方面的报道很受广大读者的欢迎。

生活消费服务。经济的发展促使人们的生活消费随之发生变化，这里不仅有物质生活上的变化,也有精神生活上的变化。服饰文化、饮食文化、居室文化、旅游文化随着人们生活水平的提高越来越成为人们议论的话题。随着双休日作息时间制度的实施,人们对休闲方面的需求也越来越多。这一切都要求新闻报道的策划者把它们纳入自己的议事日程。

在考虑新闻报道策划的服务价值时须处理好以下五方面的关系。

第一,广泛性与特殊性。新闻报道策划首先要着眼于广大读者,从最广泛读者的利益和需要出发,策划选题、组织稿件、安排版面,这就是群众观点。同时,媒体也有必要提供为特殊读者服务的内容。这类需求在群众中可能是少数,但是,他们的亲戚朋友关心,不少读者也爱看,而且,解决好了他们这一部分人的问题,有利于整个社会的安定。

第二,权威性与多样性。随着社会信息量骤增,作为个体的人已经很难独立地对一切信息提出自己的鲜明观点并在实践中运用这些观点。他们需要权威的信息来源,借此来了解和帮助自己判断各种复杂的情况。策划者应该很好地担负起这一职责,认真地采编有权威性的服务信息,为广大读者服务。这是问题的一方面。另一方面,应在坚持主旋律的前提下,提倡多样化,以满足不同人群、不同层次、不同方面的需要,获取服务功能的最佳效果。

第三,通俗性与高雅性。这里讲的是普及与提高的关系。策划者寻找专家和群众的共同点、接合部,处理好"情"和"理"的关系,便取得了普及与提高的统一。将"情"融于"理",把"理"寓于"情","情""理"融于一体,媒体人就争取到了最广泛的读者群。

第四,现实性与超前性。现实是人们生存和发展的基础,离开了活生生的社会现实和人们的生活实际,服务也就是一句空话。现实的改革开放、现代化建设和市场经济,给人们提供了无限广阔的表现舞台,同时,也涌现出数不清的以前未曾遇到过的新情况、新问题。现实与未来紧密相连,明天即将成为今天,为了使未来的今天更美好,在现实的今天里规划明天、展望明天,做点超前研究、超前服务是很有必要的。

第五,批评性与建设性。新闻媒体具有舆论监督功能,这种功能表现在两个方面,一是批评,二是建设。对坏的事件、坏的现象需要揭露和批评,但同时需要对在发展中存在的问题持积极建设性的态度,帮助、改进和完善新生事物。开辟批评专栏是一个办法,但是,对于有的问题,一味批评可能越说"火"越大,不利于问题的解决,此时,可以用提建议的方式达到批评的目的。

(四) 艺术价值

所谓艺术价值,就是报道刊播的形式所体现的和谐之美给受众带来的震撼和美的享受。一篇报道、一个栏目、一个版面,若没有好的传播形式,就会事倍功半或前功尽弃。所以,当我们明白了目标、导向和服务的重要性之后再来谈艺术性和艺术价值,就十分清楚了。

所谓美化形式从总体上来说就是要追求一种和谐之美。这种和谐之美表现为形式和内容的协调、主题和表述的协调、观点和事例的协调、报道或节目前后呼应的协调、标题和文章的协调、文章和版面的协调、声音和画面的协调,等等。新闻作为对客体的一种反映,不仅要反映美,而且反映的形式要体现美。新闻的美包括真实美、朴素美、色彩美、语言美等。

新闻的美还可分为两类,一是形式美,二是本质美。形式美,主要指新闻的结构、体裁、文字以及标题、版面或节目等形态;本质美,主要指新闻所反映诸事物的规律性和所揭示的社会精神面貌以及所产生的社会效果等。上面讲的真实美、朴素美、色彩美和语言美都属于形式美的范畴。形式美和本质美是辩证统一的,两者缺一不可。在新闻报道策划时,这是我们必须考虑的一个问题。

综上所述,在价值前提方面,目标决定策划的方向,导向是基础,服务是根本,而艺术是实现上述目标的途径。四位一体,相互联系,各负其责,各有侧重,这是我们在进行策划时应把握的基本原则。

二 新闻报道策划的事实前提

美国管理学家西蒙教授认为,事实前提包括两方面的内容:第一,有助于处理各种情况的熟练技术和知识;第二,有关在特定场合应用熟练技术的情报。对于这两种事实前提在决策中的作用,西蒙通过森林看守员的工作进行了扼要说明。森林看守员是受过处理森林火灾的技术(包括技能与知识)训练的,但在他能够防止真正的火灾之前,他必须获知:何处发生火灾，火灾有多大，风向及气候情况如何，以及其他有关情况。

新闻报道策划的事实前提大致可分为这么两类，一类是可以报道和需要报道策划的基本事实，包括人物、事件、时间、地点、原因等因素，就是我们通常所说的新闻五要素、六要素或七要素；另一类是进行这些报道的基本方式和方法，包括采访传播工具等。

（一）新鲜新奇是首要的事实前提

所谓新闻之新，要求新闻反映的事实在时间和空间两个方面是最新的，一是事实发生与新闻报道之间的时间距离最短，也就是报道的时效性最强，报道的内容最新鲜；二是报道所反映的事实信息量最大，受众接触过它的可能性最小，报道的内容最新奇。新闻报道策划关注的"新"大致上有以下几类：新近产生的事物、新近消亡的事物、新近发现的事物、新近变动的事物。

不论是新近发生的事实还是新近发现的事实，我们在确定策划选题时都要从受众市场的需求来判断。一般来说，有以下几个方面的因素可予以考虑：受到这一事件影响的人数、关心这一事件的人数、和大众利害关系的密切程度、促进社会进步的作用等。最后，在决定某一事实是否予以报道时，还必须考虑它的宣传效果。这是我们的新闻传媒性质所决定的。

社会现象纷繁复杂，有的报道了宣传效果很好，有的报道了利弊各半，有的报道了则影响很坏。对于宣传效果好的事实，当然要精心策划，把它报道好；对于宣传效果把握不定的事实，一定要慎之又慎，或放一段时间，或请示有关部门，千万不要草率行事；对于有可读性、有卖点但是宣传效果不好的报道，坚决不能发表。如要宣传这方面的内容，就要避开这些不利因素，找一些有效事例进行报道。这样，既配合了中心工作，又没有违背真实性原则。

（二）真实可信是基本的事实前提

新闻报道策划以事实为前提，如果事实是虚假的或有失实的地方，由此而形成的报道必定立不起来。

新闻事实的真实可信要求构成新闻的要素如时间、地点、人物、事件、因果等都必须真实可信；新闻所反映的事实的环境、条件和过程等都要求真实；新闻报道中所用的背景材料、数字等要绝对准确；新闻报道的事实必须是本质真实。

新闻的诸多要素可以分成两部分，一部分称为显性要素，它包括时间、地点、人物和事件，这些都是大家可以看到的；另一部分称为隐性要素，它包括原因、结果和意义，它是隐藏在事物后面的决定因素。

作为一个新闻报道策划者，面对这些基本要素要有一个清晰的认识。

显性要素正确是基本前提。显性要素都是直白可见的，任何一个要素都不能有差错，无论哪个要素出了问题，都会影响整个报道的成败。

隐性要素正确与否决定能否抓住事物的本质。隐性要素说的是原因、结果和意义，它是隐藏在显性要素后面的，需要我们去研究、分析和探索的不明确要素。媒体在进行报道的时候，不仅要重视显性要素，更要把握隐性要素。有些事实，由于我们认识不清，或有偏见，或看问题的角度不同，或看问题的立场各异，我们就会对相同的"明白事实"做出不同的结论。

要把握好显性要素与隐性要素的关系。列宁曾经讲过这样的话："在社会现象领域，没有哪种方法比胡乱抽出一些个别事实和玩弄实例更普遍、更站不住脚的了……如果不是从整体上、不是从联系中去掌握事实，如果事实是零碎的和随意挑出来的，那么它们就只能是一种儿戏，或者连儿戏也不如。"[①] 如何理解列宁的话，用以指导我们的新闻报道策划呢？

要进行策划性的报道，必须以事实为根据，而且要根据充足，最好是"从整体上""从联系中"掌握事实，而这在一般情况下又是不可能或不必要的；但根据掌握的几件事实，要做出正确的判断，又容易像"儿戏"一样"或者连儿戏也不如"。于是，策划者处在两难的境地。如何才能"左右逢源"，实现"柳暗花明又一村"呢？关键在于从现象中把握事实的本质，从联系中揭示真谛。

（三）新奇角度是有效的事实前提

新闻界常有人说：你无我有，你有我新，你新我快，你快我奇，总之，要写人所未写的文章，要干人所未干的事业。说到新闻报道策划，策

---

① 《列宁全集》第二十八卷，人民出版社，2017，第364页。

划者总是想技高一筹，出奇制胜，这里除了报道事实的新奇和报道意义的新奇外，还要追求报道的角度和报道的方式上的新奇。

首先是观察角度。对新闻事实从不同的角度去观察，得到的结果不一样：有的可能生动，有的可能平淡；有的可能细腻，有的可能粗犷；有的可能真实，有的可能虚假；有的可能丰富多彩，有的可能简单划一。观察角度不同，选择的主题和表现的效果也可能不一样。而要获得最佳的策划效果，必须追寻最佳的观察角度。一般来说，观察角度有以下几种：正向角度、逆向角度、侧向角度、纵向角度、横向角度等。

其次是写作角度。观察的目的在于报道，在于反映，写作角度讲的是如何切入新闻事件，如何表现新闻事件，选择最佳角度对于策划一篇好报道是十分重要的。

有人在介绍欧美记者写作技巧时谈到他们的长处——选择最能切中要害的角度。最能切中要害的角度，也就是最能说明问题的角度。因为这个角度是矛盾的焦点，它最能表现问题的实质，从这个角度报道，往往能取得事半功倍的效果。

选择最能引起人们兴趣的角度。新闻能引起人们的关注，兴趣点是一个量度。有些新闻事实可能本身很严肃，但是如果把严肃的新闻事实中的趣味性因素突出出来，引起人们的兴趣，就能受到读者的欢迎。

选择读者知识水平最容易接受的角度。有些报道，特别是工业和科技主题，往往技术性很强，专业词语多。选择读者最能接受的角度进行报道，就容易缩短传媒与受众之间的距离。不同的传媒有不同的读者群，不同的读者群有不同的知识水平，这是策划者需要掌握的。

选择读者最关心的角度。读者最关心的事情自然是与读者利益密切相关的事情。从这个角度出发，就能轻而易举地把读者的注意力吸引过来。

选择时空距离最接近读者的角度。时空距离距读者越近，新闻同读者的关系越密切，越能影响读者的生活、行为、思想和工作等，策划这样的报道，就会受到读者的欢迎。

选择最富有人情味的角度。读者都喜欢有情节、人情味同时生动感人的报道。设法挖掘和运用那些戏剧性的、个性化的材料，以满足读者的要求,西方记者很注意这一点。①

虽然中西方新闻工作者的立场、观点和世界观不尽相同,但西方新闻工作者在新闻实践中的技巧却是值得我们学习借鉴的。

(四) 准备充分是必备的事实前提

兵书上常说,不打无准备之仗;知彼知己,百战不殆;军马未动,粮草先行。这些讲的都是战前准备工作的重要性。对于一个成功的报道,特别是一个重大报道的新闻报道策划来说,准备工作也是十分重要的。

信息准备。信息准备包括两方面的内容,一是采访线索的来源,二是表现方式的资料收集,二者缺一不可。

人员准备。不打无准备之仗的重要一环就是人员的准备,一个策划选题考虑得再好,如果实施的队伍素质太差,恐怕也难出成果。一个报道队伍一般来说可分为两部分,一是策划的领导者,二是策划的实施者。

对于策划的领导者来说,不仅要了解整个报道的内容和报道方式,还要对参与策划者的情况有所了解,到时候用起来更加自如;对于参与者来说,要明了自己参加此次策划活动的意义,思想先行,行动才能有效。

设备准备。新闻报道的设备在这里主要指报道和传播的工具,如文字记者的笔、采访本,摄影记者的摄影器材,广播记者的录音器材,电视记者的摄像器材以及报社、电台和电视台的印刷、发射、转播设备,还有交通工具等。马克思说过:"劳动资料不仅是人类劳动力发展的测量器,而且是劳动借以进行的社会关系的指示器。"② 生产工具延伸了劳动者的器官,是人们认识和改造自然的武器,同时,新的工具的使用也促使人们的素质不断提高。这是人类社会发展的基本规律,新闻工作也不例外。

综上所述,新闻报道策划必须注重价值前提和事实前提;价值前提和事实前提都有各自的内涵,不可混淆;价值前提和事实前提是相互联系、不可分割的一个整体,两者有着辩证关系,在新闻传播策划中要把握好这些。

---

① 孙国桐:《新闻怎么才能"好看"——浅谈欧美记者消息写作》,《中国记者》1995年第7期。

② 《马克思恩格斯全集》第四十二卷,人民出版社,2016,第170页。

三 新闻报道策划的时效原则

所谓时效，就是指时机和效果两者的关系。在策划中，决策方案的价值随着时间的推移与条件的改变而变化。时效性原则要求在策划过程中，把握好时机，重视整体效果，尤其要处理好时机和效果之间的关系。

时机问题历来是策划者或战略家所考虑的要事。能否把握时机，如何把握时机，是策划者在策划前必须首先考虑的前提。

及时性是把握时机的首要内容。要做到及时就必须做到：新闻根据一旦成立，就立即报道。预则快，这是对新闻从业人员的一种更高的要求。新闻除了要"快"还要注意"适时"。

适时，是一个综合指标，它涉及新闻报道和报道后的诸多因素，如报道所反映的事实是否全面展开，此刻表现的是否为最佳状态，记者掌握的情况是否完全真实；又如，报道后受众能否接受，领导是否满意，报道是否有利于稳定，是否有利于问题解决，等等。该出手时就出手，而问题就在于如何把握好这个"该"字，这是要动一番脑筋的。

对于时机，不仅要抢，还要善于把握。策划者要善于因地制宜，因时制宜，高瞻远瞩地全面分析利弊得失，适时而动。对时机的把握好坏直接关系到战果的大小。在新闻报道策划中，应当充分考虑政策、社会影响、文化心理、自身能力及事情发展的阶段等因素的影响，在全面衡量分析的基础上相时而动。

四 新闻报道策划的整体原则

整体原则应包括以下三方面内容。

第一，在整个策划活动中，要注意参与其中的各个部分的有序性和科学性，即讲求策划活动的程序性，以求产生最佳的整体效益。程序化的策划并不排除策划者个人因素的重要作用，但这种策划不是完全地或主要地依赖个人的能力和经验，而是在科学理论指导下，依照严格的逻辑推理程序进行的。尽管这种程序有时要耗费更多的时间和精力，似乎有些"麻烦",但能有效地减少策划的失误,保障策划的合理性和高成功率。

第二,注意发挥参与其中的各子系统相互配合的最佳整体效益。古代希腊哲学家亚里士多德曾说过:"整体大于部分之和。"要达到此目的,关键在于运用系统论的观点组织好各单元或子系统,调节好各单元或子系统之间的关系。① 在新闻报道策划中,除了参与报道各要素的有序性外,还必须注意其相互间的配合与协作。这样就能促成系统内各个单元或子系统的团结并调动其积极性,新闻报道策划就能收获最佳效益。

第三,充分调动大家的积极性,集思广益,产生最佳策划方案。最常用的是群体决策法,大家畅所欲言,在无拘无束的自由气氛下碰撞出灵感的火花。一般来说,群体策划这种针对目标和问题的群体行为方式,要求策划者具有跨学科、跨部门协同作战的现代意识,并在思想砥砺中发挥其创造性,在相互激励中集思广益。事实表明,将群体作为策划者,在实践中往往更具有科学性、合理性、可行性和可操作性,策划方案的实施也能取得更大的成果,更有效率。群体策划包括两方面的内容,一是媒体内的智力资源,即充分挖掘"内脑";二是媒体外的社会上的智力资源,即"外脑"。

---

① 赵振宇:《神奇的杠杆——激励理论与方法》,湖北人民出版社,2001,第262页。

不同类型报道策划要略

一 典型人物的报道策划

典型人物报道一直是主流媒体新闻报道的重要内容，记录着以人为核心的事件，以深刻地、集中地、鲜明地反映事物本质为特征。典型人物报道策划旨在突出典型人物的标杆意义和示范作用，引导社会的主流价值观念。随着新闻事业发展和改革的不断深入，传统的宣传报道方式在新形势下发生了改变，典型人物报道要用正确的理念和科学的方法进行策划。

（一）典型人物报道的策划原则

1. 坚持客观性原则，保证典型人物的生命力

一组优秀的典型人物策划，之所以能蕴含强烈的教育意义和感染力量，重要原因之一就在于它表现的是真人真事，是人们看得见、摸得着、学得到的榜样。哪怕只有很微小的一点虚构，其后果也将是灾难性的。因为读者一旦知道有假便会对整组策划产生怀疑，这将是一种可怕的"信任危机"。坚持客观性原则，是典型人物报道策划的生命力所在。列宁曾经指出："我们需要的是完整的和真实的情报。而真实性不应取决于情报该为谁服务。"[①]

2. 坚持群众性原则，增强典型人物的亲和力

新时期，我国典型人物报道的最显著变化，就是普通人中的优秀人物

---

① 《列宁全集》第五十一卷，人民出版社，2017，第257页。

越来越成为媒体关注的焦点。其关注"小人物"命运,从普通人身上发掘核心价值观。新时代的典型人物报道,与传统的先进人物报道相比,主题更显宽泛,更加关注平凡人物身上的时代精神,在报道内涵上更加凸显人文关怀。典型人物报道要善于从平凡岗位的普通人身上,从"小人物"的命运中敏锐捕捉人性的光辉。平凡之中见伟岸,垓宙之间树丰碑,于无声处响惊雷。

典型人物报道要以平民化的视角报道典型,要多报道平民化典型,增强典型人物的亲和力,使受众感觉典型人物可亲、可信、可近。应该做到在报道中不粉饰、不拔高,用群众喜闻乐见的形式,真实地反映平民典型的各种侧面,质朴而客观,让时代楷模可敬可亲,可信可学。可见,平民视角的优势正在于,不仅说服力强,感化力更强,可以让受众感受到,原来英雄原本跟他们一样普通,大家经过努力也是可以成为模范的。

3. 坚持先进性原则,发挥典型人物的感染力

先进性是典型人物成立的前提条件,也是报道策划的精神内核。典型人物报道的先进性,代表先进的生产力,代表社会的前进方向。发展典型人物报道策划,要增强大局意识,把握时代特点,反映时代精神,增强现实针对性和感染力,这样报道中的典型人物才更具现实意义和历史意义。报道策划没有先进性,不反映时代精神,不体现时代特征,不具有时代高度,就不能真正发挥典型人物的表率、示范和引导作用。

在典型人物报道策划过程中,媒体应该及时发现、充分挖掘思想进步、符合社会认同、体现现实需要、反映群众意愿的先进典型,社会需要与时代精神相适应的典型人物来弘扬时代精神,发挥鼓励示范作用。

(二) 典型人物报道策划技巧

1. 典型人物报道策划角度选择

在当今媒体的激烈竞争中,有的媒体的报道策划能够事半功倍,取得良好的报道效果,而有的却事倍功半,效果平平。面对同一事件,不同媒体的报道策划产生的效果也是不同的。之所以会产生如此大的差别,角度的选择起到重要的作用。

角度,指观察、分析事物的着眼点,它是立意、构思的出发点。知名记者艾丰把选取新闻角度比喻为"探矿","新闻价值在事实内的蕴藏是

不均匀的，有各种不同的'矿藏'，选择好的角度，就是为了便于记者更迅速、更顺利地开采这些价值。如果说美术、摄影的角度是为了美的价值，那么，新闻角度的选择，在于追求新闻价值"[1]。因此，在典型人物报道策划中，新闻传播者要积极全面搜索新闻素材，进行合理分析与深度挖掘，找准最佳视点，把握新闻价值。

2. 审时度势，提炼主题

典型人物往往是在一定时代背景下，具有独特的时代意义的、标杆式的人物，挖掘典型人物，首先要从当时的时代、国家、社会背景入手，审时度势，挖掘人物最能体现时代精神、社会意义的一面。

3. 见微知著，以小见大

现实生活中的人和事虽然都是社会现象和本质的统一，但一些不显眼的形式和现象，往往被人们忽视，殊不知其中可能包含"大新闻"。记者就是要能见微知著，从平凡中看出不平凡，从寻常中看出不寻常。生活中常常有这样的情况，有些小事往往不为人所注意，但只要你经过一番细心观察，把它同周围的客观事实联系起来，就会发现隐藏在小事之后的重大内容，揭示其深刻的社会意义。

4. 头脑风暴，深度挖掘

涉深水者捕大鱼。要想写出价值较高、不同凡响的新闻作品，除记者自身必须具备较强的新闻敏感性和高超的写作技巧外，关键还在于其必须深入挖掘事件，捕捉新闻点。只有对时代精神高度把握，对主流价值准确判断，才能透过纷繁复杂的事实表面探视到最有价值的新闻落脚点。

二 建设成就报道策划

新中国成立以后，尤其是改革开放以来，中国经济实现了飞速发展，人民生活水平显著提高，因而建设成就报道也越来越多。这就需要我们进行建设成就报道策划，来展示中国在各方面取得的进步。这不仅是记录时代的工作要求，更能够增强广大民众对国家实力和社会发展进步的认知，

---

[1] 艾丰：《新闻采访方法之论》，人民日报出版社，2010，第132页。

是"四个自信"的具体体现。但是，建设成就报道不是为了展示而展示，还应该在遵循新闻规律的前提下，讲求深度和思想性，让群众能够从中受益，同时也让决策机关、领导干部能够吸取经验，从而在下一步的经济建设当中更好地结合具体实际，最终让广大群众受益。基于此，如何做好建设成就报道策划，是当前必须面对且做好的课题。

（一）建设成就报道策划的原则

根据不同的划分标准，建设成就报道按照地域划分，可划分为国家建设成就报道和地方建设成就报道；按照行业划分，可划分为工业建设成就报道和农业建设成就报道等类型，具体到每一个行业，则可以再进行具体的划分。但无论哪种类型的建设成就报道策划，都应该把握以下三个原则。

1. 新闻性原则

新闻性包括建立在真实性基础上的时效性，真实性是新闻的生命，而为了增加新闻本身的价值，其更需具备时效性。对于建设成就报道来讲，真实性很重要，因为报道的目的是让国内外的人们了解到我国经济建设和社会发展所取得的真实成绩，弄虚作假肯定是不被允许的。

其实，在通常情况下，包括媒体人在内的很多人都存在一个误区，即认为建设成就报道的时效性不强，因为建设成就往往是长时间缓慢积累的过程，一般以长篇通讯的形式呈现。然而，一个真正优秀的记者，就懂得在建设成就报道的时效性上做文章。因为，尽管建设成就报道对广大群众来讲，较之其他类型的报道趣味性不是特别强，但它违背不了新闻的传播规律，即谁采写的报道最先与公众见面，谁就是当之无愧的赢家。如2009年国庆节在天安门广场的阅兵仪式，是通过电视直播的形式，在第一时间让国内外了解到中华人民共和国成立60周年的建设成就，所以，时效性对建设成就报道来讲是很重要的，电视广播等形式的直播就是尊重新闻报道时效性最为直接的手段。

2. 政策性原则

政策性是指对于为保障实现国家的大政方针而制定的行动准则的体现，这一点在我国的新闻报道中非常重要。新闻报道的立足点必须是党和国家的需要，是社会发展大局，建设成就报道尤须注意报道的政策性。

建设成就报道必须将建设成就的取得与党和政府的大政方针政策相结合，透过成就表象，透视深层次的政治因素。因为经济基础和上层建筑也是一个矛盾体，没有政治制度的保证和政策的支持，经济发展和社会进步也是空谈。

另外，建设成就报道的政策性还体现在内容上，即以褒扬和正面报道为主，在态度上对建设成就的取得及背后的政策支持持肯定的态度。我们党在新闻报道上一贯坚持"以正面报道为主"的原则，而建设成就报道就是最好的体现。

3. 增强可读性

可读性可谓建设成就报道的"软肋"，因为稍有不慎，建设成就报道都会被做成政绩报道，数字和例子堆砌罗列，空洞乏味而不接地气，不易吸引读者。需看到，建设成就的取得是不易的，其背后肯定有独特的经验方法和规律，这些都是蕴藏在建设成就报道这座大山里的"富矿"，挖掘的程度如何，直接关系到报道内容的可读性。因此，记者应具有高超的能力和慧眼，能够透过现象看本质，最终总结出建设成就取得的经验，在让广大人民群众了解建设成就的同时，也给其他地区的发展提供学习的范本。

增强可读性，还应杜绝数字罗列堆砌。现如今，我们面临着越来越多的建设成就报道任务，如何让这些报道深入人心，不落俗套，在数据的使用上还真需要花点功夫。

（二）建设成就报道策划的技巧

提升建设成就报道的高质量，不是仅凭某一项措施就能够实现的，其实现是一个系统的工程。这不仅要求记者找到合适的报道内容，具备正确的报道意识，还需要记者不断加强自身的修养，提升自己的能力，能够透过建设成就的现象，挖掘内容的深度，再运用接地气的写法，将报道写活，最终能够引起读者的共鸣。

1. 强化策划意识，做好前期准备

首先，要树立全局意识。顾名思义，树立全局意识就要求记者站在宏观的立场上审视报道内容，不能只见树木不见森林，只看局部不管全局。前面我们提到，建设成就报道要从小人物和小事情切入，但这种报道的落脚点是国家政策抑或社会主义核心价值观的层面，从局部切入还需回归全局，因为这是建设成就报道进行升华的要求。所以，从小处切入的前提也是树立全局意识，这样才能做出可读性强、有价值的报道。

其次，要强调策划意识。一个内容要进行建设成就报道，就需要腾出专门的版面，且对于记者的采访方式和采访内容，都需要进行前期的策划。而对于主题的确定、采访对象的选择同样需要在前期都做好准备，还有，是做单篇报道还是做系列报道，也都是需要在做报道之前弄明白的。

再次，要明确导向意识。所谓导向，就是要引导舆论，这与建设成就报道本身所具有的政策性特性是分不开的，毕竟宣传也是建设成就报道的客观要求之一。毋庸置疑，做一篇建设成就报道，需要在报道过程中给群众解惑释疑，传递党和国家的方针政策，而这些内容不是每一个普通百姓都能够看得懂的，这就需要建设成就报道在进行宣传的同时，给群众解释相关政策，给群众以明确的导向，从而鼓舞士气，再创佳绩。

最后，要树立学习借鉴意识。对于同一个建设成就内容的报道，中央媒体和地方媒体的报道方式肯定是不一样的，党报和都市报的报道方式肯定也是不一样的，因为级别不同，受众相异，所以不管是报道的角度，还是叙述的高度，都有明显的不同，但这并不是说它们相互之间就没有共同之处。

2. 贴近群众，正确定位

建设成就报道必须找准正确的定位。建设成就报道应该离群众近一些，再近一些。

基于此，为了兼顾建设成就报道的宣传性和可读性，记者就必须从普通百姓的视角，精心选取群众关心的话题来进行报道，把抽象的概念具体化，把复杂的思想配以解释性图表简单化，必要时还需要配发评论，给群众以正确的解释和引导，报道不止于让公众看，还要让公众看得懂。

首先，要选取很小的切入点，从小人物小事情中窥探大道理。其次，文章叙事要接地气，让普通群众都能看得懂。最后，报道发出后懂得与群众互动，了解群众之所想，争取在下一步的报道中给群众呈现相关内容。在收获反馈的基础上与受众互动，能再次挖掘建设成就的深度，这不仅是建设成就报道规律的要求，也是对读者的回馈。

3. 透过现象，挖掘报道深度

建设成就报道不是应景之作，其目的不仅仅是宣传。所以，在行文过程中不能记流水账，必须透过现象看本质，挖掘报道的深度，在描写现象的过程中强调说理性，使报道更加深刻，不落俗套。

随着社会公众文化水平的提高，那些肤浅的阅读内容已经无法满足人们深阅读的需求。注重深度报道是传统媒体生存发展的一个趋势。所以，深度报道仍旧是媒体需要挖掘的一个点。尽管建设成就报道具备一定的宣传性，且呈现方式也可能为消息，但是消息也可以做出深度。宏观层面的建设成就报道更应该做出水平，而就这个层面来说，必须要做出深度，这不仅是对受众阅读需求的满足，同时也是传统媒体转变的题中之义，包括建设成就报道在内的任何一种报道方式都不例外。

开拓创新，提高报道技巧。我们对建设成就报道开拓创新，不只是针对某一个对象或者某一个环节，而是贯穿整个采访过程始终，不管是策划还是写作，都需要突破程式化的限制，尽量避免出现雷同，靠着同中求异的理念，提高报道技巧，最终让报道能够与众不同。

一是走出命题的怪圈，善于发掘报道点。必须端正对建设成就报道的认识，充分发挥自己的能动性，把建设成就报道做出新意，做出水平。

二是讲究采访技巧，多种采访手法综合运用。建设成就报道最好要见人见事，找到建设成就的见证人，所以，采访人物就很重要。如何挖掘人物自身的故事，增强建设成就报道的趣味性，确实考验着记者的采访技巧。

三是创新写作方式，增强报道的阅读附加值。建设成就报道需要运用数字和材料，但是，在报道中如果注重对比，或者从一个小点单刀直入后再慢慢铺开，创新写作的思路和方式，就可以让报道对象立体性地展现给读者。比如可采用图片或者图表的形式，讲究图文并茂，让受众直观地感受到国家所取得的建设成就。这样的报道势必会产生一种亲和力，让百姓看着感觉就是为自己而做的，一下子拉近自身与读者之间的距离。

最后，创新与受众互动的方式。与受众互动的方式受到时空的限制以及技术条件的制约，但这并不等于说建设成就报道就可以省去这一环节，恰恰是因为其在多数情况下被忽视了，所以才更需要去牢记并创新。

总之，创新作为建设成就报道的一种理念，必须被重视，并在实际的采写过程中进行落实，只有与众不同，才能够吸引受众眼球，获得应有的效果。

三 参与式新闻报道策划

参与式新闻报道包括体验、暗访、催生促成等报道方式，它是近些年逐渐发展起来的报道形式，很受新闻媒体和广大受众的欢迎——为了满足媒体市场竞争的需要，受众渴望探求真实内幕的需要和社会舆论发挥作用的需要。新闻发展的实践告诉并要求我们：新闻工作者不应仅仅用自己的笔去记录历史，他们可以也应该选择那些可以做又做得好的事，参与其间；他们将遵循事物发展的基本规律，催生或促成完善和完美，在此基础上为受众记录和反映最受他们欢迎的报道。这是新的历史条件下新闻工作者的新任务。

近些年来，随着改革开放的深入、市场经济的运行，社会各种矛盾日益错综复杂，人们的社会心理也在发生变化，这对传媒的报道提出了新的更高的要求。这些年在各地的媒体上我们经常可以发现记者以体验、暗访等形式进行的参与式报道，如有的报纸开辟"记者换岗""记者体验""记者打工""记者暗访"等栏目，有不少记者当上了清洁工、火化工、装修工、巡警、交警、幼师、售货员、餐厅服务员、菜贩、精神病院的病员护理、邮递员、导游、环卫工、钟点工、搬场工、卖花女、居委会主任等。真可谓三百六十行，行行都有我们新闻工作者的身影——记者与老百姓的关系更密切了；天天都有各行各业人和事的反映——大众传媒对社会的反映更广泛、更全面、更细致，也更受读者欢迎了。

事物的发展是不平衡的，一是表现在参与者对体验、暗访和参与这一类报道形式的把握上，有的还不那么准确、有效；二是受众和新闻同行对这一行为的评价褒贬不一，于是就产生了争议或讨论。作为新闻传播策划领域的学者，不能不对这一课题进行研究。

体验、暗访和催生促成等参与式报道并不是什么全新的概念，在中外新闻史上都有关于它的记载。1923年我国出版的邵飘萍（邵振青）的专著《实际应用新闻学》,对"显隐"做过精辟的论述。该书第八章"探索新闻之具体方法"中谈的第一个问题就是"个人朋友与资格之隐显"。这里说的"资格"即记者身份。邵飘萍在论述交友之重要性后写道:"外交记者显示其资格与否,当视情形不同而临机决定。有若干人不喜欢彼言者披露于报纸,亦有若干人唯恐报纸不采其所言,苟误用则两失之矣。故探索新闻,问及附近之知其事者,有时直告以我乃某社社员,有时又只能作为私人询问,而勿令知我为新闻记者。凡此亦临机应变之一端,求达探索新闻之目的而已。"①

在邵飘萍看来,是用显性采访还是用隐性采访,要视具体情况而定,不可乱用。这在今天看来还是正确的。从广泛的意义上说,我们的一切报道都可以被称为"参与式报道",因为没有哪一篇报道不是记者、编辑与被报道的人或事或资料相联系的。不论是事件性的报道,还是非事件性的报道,离开了第一性的客观反映的事物或材料,也就没有第二性的新闻报道了。从这个意义上说,我们所看到的一切新闻报道都可称为参与式报道。

本书提出的"参与式报道"有它特定的含义。

所谓参与式报道,是指传媒根据报道需要,派员以特殊的社会角色或公开体验,或隐蔽暗访,或参与报道的活动之中,对需要报道的对象或过程,采取接触、参与等方式进行深刻的体验、感悟,遵循事物发展和新闻报道的普遍规律,以独特的社会身份予以反映的报道方式。随之产生的新闻作品,就是本书所说的"参与式新闻"。体验、暗访和催生促成等参与式报道发展到了今天,更加显示出特殊的作用。

1. 满足媒体自身发展的需要

第一,这是为了吸引受众。新闻本来的、特有的职能是报道事实、传递信息。它的传播活动只有被受众认同,才能真正实现职能。各种新的新闻形式的出现,正是为了吸引、抓住受众,增强报道的说服力、感染力,参与式采访报道也正是在这种情况下得以发展的。

第二,参与式采访是记者获取某些新闻的必要手段。大量的事实告诉

---

① 邵振青:《实际应用新闻学》,《民国丛书》第一编,上海书店出版社,1989,第83页。

我们，并不是每一条新闻都能用一般的采访方式获得，对于那些需要记者深入其间才能获得的具有较高新闻价值的线索，记者有义务通过一切法律和公德范围内允许的手段去挖取新闻。而参与式采访正是在这种情况下采取的一种有效手段。

第三，这是媒体获得独家新闻的重要手段。参与式采访往往是单个或少数记者深入进行，所获新闻往往是记者所在单位所独有的，且这类新闻有其特有价值，所以往往能在社会上引起一定的反响，使媒体自身的影响范围扩大。

第四，有利于提高记者的思想素质。体验式报道能使记者感受到普通劳动者的酸、甜、苦、辣，从而更加尊重他们，更好地为他们服务。

第五，有利于提高记者的写作水平。在电视和互联网向传统媒体发出挑战的现代社会，如何让新闻有更好的传播效果？这就对记者的写作水平提出了更高的要求。参与式采访或体验式报道使记者亲身参与到报道中去，因而在新闻写作中，记者不仅可以将现场的细节、所见所闻都融进新闻稿件中，还能将自己的经历、感受、见闻展示在读者面前，使稿件更生动，让读者身临其境、感同身受。

2. 参与式报道的类型

由于参与式报道的目的、方式和作用不同，其策划在具体表现形式上又有体验式、暗访式、催生促成式等差别，下面分别予以介绍。

（1）体验式报道。所谓体验式报道，是指记者以被采访对象的身份深入被采访对象的工作、生活和运动之中，在与他们的平等交流和接触之中，体验他们的生活，感受他们的经历，反映他们的心声，向社会反映他们的生活，以求得到社会的认同、理解、关心和帮助的一种采访报道。

体验式报道在广大受众中受到关注和好评，一方面，说明我们过去的新闻报道在视角上、文风上都存在脱离生活、脱离群众的缺陷，体验式报道以平视百姓生活、求真务实为要旨，恰恰填补了过去留下的空档；另一方面，我们的生活的主体其实就是广大群众，将他们作为报道的对象，正是贴近真实、返璞归真、紧扣时代脉搏的表现，也是新闻平衡发展规律的要求。

体验式报道是一种最直接、最深刻的报道方式，是寻找新感性魅力的最佳过程；体验有益于思考，深入体验的过程就是一个从感性升华到理性的过程；经过体验发掘出丰富的感性化语言用来写作，才能以色彩丰富的作品打动读者。也有学者认为，体验式报道体现了一种很珍贵的人道主义的认知方式和思维，这就是体验式报道深得人心的内在因素，也正是体验式报道的新闻价值所在。

（2）暗访式报道。暗访也称隐性采访，它是采访者为了某种特殊的需要，不公开自己的身份，不公开采访目的，不公开自己的采访工具，深入被采访的对象和事件之中的一种采访报道方式。暗访式报道近年来备受新闻工作者的青睐，在实际生活中尤其是在新闻舆论监督和揭露社会阴暗面方面被越来越广泛地采用。

暗访式报道是实现舆论监督的一种形式。在由法律监督、组织监督、党内监督、群众监督、民主监督和舆论监督组成的整个监督体系中，舆论监督有着十分重要的作用。从本质上说，它是一种借助新闻传媒所传播的事实而形成的公众舆论，对宪法和法律的实施、党和政府方针政策的贯彻以及干部特别是领导干部的行为所进行的监督。它所凭借的，并不是带有强制性的行政权力，也不是法律法规的威慑力，而是事实的广泛传播所形成的舆论力量。这种力量并不是别的什么东西可以取代的。这是因为，新闻传媒披露和传播事实，具有透明度高、影响面广、时效性强等显著特点。透明度高，是指公之于众的事实通过媒介与受众直接见面，具有传播的公开性，避免了层层转递所造成的误差和遗漏，达到了高度保真的要求。影响面广，是指上至高层领导，下至平民百姓，都可以是它影响的对象。时效性强，则是指新闻传媒所传播的内容，可以即写即刊（即播），还可以现场直播、同步转播。由此，新闻传媒所体现的舆论作用，有着一种特殊的威慑力。舆论监督的报道有两种形式，一种是事件发生后，新闻单位派人采访报道；另一种则是新闻单位根据掌握的信息，以公开或暗访的形式深入事件之中，反映事件的过程，披露事件的真相，达到坚守正义、弘扬正气、扶正祛邪、改进工作的目的。这里主要讲的是隐性采访的方式。央视《焦点访谈》栏目就是运用暗访进行舆论监督的典型代表。

"舆论监督，群众喉舌，政府镜鉴，改革尖兵"，这既是社会对新闻传媒的要求，也是新闻传媒的用武之地。在可能的情况下，有选择地搞好隐性采访的报道策划能更好地服务社会，同时这也是媒体增强自己权威性的一种好方式。

（3）催生促成式报道。新闻记者不仅需要在事件发生后对其予以报道，在可能的情况下，新闻工作者也需要参与到正在发生或还没有发生的事件之中，以自己的主观努力与被报道对象一起催其产生并促其圆满和完善，而后再予以报道。

时下，我们经常可以读到这样的报道，某某企业与某某高校合作开展了一项技术攻关，填补了该省的一项空白；某某农村乡办小学请来了一位外籍华人从事英语教学，颇受小孩子们的欢迎；某报开辟"寻找"栏目，帮助不少失散亲人团聚，让沉睡地下多年的革命烈士找到他们的妻女儿孙……所有这一切，有不少就是我们的记者牵线搭桥、穿针引线，促其成为现实，在事实发生的基础上予以报道，受到社会的普遍欢迎。

这些报道的成功，首先是由于新闻单位和新闻工作者积极参与策划。新闻工作者积极介入正在发生或还没有发生的事件之中，以自己的主观努力促其圆满和完善，而后再予以报道。在采访报道的过程中，传者和受者双方的配合是积极、健康、富有建设性的。完全可以这样说，没有受众的大力支持和鼎力配合，许多生动感人的报道就无法横空出世。当然，在具体的个案中，受众参与的程度和记者介入的程度是有差异的。

虽然在报道的事件中都有记者的参与，但是，这些参与都符合事物发展的一般规律，没有人为地去生造或扭曲、夸大、缩小；对所发生的事件的报道也符合新闻报道的规律，而且由于记者进行了参与，其对报道对象有更深切的感知，写出的报道更生动、更深刻，从而也更有效地吸引读者，打动读者，争取读者，并由此提升了该报在读者中的声誉，提高了该报的发行量。

当然，凡事都要把握一个度，对于参与式报道策划来说，也是这样。记者要承担大量的常规性报道任务，时间和精力有限。因此，对于这种参与式的报道策划，必须通盘考虑，充分论证。精心选择那些可以做，能够做，而且又能够做得好的事予以参与，参与有度，上下重视，各方配合，力求在少而精的前提下，保证参与式报道成功。

3. 参与式新闻的报道策划要注意的问题

参与式报道既受读者欢迎,对新闻从业人员来说,也是一种素质的培养,是有积极意义的。但是,参与式报道毕竟只是新闻采访报道中的一种,它也有自己的局限性。

第一,参与式报道必须在事件进行过程中才能实行,而记者采访的许多新闻事件,是已经过去的事实。在这种情况下,记者就需要在活动之外,通过访问大量的人物或查阅大量的资料来获取素材,完成采访报道任务。

第二,客观事实的运动和发展是遵照它自己特有的规律来进行的,参与式报道是根据记者自己的需要来安排的,这两者是不可能时时处处都一致的。记者要参与体验,需要花费较长的时间,这不是所有记者都能承担得起的。有的职业和岗位需要工作者具有特殊的技巧和本领,这不是所有记者都能胜任的。

第三,参与式采访并不都能写出好报道来,这和记者自身的素质有很大的关系。它要受到记者思想、业务、心理等各方面条件的影响。对于特殊领域相关的报道,由于大家对其情况都不太清楚,记者的主观意识很可能使报道产生片面性。

为了搞好参与式报道的策划,在采访实践中需要注意以下四方面的问题。

明确目的,选准参与方式。参与式采访的方式有多种,有的需要隐瞒身份通过暗访探察实情,有的需要角色换位来体验该角色的酸甜苦辣,有的需要参与组织活动使报道更具特色,等等。一切参与方式的确定,都要从能有利于报道出发,而不是怀有什么个人或小集团的利益。采取哪种方式,还要从媒体和参与者自身的条件与外部环境要求出发,统筹考虑。

客观公正,防止片面性。参与式报道之所以写得比较感人,就在于记者的角色换了位。这是好的一面。另外,正是因为换了位,感情与被采访者接近,才容易产生偏听偏信的情况。所以,作为参与者,越是在自己被采访事件感动时,越要提醒自己以防止出现感情的冲动,提防片面性。为了防止片面性,当我们深入某个角色之后,又要提醒自己跳得出来,以一个新闻工作者的公正视角看问题,防止主观性。同时,不妨多换几个角色位置，来看待采访的这一事件，多听一些不同方面的意见，以纠正自己的主观判断可能造成的偏见和片面性。参与式报道对记者的思想方法素质要求甚高，这一点要特别引起采访者的注意。

尊重客观规律，切忌越俎代庖。记者通过参与式采访和报道对事件有了主观参与和接触，对所报道的事实感触更深刻，这有利于其写出更好的报道。但是，所有这一切都必须尊重客观规律，即尊重事物发展的规律和新闻报道的规律，不可用个人的情感代替理智，用个人的判断代替客观事实，更不可作假生造。

记者通过体验、暗访等形式参与报道的活动，不仅是允许的，有的甚至是必需的。但是，这一切必须尊重客观事实，不可夸大，不可片面，不可作假，更不可生造。另外，所有的参与式报道都要受客观事实规律和新闻报道规律的约束，比如说暗访除了要受到法律、道德的约束外，还要受到新闻出版法规的制约，我们必须加以注意。

注意安全，保护自己。在揭露批评报道中，有些领域的采访是有危险的，记者需要有勇于"入虎穴"的精神。同时，记者也要善于保护自己。"出师未捷身先死"，留下的只能是遗憾。因此，对某些危险性大的隐性采访，记者要向编辑部报告，认真研究对策，行动以两人以上为宜，还要争取有关部门的配合和保护，不要孤军深入。有的记者为了刺探和揭露某个犯罪团伙的内幕，采取"介入"办法，像公安部门的侦察员那样打入犯罪团伙内部。记者这么做，也许主观愿望是好的，但非必须。记者"介入"这种事件，不仅个人的安全得不到保证，而且对于"介入"以后，哪些事该做，哪些事不该做，难以把握界限，因此这种"介入"有很大危险性，不宜提倡。

近年来时有记者参与报道而受到被报道者报复打击的事例，应引起社会各界的关注。

新闻工作者的正当采访应受到法律的保护，有关单位特别是政府机关、公安部门应该充分发挥行政治安管理的作用，以保障记者的人身安全和正常的采访工作。

四 网络新闻报道策划

中国新闻奖 2006 年首次将网络新闻作品纳入评选,且将网络新闻专题作为重点评选对象,是网络新闻和网络新闻专题发展的里程碑。网络新闻专题的重要性和传播优势已经越来越不容小觑,而优秀的网络新闻专题需要精心的策划,如何灵活运用网络新闻专题的策划技巧,并且同时做好网络新闻评论策划、网络新闻专栏策划,以取得更好的传播效果,是我们探讨的重点。

(一) 网络新闻专题策划方法

网络新闻专题是网络媒体以互联网为平台,以某一关注程度较高或持续时间较长的新闻事件、人物、现象等为特定主题进行的集合式报道。这种专题的主题是统一的,但体现的形式是多种多样的,其通常运用消息、通讯、背景资料、评论等多种体裁,结合文字、图片、音视频等多种网络传播方式,调用电子公告板、在线调查等互动手段,对新闻主题进行多角度的、连续的、立体的、详尽深入的综合报道,因而被喻为最能发挥网络媒体新闻报道优势的表现形式。网络新闻专题的内容多种多样,按照这些内容的题材来划分,我们可以将新闻专题分为五个类别:新闻事件类专题、主题类专题、研究类专题、资讯服务类专题、典型人物专题。不同的题材,在策划上有所区别,但也有共同的规律可循。下面介绍几种策划方法。

1. 疑难解读法

疑难,即人们日常生活中的疑点、难点,是人们提出的关乎其自身利益的问题。因为疑惑,人们不知何去何从,需要有人指点迷津。

网络新闻专题的策划,就是要努力寻找政府工作的关注点、社会群众的疑惑点,选好典型,抓住疑点和难点,透过现象展示事物的本质和事件发展的全过程,做好策划和专题制作,从而达到为广大民众答疑解惑的目的。

2. 冷热相融法

这里的冷和热分别指的是冷点新闻和热点新闻。热点新闻,毫无疑问，是大众最关注的新闻焦点，是具有极高价值的新闻，受众面宽广、社会关注度高。而冷点新闻，看起来似乎不大为受众和社会所关注，因而需要花大力气下真功夫去挖掘。正因为大家都认为冷点新闻不具有很强的新闻价值，不去理会，所以才给有心人留下了极大的空间去挖掘，让冷点新闻、冰点新闻转化成社会热点。

3. 正反交融法

这里的正反，是指从正面或反面表现主题。正反交融法通常有两种情况。第一，从正反两个视角来展示同一个主题。表现一个主题的方式有多种，通常情况下，编辑都是正题正做，即单刀直入，从正面直接表现主题。而有些时候，采取逆向思维，不按常规出牌，正题反做，从侧面或反面去表现主题，反而出奇制胜，使得新闻专题标新立异，可读性强。

第二，正反两种观点展示同一个主题。运用这种方法策划的专题，通常是没有是非标准、争议性较大的问题。专题向受众呈现出两种观点显性或隐性的争锋，让受众找到属于自己的观点。给予受众一定的建议和指导，为受众留下广阔的思考空间，是这种专题策划的思路。

4. 综合归纳法

在新闻专题中，有着相同性质的新闻事件虽然不是同时发生的，但将它们归纳在一起的时候，我们明显可以看到一种特定的主题在其中，这种主题通常是某种社会现象以及这种现象带来的影响与反思。此类专题的策划需要编辑有很强的新闻敏锐性，将看似分散的新闻事件通过某种特定的主题穿针引线地连接起来，做好综合归纳的工作。

网络新闻专题的策划，不应该仅限于某一次新闻事件，编辑也应该看到不同时间段的各个事件之间的紧密联系，过去的旧闻往往因为刚刚发生的新闻而再次浮出水面，并与新闻共同构成更加深刻的主题，这就要求网络编辑不能孤立地看待某个问题，而要掌握联系的方法论，抓住共同点，直捣问题要害，让受众感到耳目一新。

（二）网络新闻评论策划

互联网与传统媒体相比，其最大的特点之一，当属交互性。基于互联网交互性的网络评论，已经是当前各大新闻网站的关注点和生长点。网络新闻评论较之传统媒体评论，无论其蕴含的内容、表现的形式，抑或承载的功能、对社会的作用都有很大的区别。充分认识网络评论的特点，对于发挥新闻评论积极的社会作用大有裨益。

1. 编辑评论

从大处着眼，从网站的定位性质着手布局谋篇。编辑评论是由网站或与网站相关的传统媒体的编辑、记者或者网站的特约评论员撰写的，代表整个网站的立场和观点，类似于传统媒体新闻评论中的社论和评论员文章。

2. 专家评论

讲求专家的知名度和美誉度。专家评论是由网站邀请的各领域专家学者对某个新闻事件发表的评论。这里所说的专家，主要是指对某一领域或问题有专门研究的人士，并不仅限于专业的研究人员。专家评论既可以采取由专家来撰写的形式，也可以采取由网站采访并撰写的形式，还可以采取专家与网民直接交流，如在线访谈、聊天室嘉宾座谈等形式。

3. 网民评论

在不出范本网站原则底线的前提下，让网民畅所欲言。由网民发表的各种形式、各种方式的讨论和意见，既有一两句话的简短评论，又有上千字甚至上万字的长篇大论。与编辑评论和专家评论的相对权威性有所不同，网民评论带有一定的随意性和自由性。对于网民评论，我们现在要求更多的不是"有益"，而是"无害"。

（三）网络新闻报道策划原则

成功的网络新闻报道需要精心的组织策划，一般来说，在策划的过程中应该把握以下三个原则。

1. 信息的有效性原则

网络新闻在信息海量化和即时化上是其他媒体所无法比拟的，但一条新闻在时效性、纵深性等方面做得再好，一旦失实，便毫无价值，甚至产生相当大的副作用，引起受众对该媒体的抵触心理。

网络媒体需要海量的新闻加以支撑。这些新闻的来源非常复杂，除了大部分来自传统媒体，还有小部分来自处于隐蔽处的众多网友。网络媒体需要对海量的新闻及时传播，甚至需要追踪新闻事件的发展进行即时传播，否则就可能被其他网络媒体抢占先机，在激烈的竞争中处于弱势。与此同时，网络媒体进行的是全球化的传播，无效的、不真实的新闻一经发出就几乎是失控的，无法收回，即使立即删除了，也可能在发与删的时间差内被其他网络媒体广泛地转载。可见，在海量、即时的前提下，网络新闻的有效性是一个很难把握的方面。当重大新闻发生时，许多人最早是从网络上获取信息，但他们往往还要到有传统媒体背景的权威网站去核实，或者等一些时间再到传统媒体上去核实。这充分体现出一些网络媒体的新闻信息无效性现象有多么严重。

信息海量化本来是网络媒体的一大优势，但没有得到有效展示的新闻，数量再多也没有多大的传播效果，如果是虚假的新闻，还会产生传播的负效果。此点需要特别注意。

2. 对象的需要性原则

该原则是指专题的选择一定要与受众需求、社会效益紧密联系，以受众的需要、社会的需要为准。满足受众需要，就是要为受众服务，同时也要考虑社会的需要。尤其是国家的重点门户网站，时时刻刻代表着党和政府的形象，传递着党和政府的声音，要以正确的舆论导向指引民众，使网络新闻媒体在推动社会主义物质文明、政治文明和精神文明建设中发挥更大的作用，这就是社会对网络新闻媒体和其他所有新闻媒体的要求。

3. 操作的可行性原则

该原则是指编辑根据现有实际情况和条件，判断经过努力是否有可能达到预期目标。编辑在提出选题的过程中就应该多考虑产出成果的现实可能性。当下，媒体的数量在增加，质量在提升，由于网络的传播速度之快，产出新闻报道的周期越来越短，媒体间处于激烈的竞争阶段。若不顾选题的现实可能性，则或者无法进行，或者半途而废，或者不见成效。这会挫伤新闻从业者的锐气，影响网络媒体的传播效果和形象。

在考虑选题的可行性时，从客观条件看，策划者应当充分注意和考察选题得以完成的客观物质条件基础，从人力、物力、财力三个方面确保选题顺利进行。从主观条件看，策划者应当充分考虑自身的条件，做到量力而行和扬长避短。

新闻策划人的素质要求

新闻报道策划是一种创造性的劳动，是建立在事实基础上的创造性劳动。它要求策划者出新求异，涉足别人未曾涉足的领域，报道别人未曾报道的内容，选用别人未曾选用的主题，采取别人未曾采取的形式；它要求策划者超前预测，未雨绸缪，对将要发生和已经发生的事进行未来报道的设计；它要求策划者熟悉各种政策法规，按照社会发展规律和新闻报道规律，制定一定的目标和实施措施，保证策划方案的实现；它要求参与策划的各个部分做到科学有序，调动参与者的积极性，产生最佳的报道效果；等等。但这并不意味着策划人可以为了独树一帜、取得轰动效果而制造新闻。每年年底，媒体都会评选出"十大假新闻"，这些"假新闻"中，有一些就是"策划"出来的，种种现象表明，新闻策划人的素质亟待提高。

一　提高责任意识

所谓责任意识，就是记者的报道要具有强烈的责任感、使命感，对整个社会负责。而对社会负责就是对最广大的人民群众负责，对代表最广大人民意志和利益的党负责。新闻工作者是传播思想和信息的特殊人群，他们所从事的传播工作，最重要的功能就是促进社会文明进步。所以，他们应该是人类社会基本道德的维护者和监督者，应该具有献身以维护人类社会正义、推动社会进步的使命感。他们不盲从社会潮流，不迎合低级趣味，富贵不能淫，威武不能屈，以高尚的品质、独立的精神和正确的思想使社会公众受益于他们所从事的事业。他们深入生活、体察生活，但决不沉溺于生活，而是永远保持着超越生活的理念和思索。他们不会贪图享乐，新闻岗位绝非他们谋一己私利之"近水楼台"，而是一股挟其行万里路、吃万般苦、不得"真经"不罢休的神圣力量，使他们从生活中吸取营养而又加倍地报偿社会。新闻工作，将成为一个守望与捍卫人民利益的神圣岗位。

我们的一切报道都是为大众服务的，不允许有个人或小团体的私利。虽然也有媒体在报道后说自己是为了"公共利益"，但这决不能只由新闻工作者说了算，而是要由全社会来监督评价。当今社会缤纷多彩也变幻莫测，有时很吸引人有时也使人很无奈。媒介的社会责任要求记者摆正自己的位置，承担起新闻工作者应尽的职责，同时，又不滥用手中的权力。这就要求新闻记者具有较高的道德水准和社会责任感，努力避免我们的报道策划在道德层面上产生负面效应。

（一）坚持全心全意为人民服务

新闻工作者的职业特殊性决定了他们的特殊活动方式和特殊社会地位。到底应该如何看待这一社会角色呢？笔者认为新闻工作者作为搜集与报道新闻信息的社会活动家，其实质是社会的公仆、人民的公仆。为人民服务是社会主义道德建设的核心，是社会主义道德的集中体现，也是我国新闻工作的根本宗旨，因此，在新闻策划的过程中也必须遵循这一根本宗旨。

（二）保护公共利益不受损害

在市场经济发展的过程中，新旧体制的交替必然会带来人们思想和价值观的变化，利益追求也呈现多元化的趋势。近些年来，国内的新闻媒体为了应对日趋激烈的市场竞争，纷纷拉起改革的大旗，把追求新闻的最大价值放在了重要的位置，并将其视为媒体的生命线。当然，这一举措本身并没有什么错，因为没有新闻的最大价值，就没有阅读率或收视率，也就必然会影响媒体的生存与发展。我国著名记者范长江认为，记者在精神上应当念念于职业的神圣，一管笔除了服务于国家人民的公共利益之外，不容曲用。

（三）要体现人文关怀

人文关怀是一种从文化角度对人的观照，对人的生存状况及历史境遇的关注，对人的尊严、人的价值及符合人性的生活条件的肯定和对人类的解放与自由的追求等是其核心。

新闻报道活动是人类最主要的文化报道方式，始终处在社会文化最敏感的部位，对社会文化的变迁具有极强的敏感性，它并不是要简单地见证、记录社会历史发展进程，而是要实现缔造人类精神文化的根本任务，正因为如此，媒体的见证和记录，不可避免地需要体现这个时代的价值标准与道德认同，媒体不可避免地要成为这个时代进步精神的弘扬者和积淀载体。正是在这个意义上，新闻报道活动与人文精神相契合，同样要受到人文精神的制约。从文化的角度肯定人的主体性、人的意义和存在价值，是新闻报道的"魂"。因此，在新闻策划的过程中，新闻策划人应该注重体现新闻报道的人文关怀。

二 遵循新闻规律

新闻策划者的社会责任，一定要体现在遵循新闻规律上，只有这样才能制定和实施相应的政策和策略，以求最佳效果。因此，要处理好以下几种关系。

（一）真实性与新闻策划

新闻报道的真实性，决定了新闻策划也必须以新闻的真实性为第一原则。真实性，即指新闻报道必须反映事物原貌。从根本上说，新闻的本源是事实，事实是第一性的，反映事实的新闻报道是第二性的，有了事实，才有新闻，也就是说，事实在先，新闻在后。新闻策划必须以客观新闻的存在为前提条件，虽然在具体的新闻报道中可以发挥主观能动性，但它在总体上应该是一种客观的、被动的、"第二性"的行为，是对新近发生的事实的报道，这才符合新闻的本质意义。

（二）客观性与新闻策划

新闻的客观性是指新闻事实不依人的主观意志而改变的基本特性，报道者在从事新闻报道时，要尊重事实，要如实地反映事实的本来面目。①为何新闻策划要以新闻的客观性为基础呢？新闻报道的目的在于将事实的真相告诉受众，为人们正确地认识世界、改造世界提供认知工具。新闻报道的客观性，不仅要求新闻的内容要客观，对客观事物的报道要符合事物的本来面目，而且要求新闻报道的表达形式也要客观，力戒主观臆断。

（三）新闻价值与新闻策划

一般而言，新闻策划选题的题材意义比较重大，也讲究时机，不做则已，要做就做得淋漓尽致，使选题中的新闻价值、社会价值得以充分显现，增强新闻的效果。新闻价值一般表现为新闻事实"社会关心程度强、社会影响程度深、对社会的贡献程度大"，而新闻策划则是对这类具有重大新闻价值的素材进行更深入、更大规模的加工，以求达到更佳的报道效果。

新闻策划是把新闻报道过程中的某个元素和现实中其他与新闻报道密切相关的元素连接组合起来，形成更有效的报道结构的创造性智力劳动。它包含以下四个要点。第一，新闻策划是围绕新闻报道过程而进行的策划。所谓新闻报道过程，是指新闻从采集、传输到接收的整个过程，用信息论创始人香农的观点来说，就是信息由信源发出，经由信道而到信宿的过程。因此，如何选择就成了一个策划问题，在"选择"的过程中，各个环节还包括许多特殊的定位，这些定位也决定信息选择的方式和道路。第二，现实中的其他元素必须与新闻报道过程"密切相关"，如此它们之间的连接才能进入新闻策划的视域。第三，策划出来的结果是一个"更有效的报道结构"。所谓"更有效的报道结构"就是指通过策划，新闻报道过程中的某个元素和现实中其他与新闻报道密切相关的元素连接组合起来以后，形成的能够使媒介的新闻报道效果更好的新的组合。第四，这种策划在本质上也必须体现创造性思维的特点。

---

① 吴飞：《也谈新闻的客观性》，http：//media.szu.edu.cn/Article/ShowArticle.asp？ArticleID＝3438，最后访问日期：2023 年 12 月 5 日。

三 讲求科学方法

新闻策划是实践工作，但是，它又是以深刻的理论指导为前提的。新闻事业的日益发展变化，要求新闻报道策划者不断开拓新视野，发展新观念，进入新境界，这一切都离不开深厚的理论根底。

策划者要时刻把问号装在自己脑子里，不停地思考，不停地比较。在具体策划中，我们还可以不断地向自己发问，如这样的选题换一种方式行不行？增加一部分行不行？减少一部分行不行？合并一部分行不行？暂缓一下行不行？提前一下行不行？等等。

（一）由表及里，剖析新闻背后的变化与趋势

新闻工作者不应只满足于简单地报道新闻事实本身，而要努力做到剖析新闻背后的变化与趋势。关键是要坚持运用马克思主义新闻价值观去观察社会、分析问题，在社会现实的风云变幻中分辨主流与支流。

（二）随事物的变化相应改变策略

事物总是不断变化的，而新闻策划也应伴随事物的变化而调整。策划是不可以一次到位的，在报道过程中策划者必须随时接受实施中的信息反馈，据此调整原来的策划方案。所以，新闻报道策划实施之前应先期运作形成设计方案，在报道实施过程中报道策划仍然与报道同步推进，一方面，接受反馈；另一方面，修正方案直至报道结束。在报道进行过程中，常常会出现前期报道策划中没有预料到的情况，如报道个体发生变化、报道的外部条件发生变化、受众对报道的态度发生变化等。这就需要策划者在报道实施过程中适时修正方案。

（三）在事物发展过程中抓住典型

任何事件的发生都不是孤立的，而是和与之相关的方方面面发生这样或那样的联系。在纷繁的线索中，策划者应该保持清醒理智的头脑，从众多线索中的关键下手，以典型为突破口进行策划报道。

（四）掌握科学技术，防患于未然

现代科学技术的发展，为我们的新闻传播带来极大的便捷。但是，有时现代科学技术也会在关键时刻发生故障或无法使用，让一切精心的策划

都成为泡影。对于一线记者，特别是出国采访的记者，有备无患的"备"，既是准备的备，更是完备的备——要完完全全、无微不至地做好准备。要确保万无一失，以下四个"课前功夫"是必须做好做足的：一是采访前对他国国情了解得越详细越好；二是"耳听为虚，眼见为实"，亲手试试才知道虚实；三是注重借用多种发稿渠道；四是灵活运用多种传稿方式，其实最简单、最实用的就最好。

四　发扬创造精神

新闻策划是一项创造性的智力活动。为何新闻策划人需要创造精神呢？首先，没有创意，没有卓越的构思，就只能是一种常规、平庸的计划。其次，人们对新闻报道活动进行种种策划，基本目的之一在于谋求新闻资源的最优配置，从而使新闻事实中蕴含的新闻价值得到更充分的展示，没有创造精神是不可能达成新闻价值的最大化的。最后，新闻报道策划的另一个基本目的是对隐性新闻资源进行积极主动而富有价值的开发。这种对隐性新闻资源的开发至少必须具备两个前提条件，一是要有超越一般人的新闻眼光，能在未被别人关注的领域发现新闻线索抑或潜在的新闻生长点，并能准确地判断出它的新闻价值；二是能别出心裁，别具匠心，采用新的形式、新的手段、新的途径展开报道活动，以激发受众的接受兴趣，形成较大的冲击力和影响力。这两个前提条件的实现都需要创造精神的驱动。循规蹈矩，满足于过去怎么做，现在就怎么做，人家怎么做，自己就怎么做的人，是难以产生这样的策划构想的。[①]

在新闻策划中，客观的诸多素材是否充分表现出来，是表现不足，还是扭曲地表现，这些都需要策划者用心地去研究一番。在新闻传播策划中，我们可以常常问一些"为什么"：为什么同样一个新闻别人那样处理而我要这样处理？为什么别人那样处理了有好的效果而我的却表现平平？为什么别人想到如此策划而我没有想到？为什么我想到了又没有别人做得好？为什么别人先行了而我总要慢一拍？为什么我先行了别人又会后来者

[①] 蔡惠福：《创新：新闻报道策划之魂》，《军事记者》2001年第10期。

居上？为什么我后来想到又超不过别人？类似这样的"为什么"还有很多很多。

新闻报道策划，主要是从新闻报道的内容、形式和方式三个方面来策划。新闻策划人要有创造精神，这并不意味着可以为了谋求报道内容的新鲜深刻而凭空臆想，无中生有地创造或"导演"事实，而是意味着用新的视角观察和透视新闻事实，发掘蕴含在这一事实之中的新闻价值，或通过新的整合使新闻事实中的价值得到更充分、更全面的展示。

新闻无处不在，关键在于有人能发现它。新闻策划人们都在努力，但有新意的策划却不是随意就可以采撷的。有创意的新闻人需要时时处处精心留意，才有可能在不经意处策划出不同凡响的报道来。创造精神是新闻人特别是新闻策划者需要精心培育、刻苦锻炼的。

新闻策划人在新闻报道中所起到的作用是不可小觑的，新闻策划人的素质往往决定着新闻报道的效果，决定着新闻媒体的品质。新闻策划人的素质问题因为新闻事业的快速发展而越来越受到人们的广泛关注，如何提高新闻策划人的素质也成了专家学者研究的课题。社会责任、新闻规律、科学方法和创造精神，都是当今新闻策划者必不可少的素质。它们相互联系，相互促进，互不可分，相得益彰，是一个有效的素质整体。新闻报道策划是一个理论研究的过程，也是一个不断摸索、总结和提高的实践过程，这个过程将是永无止境的。

讲好中国故事，创新融媒体时代新闻策划模式

时代在发展，媒体在变化，对于媒体人来说，面对挑战我们要不断学习和掌握新知识，研究和解决新问题。本部分将围绕新闻的时空观，对到一线、循规律、出佳作，实施编辑主导责任制，怎样认识和讲好中国故事，创新融媒体时代新闻策划模式等话题进行研究和探讨。

一　新闻及其时空观辨析

本书对以下概念进行了梳理。"新闻"是对新近发生或发现的有价值事实及意义的信息传播。它通过报纸、广播、电视、互联网和新兴媒体，运用对事实过程的描述和对该事实性质的判断、对该事实价值意义的评论让大众更深切地感受和领悟该事实。现代新闻的基点是"第一时间"和"第一现场"。"第一时间"是包含新闻竞争的一种概念，它不仅强调新闻的"不为人知"，而且强调其"不为人识"的成分。"第一现场"是对新闻报道层次性的概述，它包含微观、中观和宏观三个层次。"独家新闻"则是在"第一时间"和"第一现场"的基础上对新闻事件和人物深入发掘后具有独特个性的精确把握，它更需要记者的思想和策划。

第一，对什么是新闻要做一番新的研究。

自新闻被作为一个概念提出之日起，便有许多人对其加以定义。当然这些定义都是人们根据当时特定的时空及社会文化背景所做出的，因此，

当人们在另外一个时空或另一个社会文化背景中对这些定义重新加以审视之时，便会提出千万个理由来证明当时的新闻定义有多么的不科学和不周全。自然，我们不能轻易地否定和贬低前人的努力，但是，当社会不断进步之时，我们没有理由不提出新的更为科学的定义来。

综观我国历史上出现的一些有影响的新闻定义，新闻是事实这一点不可否认，但对于新闻是什么样的事实的认识则存在一定的差别。大体上可分为三类。

第一类认为新闻是受众注意的事实。如1919年12月，徐宝璜在《新闻学大意》中称"新闻者，乃为多数阅者所注意之最近事实也"。1924年邵飘萍认为"新闻者，最近时间内所发生认识一切关系于社会人生的兴味、实益之事物现象也"。范长江在1961年提出"新闻就是广大群众欲知、应知而未知的重要的事实"。

第二类强调新闻是经过媒体报道的事实。如1922年，李大钊提出"新闻是现在新的、活的社会状况的写真"[1]；1943年陆定一提出"新闻就是新近发生的事实的报道"的定义；甘惜分在1979年提出"新闻是报道或评述最新的重要事实以影响舆论的特殊手段"；王中于1981年提出"新闻是新近变动的事实的传布（播）"；宁树藩于1984年提出"新闻是向公众传播新近事实的讯息"；胡正荣在1995年提出"新闻是新近发生的事实的报道的信息"。刘建明提出"新闻是新近或正在发生发现的，对公众有知悉意义的事实的陈述"（在2005年出版的《当代新闻学原理》中没有"发现"二字）。[2] 陈力丹认为，不论从哪个角度理解，新闻显然是围绕着有报道价值的新近发生的事实展开的。新闻的基本特征是本源于事实、较强烈的时效要求、公开性。任何新闻作品必须具备三要素：事实主体，事实发生的时间、空间。[3] 郑保卫在2003年出版的《当代新闻理论》中提出：新闻是受众关注的最新事实信息的报道。[4]

第三类认为新闻是信息，具有不依赖人的存在而存在的客观性。如

---

[1] 《李大钊全集》第四卷，人民出版社，2013，第50页。
[2] 刘建明：《新闻学概论》，中国传媒大学出版社，2007，第69页。
[3] 陈力丹：《推敲"新闻"概念》，《新闻实践》2001年第11期。
[4] 郑保卫：《当代新闻理论》，新华出版社，2003，第48页。

1946年胡乔木提出新闻是一种新的事实。成美、童兵在1993年出版的《新闻理论教程》中提出：新闻是新近发生的事实变动的信息。李良荣在1995年出版的《新闻学概论》中提出：新闻是一种信息，是传达事物变动最新状态的信息。①

通过对上述新闻定义的介绍和梳理，我们可以发现，我国学者对新闻的定义考虑更多的是新闻事实方面的特征，而对新闻的传播过程和事实所反映的某种意义考虑较少。

根据目前的中国现实及媒体的发展情况，笔者以为，新闻是对新近、正在发生或发现的有价值事实及意义的信息传播。它通过报纸、广播、电视、互联网和新兴媒体，运用对事实过程的描述和对该事实性质的判断、对该事实价值意义的评论让大众更深切地感受和领悟该事实。此定义前一句是对新闻的性质判断，后一句是对其外延的描述。

从当今的新闻操作实践来看，传统的"新近发生事实"已难以概括现今的实践，因为科技的发展导致大量新近发现的有价值事实出现。有价值信息包括三个层面：一是受众层面，二是媒体层面，三是社会层面。从受众来看，新闻的价值包含着能够满足其某种需要的属性，无论这种属性是满足其消除现实不确定性的需要，还是满足其精神上的需求。从媒体来看，作为在市场上运行的主体，它必然有自身的商业利益，因此，新闻的媒体价值便表现为一则新闻是否具有吸引受众接收的潜在可能性。从社会层面来看，新闻的价值体现为其有利于整合社会资源，使社会群体能更好地共同生活在一个特定的空间之内。从国家角度来看，这种社会层面的价值便表现为构建社会的主流价值观，整合国家、民族，促进社会和谐团结。

伴随着网络等新兴媒体的出现，承载新闻的主体出现变化，因此传统的以报纸等媒体为主体所做的新闻定义便自然而然地退出历史的舞台。但是媒体带来的不仅是传播手段的变化，更是传播方式和传播理念的变化。在传统的新闻传播过程中，由于媒体的限制，新闻的数量极少，相对来

---

① 转引自胡钰《新闻定义：历史评析与科学重建》，《清华大学学报》（哲学社会科学版）1999年第1期。

说，承担信息梳理功能的文体并不多见。但在现在，由于信息量的骤增，人们对信息的选择便出现较大的困难，另外一种体裁——评论（含深度报道）在新闻中的份额便极大地增多了。因此将"运用对事实过程的描述"和"对该事实性质的判断、对该事实价值意义的评论"包含在新闻的定义之内，不仅有利于新闻操作，更有利于受众对新闻的理解，因为它能"让大众更深切地感受和领悟该事实"。消息与评论（含深度报道）两种新闻体裁的并驾齐驱已是多年来新闻操作的事实。虽然1979年甘惜分就提出"新闻是报道或评述最新的重要事实以影响舆论的特殊手段"，但学界少有将评论包括在新闻的定义之内的，这不利于新闻的发展。自然，也有人反对将评论包含在新闻之中。喻国明就提出，新闻是什么？新闻是对于事实的报道。新闻不是评论。发现事实、描摹事实永远是第一位的，离开了事实，再好的议论也变得无价值；如果我们把新闻比作水，把评论视为引水之渠，那么，离开了水，评论便不过是那些七横八纵的干涸的河床。新闻是一种以人的观察和发现为中介的事实报道。[①] 在这里，喻国明提出了"新闻不是评论"的结论，但是，他并没有对此判断进行阐述。他在后面以水与河床为例，讲到了新闻（报道）与评论的关系，这是不错的。但是，说评论离不开事实的报道，并不能说明新闻不能以评论的形式来表现。就像鱼儿离不开水，水也离不开河一样，评论恰恰与报道一起共同构成了新闻的丰富内容。

目前媒体的实践表明，人们对评论的需求达到了一个空前的高度，从理论上为新闻评论正名具有重要意义，它能提高受众的信息接收效率，从而增强新闻的影响力。新闻在传播的过程中有两种信息，一是事实信息，二是观点信息，两者合一才是新闻真正完整的含义。人们接收信息，不仅是为了及时了解该事实的发生过程，他们同时也想知道该事实发生的性质和意义。随着信息传播越来越广泛和及时，一般来说，在短时间里掌握某一事实并不是什么十分困难的事情。但是，如何评判这一事实，这一事实的性质、意义如何，却如同天底下没有两片相同的树叶一样，必定是因人

[①] 喻国明：《第一天职与新闻立台——关于安徽经视〈第一时间〉的价值思考》，《现代传播》2004年第4期。

而异、千姿百态、千差万别的。人们通过对这些"不一样的树叶"的识别，不仅可以提高自己的观念意识和主动参与、表达的意识，而且有利于自己更深切地感知和认识该事实。同时，一家媒体评论的水平，也是人们鉴别或偏爱某一媒体的重要尺度。媒体的评论水准如何，已成为人们选择或购买某一媒体的重要因素。正因为如此，当下，不少媒体都在重视和加强新闻评论，推出了大量的评论专栏（栏目）、专版和专刊，不仅吸引了大批精英人士加盟，而且，大众评论、市民评论的趋势已渐高涨。媒体的竞争，从某种意义上说，是思想的竞争。精心打造评论，扩大评论队伍，提高评论素质，扩充评论版面或时间，改革评论生产方式等，已经成为媒体新一轮改革和发展的重要内容。

第二，新闻追求"第一时间"。

据考证，"第一时间"在大陆的出现时间大约为1986年，它译自英语的"prime time"。本义指"（电台、电视台）受众最多的时间段"，相当于汉语的"黄金时间"；引申义指"最佳时间或最热闹时间"。[①] 刘建明认为，"从广义上说，第一时间又是指人们对突发事件的认识处于空白的时刻。也就是说，身临现场的人在事件发生时难以立刻理解事件，甚至除了惊愕或恐慌之外得不出任何结论"[②]。从词义及产生背景来看，"第一时间"具有极为强烈的竞争意义：自20世纪80年代后期起，伴随着我国改革开放和新闻报道的改革，新闻媒体间的竞争越来越激烈，其中的表现之一就是新闻时效性的争夺，"第一时间"成为媒体争夺的焦点。从国际竞争来看，时间对国际舆论的影响极为重大，因此国家领导人多次提出"第一时间"这一概念，这也表明对国家层面新闻舆论竞争的关注。之所以出现抢夺"第一时间"的现象，主要是因为"第一时间"发布的新闻具有强烈的首因效应，它能极大地增强新闻的舆论引导效力，固定受众对新闻和舆论的接收思维模式。

通过以上分析，我们认为，"第一时间"不仅是新闻问题和经济问题，而且是政治问题、社会问题和国家安全问题。掌握"第一时间"就

[①] 高丕永：《"第一时间"的源和流》，《咬文嚼字》2003年第3期。
[②] 刘建明：《第一时间是什么时间？》，《新闻与写作》2006年第6期。

是掌握了舆论的主导权。

所谓"第一时间",是指能够发现和传播有价值信息的最短或起始时间。这个时间包括两方面的内容,一是不为人知的时刻。在这一时刻,新闻记者通过生动、形象的文字、声音、图像等方式,描述该事物发生和发展的过程,让受众了解事实的经过。二是不为人识的时刻。在这一时刻,评论员(也称评论记者)通过概念、判断、推理揭示蕴藏在事实之中的真谛,以有形意见的形式告诉受众该事实发生的性质、原因、意义及发展的趋势。

从上面的"定义"可以看到,"第一时间"表明事实的发生、发布与受众的接收之间存在一定的时间距离,它与通常所说的"迅速、及时"或"立即"有相当大的区别。在特定的物质技术条件下,"迅速、及时"是绝对的,而"第一时间"则是相对的。从现实来看,有些信息适合及时传递,如内部新闻信息,事关社会公众安全的新闻等。以《中华人民共和国突发事件应对法》为例,该法中未使用"第一时间",而有11处使用了"立即",有25处使用了"及时"。但并非所有的信息都适合"及时"传递。如在2008年北京奥运会开幕式的彩排中,韩国一媒体"及时"将信息曝光,结果遭到国际奥委会的批判,原因不在于其他,而在于该媒体违反了大家统一制定的守时原则。简单强调"及时",一方面容易使新闻工作者不顾社会后果地争抢传播信息,另一方面也会使受众对时效性形成机械式的了解,从而对新闻信息传播在某些方面的时间延误难以理解。

在激烈的市场竞争之中,媒体不仅通过对"发生"的新闻加以报道获得"第一时间",而且通过"发现"新闻来增加自己的竞争活力。就目前的形势来说,"发现"占有的份额呈逐渐扩大的趋势,具体表现即是对新闻报道策划的大规模运用。新闻在第一时间被发布或报道,由于知道的人少,能够满足更多的人以至于全社会的知晓欲,具有重大的新闻价值。有些事件发生在少数人知晓的环境内,知情者如果守口如瓶,信息不发生扩散,"第一时间"永远不会消失。这就是为什么有些从来不为人知的历史事件在若干年后被媒体披露,人们仍然感到突然和新鲜,新闻价值没有减弱。具体来说,"第一时间"包括以下两层含义。

一是不为人"知"的时刻。在这一时刻，新闻记者通过生动、形象的文字、声音、图像等方式，描述该事实发生和发展的过程，让受众了解事实的经过。这种不为人"知"有两种形式，一种是事件突然发生，不为人知，媒体接收信息后迅速传播；另一种是事件发生后很久未得到媒体的报道。二是不为人"识"的时刻。在这一时刻，一方面记者通过自己的新闻敏感性发现客观世界中存在的不为人识的信息，从而做出新闻报道策划，满足受众的信息需求；另一方面评论员（也称评论记者）通过概念、判断、推理揭示蕴藏在事实之中的真谛，以有形意见的形式来表现、告诉受众该事实发生的性质、原因、意义及发展的趋势。

前者能充分发挥记者的主观能动性，使记者识他人之所不能识，见他人之所不能见，最后形成媒体的独家新闻，同时也形成媒体的核心竞争力。后者指媒体在竞争中，不仅要争取第一时间发布新闻事实，更要争取第一时间发表新闻评论（包括深度报道）。随着中国民主政治进程的加快和中国公民素质的日渐提高，这种需求会越来越强，媒体在这方面的竞争也会越来越激烈，这也正是当下时评火爆的原因所在。从理论上讲，不为人"知"和不为人"识"概括了新闻的两个层面，一是消息，二是评论（含深度报道）。但是由于人们的接收习惯等，人们对不为人"知"和不为人"识"并非都能同时接收。从目前的传播实践来看，评论已不仅仅是消息的补充了，它已经成为传播信息的重要内容。同时它也成为一条重要的传播渠道：一条消息能否迅速传递有赖于该信息能否迅速及时地被评论。因此认识新闻评论的功能对于做好当前的新闻工作有很大意义。

从新闻学视野来看，新闻评论传播的是一种观点信息。在新闻传播中，新闻评论和消息报道一起，向受众提供最新、最快、最多的观点新闻。它的对象是传播受众，它的作用是满足对象获取观点信息的欲望。

从社会发展视野来看，新闻评论在民主化进程中发挥积极作用。在社会发展中，新闻评论是公民表达自己意愿的一种直接方式，它有利于促进社会进步特别是有利于促进社会的民主进程。它的对象是社会公民，它的作用是培养和提高公民的参与意识，使之更好更有效地参与和管理国家与社会事务。

从认识论视野来看，新闻评论是在感性认识的基础上提升理性认识。

在人们认识的过程中，新闻评论是人们对客观世界理性认识的一种反映，它与感性认识结伴而行。它的对象是普通意义上的人，它的作用是在感性认识的基础上以理性认识深刻把握世界，处理好主体人与客观世界（包括人、自然、社会）的关系。①

第三，新闻讲究"第一现场"。

"第一现场"是对新闻操作空间方面的规定，它是指能够发现或发掘有价值信息的原始场所或运动状况。在这个空间或过程中，传播者通过对发生或发现的有价值事实的描述及评论，展示其客观性、真实性和独特意义所在。

任何新闻都是在一定的空间中发生的，"第一现场"是对新闻客观真实性的再强调。很难想象，一个真实的新闻能够离开具体的行动现场。

"第一现场"是对独特个性化新闻报道的强调。在目前这个信息传播量骤增、信息传播时效极快的时代，传播独特的个性化新闻成为众多媒体追求的目标。为什么在某一重大新闻发生时，有那么多的媒体不惜人力物力纷纷赶赴现场，就是为了搜寻独特个性化的新闻素材，从而掌握独家报道的主动权，发出独家新闻来。

"第一现场"是对新闻采访作风的强调。在现代技术的推动下，新闻采访的方式出现了巨大的改变，不仅电话采访成为常见手段，网络采访等也大量流行。其结果就是新闻写作者在空间上与新闻发生地或人出现分离。这两者的分离导致新闻事实被扭曲的可能性加大，从而为想象的存在提供了足够的空间，也为含有刻板成见、思维固化、模式化的新闻操作提供了"用武之地"。

"第一现场"是对新闻全面性的强调。既然我们在新闻定义里指出新闻包括描述和评论，那么，这个全面性指的就不仅是消息报道离不开现场，新闻评论也不应该离开现场。在以往的新闻评论中，很多作者往往是根据记者加工后的新闻作品配发评论。这种生产方式，不论是新闻的真实性还是评论的深刻性，都要受到影响。正是在这种情况下，近年来，我们

---

① 赵振宇：《一项需要普及和提高的公民素质：关于新闻评论的三点理性思考》，《新闻大学》2007年第4期。

提出要建立新闻评论记者工作制，强调"第一时间发布新闻，第一时间发表评论"①，这样不仅能为受众提供全面的事实性信息，而且能为受众提供全面、公正的观点性信息。

在强调"第一现场"的同时，有一个概念必须提及，它就是被媒体以至社会用滥了的"零距离"。根据有据可查的资料，"零距离"最早出现于20世纪末。当时海尔公司提出的"零距离服务"以及谢霆锋的粤语专辑《零距离》均未能让"零距离"火爆，2001年10月记者李响的《零距离——李响与米卢的心灵对话》一书则让"零距离"风行全国，此时新闻界也开始大规模运用该词。此后江苏电视台于2002年1月1日开播的《南京零距离》一炮走红，"零距离"在新闻界全面开花。如果说李响的"零距离"仅是让新闻界好奇而已，那么《南京零距离》则让众多媒体模仿追随，因为它代表着一种新的新闻操作理念——民生新闻。然而近年来，民生新闻及"零距离"操作备受诟病："零距离"贴近观众表面上宣扬了民生新闻的一种服务姿态，彰显了观众地位的提升，实际上它抹杀了物质产品和精神产品的界限。②"一切原创的东西，都是独立思考的产物；一切有价值的反思，都是在保持距离中完成的。喧闹和紧密可以产生激情，但无法产生智慧。"③从操作实践来看，"零距离"使新闻真实性受到影响，媒体无法保证"记者"在与现实"零距离"接触的过程中不被事实同化；此外，所谓"零距离"往往会导致记者就事论事，媒体上出现许多鸡零狗碎的事件，使记者不能脱离具体现实看问题。李白有诗曰："日照香炉生紫烟，遥看瀑布挂前川。飞流直下三千尺，疑是银河落九天。"这是他在远眺庐山后写就的传世佳作。按照今天"零距离"的做法，他还能够写出这样的绝代精品吗？这样的新闻操作观点必然导致新闻记者"不识庐山真面目"，原因不在于别的，而只在于"身在此山中"。"零距离"是个极不严谨的词语。人与人之间、人与事件之间怎么可能做到零距离。词典上的解释告诉我们，距离说的是空间和时间上的相隔，在

---

① 赵振宇：《关于建立"评论记者"工作机制的再思考》，《国际新闻界》2007年第7期。
② 严宏伟：《民生新闻及其"零距离"理念刍议》，《视听纵横》2006年第2期。
③ 喻国明：《第一天职与新闻立台——关于安徽经视〈第一时间〉的价值思考》，《现代传播》2004年第4期。

现实生活中，是无法找到"零"的相隔状态的。①

应从事件发生过程来考察其微观、中观和宏观各个方面，此外事件本身的特征也决定了在"第一现场"中采取的是微观视角、中观视角还是宏观视角。它与事件涉及的人物、地域、复杂程度以及内容相关。以"和谐"这一命题为例，在微观现场，它可能涉及朋友和家庭，在中观现场，它可能涉及街道和社区，在宏观现场，它则可能涉及整个社会及国家的教育、文化、法律和道德。从总体上看，事件处于哪个层面，与其所涉及的面以及涉及的学科密切相关。因此，"第一现场"不是一个简单的单一概念。

第四，独家新闻靠的是思想和策划。

处于市场竞争中的新闻媒体追求的最高目标莫过于独家新闻。因为，获得大量独家新闻是获得核心竞争力的前提，是建立媒体竞争优势的基础，也是保证媒体持续发展的重要方式。因此，各类媒体对独家新闻均孜孜以求。但是目前的媒体在操作上往往为了独家而独家，为了不同而不同，为了有差异而差异，结果用这种"独家"的方式创造出没有价值的"独家新闻"。因此，独家新闻必须遵循新闻发展的客观规律，按照新闻规律办事，按照新闻规律对记者的素养提出要求。

把握新闻规律、采写独家新闻必须从把握国家和社会的发展形势开始。

现代科学技术的发展，为人们知情权和表达权的实现提供了更加广阔的天地。党和国家领导人已经充分认识到这种发展的重要性。信息产业的发展，必定会促成我国的经济全球化和政治民主化。

从党的十三大报告提出的"重大情况让人民知道，重大问题经人民讨论"，到中央相继出台的《关于进一步推行政务公开的意见》（2005年3月颁布）、《国家突发公共事件总体应急预案》（2006年1月8日发布）、《中华人民共和国政府信息公开条例》（修订后于2019年5月15日起实施），这些都是我们党和政府在民主政治建设中坚持拨乱反正，继续思想解放的结果。随之而来的是新闻工作者的角色地位发生重大变化：一是网

---

① 《现代汉语词典》，商务印书馆，2002，第685页。

络的交互性使网民掌握了传递信息的主动权，网民可以和新闻工作者共享新闻事件的第一手资料和背景资料（采制权出让）；二是传统传媒对舆论的控制权和主导权大大削弱（发布权削弱）；三是经济的全球化使人们的交往更加广泛和频繁（交流领域扩大）。

在此情况下，所谓"独家新闻"，是指在第一时间、第一现场媒体对某一新闻事件报道的唯一性，"独家"即不可替代性。独家新闻不仅包括对事实发生和发展过程的报道，而且包括对该事实有价值、有意义、有创造性的新闻评论和深度报道。

当下，有一种情形值得关注。为了抢到独家新闻，一旦哪里有大事发生，或者只是事件发生，各地记者都会争先恐后地赶来，甚至可以不计成本，千方百计，不怕千辛万苦。从普遍意义上说这是一件好事，显示了当今新闻记者的职业素养和职业精神。但是，在很多情况下这样做可能得不偿失，造成巨大的人力财力浪费。很多媒体为了抢"独家新闻"，开始了拼人员、拼体力、拼设备、拼资金的大鏖战，结果造成严重的同质化竞争，使得新闻资源大量浪费。看似每家媒体的报道都是"独家"：他们大都能在不同的时间和地点通过各种关系采访到不同的人和事，具有不同于他人的"这一个"特征，但是，将这众多的"独家"新闻相比较，就会发现其中大多数内容是相似或相同的。尽管媒体花了钱，记者也吃了苦头，但是，这样的"独家"有什么意义呢？这一状况在新闻行业里有愈演愈烈之势，引起的问题非常多，造成了巨大浪费，更挑战着新闻的根基。

一般来说，所谓独家新闻都是对于事实发生和发展过程的报道。但随着网络媒体兴起，在某一事实发生后，多家媒体同时跟进予以报道，已不是什么困难的事情了。单靠新闻事实作为"独家"卖点已经很难脱颖而出，这就需要新闻评论和深度报道及时跟进，发挥其独特的魅力。这时，有价值、有意义、有建设性的评论和深度报道可以让大众更深切地感受和领悟该事实，这样才能发挥媒体不可替代的独特优势。评论和深度报道的发表也要讲求"第一时间"，这里的"第一时间"指的是将不为人识的观念信息和背后新闻公之于众的最短时间。

由于信息传播渠道和手段的多样化，传统的独家新闻在今天来说，是很难真正做到了。所以从理论上说，"独家新闻"这四个字要慎用，没有精确考证不能随便出口。在当今的情况下,独家新闻往往更注重思想深度和社会影响力,而不单单是由时间来判定。这就对新闻工作者提出更高的要求,那就是,在没有独家新闻资源的时候如何把新闻做好,力争做出意义上的"独家"。此刻,拼的不仅是人力、财力和时效,更重要的是思想,是创意,是策划。独家新闻的出路就在于思想领先,策划在前,只有这样才能做到差异化竞争,力避新闻同质化。

好的新闻素材,必须要有好的形式把它表现出来,从而更好地达到传播目的,为此,新闻工作者需要运用独家视角、独家手法,提倡多媒体联动。必须做到以新闻的敏锐和智慧发现故事,以新闻的视角和手段描述与评论故事,以新闻的威力和魅力促使故事在有利于大众和社会的轨道上完善与圆满。只有这样,才能使自己的新闻与一般大众发布的新闻以及其他媒体发布的新闻有所区别。这是时代发展的新变化和新要求,新闻人要适应这种变化和要求,发挥自己的聪明才智,为社会创造更多更好的"独家新闻"。①

二 到一线、循规律、出佳作

(一)"走转改"活动开展带来新气象

2011年,中宣部、中央外宣办、国家广电总局、新闻出版总署、中国记协五部门决定,在全国新闻战线组织开展"走基层、转作风、改文风"("走转改")活动。"走转改"活动从新闻业务、新闻研究、媒介管理到新闻伦理等方面对新闻媒体、新闻从业人员和新闻研究人员提出了新的要求。这项活动在新媒体时代和社会利益多元化背景下,对新闻报道和新闻媒体的传播内容、传播方式、传播效果、传播伦理重新思考,是我国新闻改革与发展过程中的重要里程碑,也是21世纪以来,我国在新闻传播领域开展得最深入、涉及面最广泛的一次新闻领域教育活动。"走转改"活动实施以来,取得了丰硕的成果,具体表现在以下三个方面:一是出现一批优秀的新闻报道作品;二是新闻记者以人为本的意识得到

---

① 参阅赵振宇《新闻及其时空观辨析》,《新闻与传播研究》2009年第2期。

强化，新闻规律被突出强调；三是新闻记者"用脚采写新闻"的职业意识被重新强调。由此可见，"走转改"符合马克思主义新闻观的基本要求。

但是，"走转改"活动开展以来仍存在一些亟待解决的问题，特别是有些新闻媒体和新闻工作者对"走基层"出现教条式的理解，把新闻人的职责仅仅理解为"走基层"，把"走基层"简单地理解为只是为了"转作风、改文风"。诚然，记者们走出了办公室，来到广阔的实践一线，确实可以看到、听到、收集到平时不易把握的东西，这些活生生的素材是新闻赖以生存和发展的源头。"走基层"有利于打破那些"身居闹市高楼大厦，只靠电脑鼠标打天下"的所谓现代化的生产方式。这些都是正确的，必需的。但是，我们也要切记，不要以为记者下了基层，写的文章就一定是按新闻规律办事了。时代发生了变化，昔日"夜宿农庄"可能会找到真新闻，但今天，如果还像往日那样住在农民家中，就可能找不到什么新闻了。还有，下矿井、到部队、进医院、学校、居民小区，走边防哨所、南海诸岛等，记者的足迹是到了基层，但是，如果不按照新闻规律办事，还是找不到新闻或新闻价值不大。这是我们在开展"走转改"活动中需要注意的第一个问题。

第二个问题是，现在有的媒体，在开设"走转改"专栏，刊发记者们深入基层采写的鲜活新闻的同时，在版面（或栏目、节目）上、在报道中却有许多违背新闻规律的报道，这就有违中央开展这项活动的初衷了。打开报纸，我们可以看到许多活动、报告、讲话，其中有些是没有新闻价值或价值不大的。还有一些文章采访不深入，报道没有新意，标题不讲究，文章很长，形式主义严重，也就是说，这些稿件并没有按新闻规律办事，群众对此意见很大。按新闻规律办事，不只是表现在"走转改"的栏目或节目中，同时也要求我们处理好版面（时段）、写作（报道）等方面的问题，将其他方面的新闻报道做好，这是一个系统工程，我们都要兼顾好。

（二）到一线、循规律、出佳作，深化"走转改"

2016年2月，笔者在学习习近平总书记讲话后，在接受新华社记者采访时提出"到一线、循规律、出佳作"。① 所谓"到一线",就是到新闻发生的地方,到可以发掘新闻的地方。新闻并不只是发生在基层,高层也是新闻的多发地和富矿,在省市机关、国务院、中南海、联合国甚至太空都会有新闻。国家的路线、方针、政策的出台,有关公共人物、公共事件和内政外交方面的变动,都可能包含重大新闻。它们都是我们新闻工作者时刻需要关注的地方。2012年12月6日《长江日报》一篇《七常委参观"复兴之路"出行不封路》就是在武汉市委举办的学习党的十八大精神研讨会上抓到的"活鱼",得到中国新闻奖一等奖!如果说到新闻发生的地方报道新闻需要记者"腿长""腿勤"的话,那么,到可以发掘新闻的地方找新闻则更需要记者"动脑""脑勤"。我们常说新闻"要抢",有时新闻也是"要养"的,这里更需要媒体加强新闻报道的组织策划了。

所谓"循规律",说的是我们的一切新闻报道都要遵循社会发展的规律和新闻报道的规律。新闻报道必须遵循社会发展的规律,它是新闻活动的基本前提。新闻记者只有敏锐地把握时代发展的脉搏,才能够拥有真正的新闻敏感,并做好新闻报道工作。因为从根本上说,新闻敏感首先来源于对规律的把握。新闻记者只有敏锐地感知和把握社会发展进步的"大势",才能认识和做好新闻报道的每一件"小事"。新闻工作者只有把握社会发展规律才能提高发现问题、解决问题的能力,才能胜任新闻工作。

新闻报道一定要按新闻规律办事。首先,尊重新闻事实,其过程、细节等都必须真实、客观、全面,否则就会造成新闻失实或者出现假新闻。新闻失实存在两种情况,一种情况是记者把明知不真实的事件或故意捏造的事件以新闻的形式报道出来;另一种情况是记者采访不深入、不细致或者客观条件的限制造成的部分新闻要素失实。不管是哪一种情况,都违反了新闻必须真实这个基本规律。

其次,新闻报道策划不能违反新闻规律。在新闻竞争日益激烈的今天,策划是媒体竞争制胜之宝,这已经成为各个媒体的共识。但是,新闻报道策划的前提是尊重事实发展和新闻传播规律,离开这个基本准则,新

---

① 《担负起巩固壮大主流思想舆论的责任——习近平总书记在党的新闻舆论工作座谈会上的重要讲话引起强烈反响》,《人民日报》2016年2月24日,第1版。

闻策划就会异化为新闻炒作。新闻炒作不仅损害被报道对象和受众的权益，还直接损害新闻媒体的公信力。历史的教训是深刻的，必须引起新闻媒体及其从业人员的注意，警钟长鸣。

最后，积极探索新闻改革的途径，改进新闻传播活动。政治民主化、经济全球化和信息网络化是当今时代新闻传播的基本前提。新的传播环境要求新闻工作者和新闻传播的研究者都要不断研究新的传播环境和传播方式，开拓新的传播渠道，把握新媒体条件下的传播规律，在众声喧哗的时代争取舆论引导的主动权。新闻工作者的职业特性和追求是：用新闻的敏锐和智慧去发现故事，用新闻的视角和手段描述和评论故事，用新闻的威力和魅力促使故事在有利于大众和社会的轨道上完善和圆满。因此，新闻人必须不断研究新媒体的传播规律，研究新媒体受众的接收习惯和特点，不断拆除传统媒体和新媒体之间的传播樊篱，打通传统媒体和新媒体两个舆论场。而新闻的学术研究则应该根据"走转改"的精神，走出书斋，根据社会发展的需要不断进行理论创新，用新的理论指导和服务新闻实践，并在更广泛的层面上促进社会发展。

所谓"出佳作"，就是我们的报道必须是客观、真实、全面的，必须是鞭笞邪恶、弘扬正气的，必须是有利于问题的解决和促进社会和谐持续发展的。"出佳作"自然应该包括好的文风，但不止于此。我们在"走转改"活动中取得的"改文风"的成效需要继续保持和提升。

什么样的作品是好作品呢？笔者认为，一件好的新闻作品既要有新闻价值，也要体现出社会价值。优秀的新闻作品应该为群众所喜闻乐见，能够反映百姓的呼声，引起党和政府对急需解决的问题的重视，对社会进步有促进作用。群众对媒体感兴趣的前提就是媒体的新闻报道和新闻评论能够反映他们的呼声，代表他们的切身利益。因此，新闻工作者"要善于分析具体情况，看各阶层人民有什么困难、要求和情绪。要采取忠实的态度，把人民的要求、困难、呼声、趋势、动态，真实地、全面地、精彩地反映出来"[①]。我们现在的一些报道主要的问题就是形式主义严重，脱离

[①] 刘少奇：《对华北记者团的谈话（一九四八年十月二日）》，《新闻战线》1982年第1期。

群众,这也是新闻报道难以出现精品的重要原因。"走转改"活动中出现的优秀新闻报道大部分反映了群众的愿望、群众的困难和群众的喜怒哀乐,它们是新闻记者走群众路线的直接反映。

在评价"出佳作"的标准上,需要探索和完善全面、科学的评价体制。媒体人常爱说:"金杯银杯,不如老百姓的口碑;金奖银奖,不如老百姓的夸奖。"但是,他们在新闻操作中却常常忘了这一条,只盯住中国新闻奖。如何评价媒体的新闻作品,除了现行的中国新闻奖(评奖方法和内容也需要改革和完善)评价体制外,更应该注重广泛的民众评价和社会效果。其中,社会效果是检验新闻报道初衷和结果的唯一标准。社会效果包括两部分内容。一是社会影响,即报道后上级领导和主管部门的批示、肯定、嘉奖,这是很重要的;但更为重要的应是听众、观众、读者和网民的良性反馈。二是报道对社会工作和人们思想意识所起的促进作用。这是新闻媒体和新闻人的一种社会责任和担当。奖励是社会对人们良好行为或成果的积极肯定的信息反馈——促使人们将这种行为保持和增强,加快人的自我发展和完善,为社会创造更大的效益。[1] 全面科学地制定奖励标准,不仅涉及如何评价新闻作品,更关系到新闻媒体的生产体制、生产机制和新闻人的思维与运作方式,应该引起有关方面的注意,加强研究。

"走转改"是一次贯彻马克思主义新闻观的重要的新闻行业教育和实践活动,对于纠正新闻行业的一些错误观念、错误做法有很好的促进作用。现在,我们应该注意对这项活动的总结,弘扬好的经验,总结不足和教训,促使活动向着"到一线、循规律、出佳作"方向持续有效地开展下去。[2]

三 实施编辑主导责任制,提高媒体竞争力

媒介融合已经成为当今一个不争的事实。美国新闻学会媒介研究中心

---

[1] 赵振宇:《奖励的科学与艺术》,科学普及出版社,1989,第2页。
[2] 赵振宇:《到一线、循规律、出佳作——关于深化"走转改"活动的几点思考》,《新闻前哨》2014年第5期。

主任 Andrew Nachison 认为，媒体融合是"印刷的、音频的、视频的、互动性数字媒体之间的战略的、操作的文化联盟"。他强调媒体融合最值得关注的并不是集中了各种媒介的操作平台，而是媒介之间的合作模式。中国人民大学蔡雯认为，媒介融合还有一层含义，那就是在数字技术与网络传播推动下，各类型媒介通过新介质真正实现汇聚和融合。[①] 而中国社会科学院新闻所副研究员闵大洪的表述是：媒体融合系指种类媒体向其他媒体领域的进军与扩展，从而形成种类媒体你中有我、我中有你的形态。[②] 不论是哪种表述，媒介融合无疑都会带来管理机制、新闻生产和商业模式变革，由此促进新闻人向着新媒体领域转变，促进中国的社会进步与发展。

新形势下，新闻报道发生重大变化：一是采制权出让；二是发布权削弱；三是交流领域扩大。面对媒介市场的激烈竞争，新闻媒体和新闻学院需要培养记者或学生具有其他单位或学科培养不出来的"新闻人特质"。根据这一要求，当代新闻人要成为具有现代化意识、国际化视野、学者型品格、实践者本领的新闻传播工作者。他们从社会的视角和需要出发研究并发展新闻理论，以新闻的理论和实践说明并服务社会。为了提高媒体竞争力，必须培养新闻人的特质：以新闻的敏锐和智慧发现故事，以新闻的视角和手段描述和评论故事，以新闻的威力和魅力促使故事在有利于大众和社会的轨道上完善与圆满。

传统的记者中心制、采编合一制已经不能适应媒介市场激烈竞争的需要。建立和完善编辑主导责任制（见图1）是新形势下提高媒体竞争力的重要手段。

所谓编辑主导责任制，强调的是编辑在整个新闻生产中的主导作用。《现代汉语词典》对"主导"的解释是"决定并且引导事物向某方面发展"[③]。编辑主导责任制，正是强调编辑应积极发挥"决定"作用，主动"引导事物向某方面发展"，从传统的"画版匠"、为记者"做嫁衣裳"

[①] 蔡雯：《媒体融合背景下的新闻资源开发》，《传媒天地》2009年第2期。
[②] 闵大洪：《媒体融合带给我们什么》，《南方传媒研究》第24辑，南方日报出版社，2010，第172页。
[③] 《现代汉语词典》，商务印书馆，2016，第1641页。

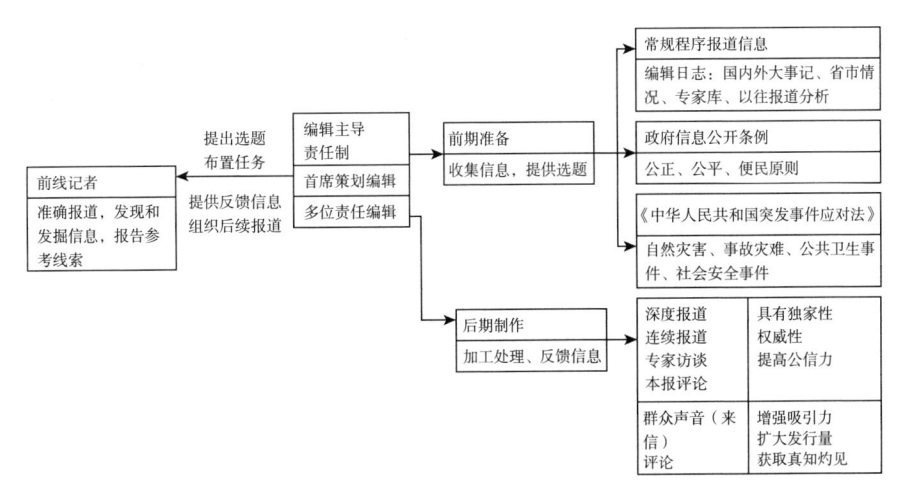

图 1　编辑主导责任制

资料来源：赵振宇《实施编辑主导责任制，提高媒体竞争力》，《编辑之友》2011年第2期。

的人，转变为有多重身份的人。西方新闻学认为，一支出色的记者队伍，缺乏有力的编辑队伍作后盾，只能编出一张凑凑合合的报纸；而一支平庸的记者队伍，配上一支能干的编辑队伍，却可能产生一张颇受人们欢迎的报纸。[①] 其实，编辑主导责任制并不是什么全新的东西，在西方的媒体中早就有过这样的理论和实践。如郑兴东教授在《西方报纸编辑学》中介绍的那样："编辑在编辑部处于指挥、决策的地位，通常不参与采访，而是坐镇编辑部，通过多渠道的信息，随时对外界发生的各种变动做出分析与判断，结合报纸的要求，向记者布置采写任务，并最后帮助记者完成稿件的写作和修改。"[②]

在编辑主导责任制中，包括两部分人员，一是策划编辑，二是责任编辑，他们根据分工各自履行自己的职责。新闻报道策划是新闻报道的主体，它是遵循事物发展和新闻报道的基本规律，围绕一定的目标，对已占有的信息进行科学的分析和研究，着眼现实，发掘已知，预测未来，制定

---

① 管恩武：《报纸策划机制亟待创新》，《青年记者》2006年第14期。
② 赵鼎生：《西方报纸编辑学》，中国人民大学出版社，2002，"序言"第2页。

和实施相应的政策和策略，以求最佳效果的创造性的策划活动。[①] 策划编辑主要负责制定策划方案，确定选题，保证媒体的报道方向；而责任编辑负责对策划方案和选题指定的信息进行收集，稿件修改、发布，以及报道反馈等。

编辑主导责任制工作主要体现在以下三个环节。

一是前期准备，提供选题。选题的来源大致可分为三类。第一类是常规程序报道，这类报道的选题可以从编辑日志里获取信息，如国内外大事记、省市情况、专家库、以往报道分析等。

第二类是政府信息。《中华人民共和国政府信息公开条例》修订后于2019年5月15日起施行。从新闻学的意义来说，它为媒体的采访报道提供了法律保障，媒体是政府信息公开的主渠道之一。随着我国政府媒介素养的逐步提高，其在处理与媒体的关系上更加主动，而政府和媒体关系的越发和谐，是政府公关能力提高的表现。政府可以更好地将媒体为我所用，从而树立其敢于对公民负责的形象。

第三类是突发事件，如自然灾害、事故灾难、公共卫生事件、社会安全事件等。2007年8月30日，中华人民共和国第十届全国人民代表大会常务委员会第二十九次会议通过《中华人民共和国突发事件应对法》，2007年11月1日开始施行。这部法律明确赋予媒体更多自主报道突发事件的责任和权利。根据《中华人民共和国突发事件应对法》，政府应按照有关规定统一、准确、及时发布有关信息；任何单位和个人不得编造、传播虚假信息。关于突发事件的发生直至结束，甚至是事件发生前的征兆，由于公众的恐慌以及对信息的大量渴求，都会有各种各样的消息传出。在编辑主导责任制中，编辑作为信源的输入者，在为记者提供选题时，必须要甄别各类信息，在保障公众的知情权的同时辟除谣言，真实、全面、正确地进行舆论引导，才可以妥善、迅速地处理突发事件，甚至化危机为转机。

编辑从以上三类来源中收集信息，找出选题，再根据事件的新闻价值、编辑方针及媒体自身定位等一系列因素进行筛选，由总编辑把握全局

[①] 赵振宇：《新闻报道策划》，武汉大学出版社，2008，第6页。

方向，召开编辑群会议，最终决定选题。这一环节要求编辑必须具备出色的新闻意识，能随时应对外界发生的各种变化，做出分析判断；同时还要有问题意识，不仅能通过多种渠道搜集新闻线索，而且能从海量的信息中找出最有价值的选题。

二是提出选题，布置任务。由首席策划编辑迅速形成可操作性较强的报道策划方案，提出最终选题。传统上，编辑仅仅充当"加工厂"和"把关人"的被动角色，记者提供什么，编辑就处理什么。随着媒体的传播观念转向"受众本位"后，编辑的任务、地位、功能也随之转变，形成以编辑为主导的互动式采编模式，使报道能更好地满足受众的需求和兴趣。

选题提出之后，策划编辑协调其他部门，通知和调动有关记者进行采访，布置任务。前线记者根据任务要求在新闻一线对事件进行准确报道，不断发现发掘新的有价值的信息，及时向后方的编辑报告参考线索以便策划编辑随时做好调整采访方案的准备。台湾东森电视台在新闻运作过程中，非常强调编辑的主导作用。其新闻中心，每天至少要开四次选题策划会，无论是突发事件还是常规新闻，编辑和节目制片人都会根据新闻事件的进展，及时策划选题、制订报道计划，然后各报道小组根据计划，灵活快速采制报道，实行新闻采制的统筹运作。这是一个互动的、不断跟进的过程，策划编辑全程参与，在和前线记者保持联系、了解最新采访动态的同时，运用多媒体信息库不断为记者提供相关资料和其他媒体的报道情况，及时对采访提出建议、要求，全程指导记者对新闻事件进行有目的、有效率、全方位、多角度的记录，保证新闻稿件人无我有，人有我优。

三是后期制作，反馈报道。由多位责任编辑对前线记者发回的报道进行加工处理，除了传统意义上的对稿件进行修改、勘误等之外，还要考虑这样的报道能否制作成深度报道、连续报道，或是配发专家访谈、本报评论。通过对一些事件的深入挖掘追踪、滚动连续报道，媒体可以监督、推动、促使地方政府及其各部门公开相关信息，也能让事件原因调查和善后处理、责任追究等工作开展得更扎实认真、更有效率，从而以新闻的威力和魅力促使故事在有利于大众的轨道上完善和圆满。影响媒体公信力的因素，不仅仅在于新闻的真实性，它包括传播过程所有环节的真实性、客观性和及时性。确保新闻可信性、杜绝假新闻、提升媒介信用度、媒体诚信度成为当前报纸深度报道的必然选择。

为了搞好深度报道，策划编辑需要约请相关专家，对已经报道的新闻进行深入的、系统的解读和阐释。新闻报道和新闻评论都属于新闻的范畴，我们既要提倡在第一时间报道事实，同时，也要在第一时间向受众发表评论，即对该事实做出符合事物发展规律的性质和趋势判断，以利于人们更好、更深切地把握该事实。这是当今渠道畅通、海量信息涌现形势下的新课题。

此外，还要刊发群众来信或群众评论，收集反馈信息并提供给前方记者，根据受众的关注度组织相关的后续报道。这样既能获取真知灼见，又能引起受众对报纸的关注，增加可读性，提高发行量或收视、收听率。在这一环节中，责任编辑应当牢牢把握新闻舆论导向，充分、正确地发挥主导作用。

编辑主导责任制需要不断完善和成熟。现阶段，还存在一定问题。如：不少媒体现在都设立了"首席记者"的岗位，而编辑的位置却相对靠后；许多新闻单位在招聘人才时，编辑和记者往往分开招聘，许多年轻人初入报社就担任编辑，加上有的编辑自身缺乏新闻策划和组织的能力，记者往往会不服编辑的意见或调配；实施编辑主导责任制，新闻产品对编辑的依赖度很高，一旦编辑的操作出现错误，问题就直接体现在版面上，增加了一定的风险性。加强对策划编辑和责任编辑的素质培养，是一项紧迫的工作，需要各媒体领导高度重视。

四　怎样认识和讲好中国故事

由中宣部、国家互联网信息办公室、国家新闻出版广电总局、中国记协共同组织的"好记者讲好故事"大赛从2014年开始举办至今。它不仅是一项组织者规格很高的活动，而且也是一次由专业记者群体向国人和世界"讲好中国故事"的伟大实践，受到社会各界人士的广泛好评。按照举办方的要求，此项活动的宗旨是：推动新闻战线深化马克思主义新闻观教育，弘扬新闻工作优良传统，加强新闻队伍建设。据了解，目前活动组织者正在总结经验，计划将此活动进行深化和拓展。笔者认为此计划很有价值，它赋予了"好记者讲好故事"活动新的使命和内涵，即向全社会弘扬社会主义核心价值观，重塑记者在公众中的形象，更好地报道和传播中华儿女实现中国梦的伟大实践和经验，让中国走向世界，让世界更好更全面地认识中国。笔者曾应邀担任此项活动的评委，与参赛选手就演讲稿的撰写和现场演讲进行过交流和探讨，也学习过一些选手的演讲和他们的心得体会，颇有收益。为了使此项活动向着更加科学有效的方向发展，本书特对"好记者讲好故事"这一主题做一些解读，供组织者和参与者同人思考和探讨。

（一）"好记者"是讲好故事的主体

讲好中国故事是党的十八大以来党中央提出的重要任务。习近平总书记不仅是讲好中国故事的倡导者，更是讲好中国故事的实践者。在他的带动下，越来越多的热心者加入讲好中国故事的队伍中，越来越多的中国故事被挖掘出来，也有越来越多的听众、观众、读者喜欢上了中国故事。在这样的背景下举办"好记者讲好故事"大赛，显得格外有意义。

新闻记者以报道传播正在、新近发生或发现的包含有价值的事实及意义的信息为己任，是发现故事和讲好故事的特殊群体。习近平总书记曾勉励广大新闻工作者坚持正确政治方向，做政治坚定的新闻工作者；坚持正确舆论导向，做引领时代的新闻工作者；坚持正确新闻志向，做业务精湛的新闻工作者；坚持正确工作取向，做作风优良的新闻工作者。[①] "四向四做"是党中央对做好新闻舆论工作提出的明确要求和殷切希望，充分体现了党中央对新闻舆论战线的高度重视和亲切关怀。选拔优秀记者参赛是本次大赛的一个亮点，它不仅要求选手在舞台上讲得好，更要求他们在实践中做得好。参赛选手是在重大新闻事件报道中取得突出成绩，社会各界广泛认可的优秀记者。他们中既有传统媒体记者，也有新媒体记者；既有茁壮成长的年轻记者，也有经验丰富的资深记者、老记者；既有长年工作在演播室的播音员、主持人，也有扎根新闻一线的记者和长年夜班的组稿编辑；既有将新闻事实、数据、典型予以描述的各战线记者，也有在故

---

① 《习近平：做党和人民信赖的新闻工作者》，《人民日报》2016年11月8日，第1版。

事中将判断、解读、评论融为一体的评论员。

随着"走转改"的深入和时代的发展,形势对"好记者"提出了新的要求。习近平总书记在党的新闻舆论工作座谈会上的重要讲话,更是对做一个"好记者"提出新要求。笔者曾经接受新华社记者的采访,表达过这样的观点:锻造全媒型专家型人才,要更多到一线、循规律、出佳作。到一线,就是到新闻发生地,到可以发掘新闻的地方;循规律,即遵循社会发展规律和新闻报道规律;出佳作,指报道必须客观、真实、全面,鞭笞邪恶、弘扬正气,有利于推动问题解决和促进社会和谐健康发展。①

将"好记者"作为讲好故事的主体,是本次大赛与其他行业的"讲故事"的区别所在,好记者参加大赛,要在演讲中体现记者的职业特征,在故事里凸显记者的专业素养。

首先,在故事中要有"我"的存在和表现。哲学家说世界上没有两片完全相同的树叶、人不能两次踏进同一条河流,揭示的是瞬息万变的事物存在。参赛选手讲述自己与故事中人物、事件的相互关系,展示出新闻人的职业特性,可以让受众在接收"这一个"故事的过程中感受到与他人不一样的传播效果。有"我"在,要求故事因"我"的参与、报道、感悟和讲述而产生与他人演讲不同的"这一个"效应,让受众知晓新闻人的工作性质、程序、技术、技巧和付出。这种彼此互动,有利于揭开记者的"神秘"面纱,加强传播者和受众双方的理解与沟通,促进新闻传播正常和有效进行;有"我"在,并不是在故事中只有"我"和突出"我","我"只是讲述者,"我"讲述的典型人物和事件才是故事的主体,这是须臾不可忘记的。

其次,要在故事中展现新闻记者的职业特性和专长。形势的发展和变化对新闻人提出了更新、更高的要求,我们的社会需要具有这样特质的新闻人——以新闻的敏锐和智慧发现故事,以新闻的视角和手段描述与评论故事,以新闻的威力和魅力促使故事在有利于大众和社会的轨道上完善与

---

① 《担负起巩固壮大主流思想舆论的责任——习近平总书记在党的新闻舆论工作座谈会上的重要讲话引起强烈反响》,《人民日报》2016年2月24日,第1版。

圆满。随着科技的进步和媒体的发展，今天的故事也与传统和历史的故事有着太多太大的差别。报纸、广播、电视和新媒体的生产过程不同，消息、通讯、特写、专访和评论的报道方式也不一样。运用不一样的方式讲好不同的故事，用新闻人的"工匠精神"打磨曾经的故事，也是张扬选手个性风采，重塑和提升记者形象的有效途径。

（二）"好故事"是大赛的主题

既然是"好故事"大赛，当然离不开故事的存在。

在近年开展的"好记者讲好故事"活动中我们听到越来越多的好故事：在故事中我们看到带着幼童和丈夫一起进藏支教的女教师的奉献和大爱；在故事中我们向中国赴南苏丹维和部队为执行任务而英勇献身的战士表达不舍和敬意；在故事中我们看到港珠澳大桥建设者创造的"现代世界七大奇迹"之一的璀璨；在故事中我们为长年坚守国界卧冰饮雪的戍边官兵的家国情怀所震撼；在故事中我们看到一个大国公民和记者的责任，他们将采访材料整理成翔实的中英文双语稿件，驳斥了在南海问题上仲裁庭罗列的不公正观点……正是这样一个又一个的好故事，感动了大家，同时也教育着演讲者。

一年接一年的大赛持续不断，一个又一个的优秀记者在讲述故事。新闻工作者讲述自己亲历亲见亲为的精彩故事，展示了各条战线、各个领域的可喜变化，展示了新闻战线在过去的时间里从重大新闻事件中取得的丰硕成果和新闻工作者履职尽责的良好形象。新闻战线举办的这场演讲大赛，是新闻人从新闻传播学的视野向民众和社会传播中国在过去的时光里取得的成就和中国的发展历程的平台，它是实现"中国梦"、"讲好中国故事"的一个重要组成部分。

华夏五千年文明源远流长，炎黄子孙传承经典荡气回肠。在近代百年中国人民寻梦、追梦、圆梦的历史进程中，我们已经走过"雄关漫道真如铁"的昨天，正在经历"人间正道是沧桑"的今天，翘首展望"长风破浪会有时"的明天。读一篇好故事犹同品茗，醇香四溢，听一篇好故事宛如饮酒，心醉神往。我们要用美好故事抖落浮躁的尘埃，用动人声音传续璀璨的文明，用文化之光照亮复兴之路，用软实力展现国家魅力。一个个独特的故事，经过作者的加工和传播，可以超越文化樊篱、摆脱偏见局限，在人们心中萌芽生长、孕育光明。而好故事不易得，能观得一纸好文是读者之喜，能闻得一席佳话则是听者之幸。那些用笔尖和声线记录、传播文化的人，那些对好故事心怀执念的人，那些愿意在阳光和思想共同照耀之处挥洒才智的人，都是这个异彩纷呈、前途无限的时代的构建者。是思想的勃发造就了语言的丰满，是生命的炽热成全了表达的欲望，只要讲故事的人有勇气、有自信、讲科学，故事就有感染力和说服力。

记者走南闯北、阅历丰富，故事不少、思考多多，要在短短8分钟1000多字的演讲稿中凸显主题，首先就要选好题。"正面宣传、典型报道、热点引导、舆论监督"是本次大赛的总体要求。落实到自己的具体演讲就要确定：本次演讲要讲哪个方面内容，它要体现一个什么观点和思想，演讲中要选择几个故事，故事里的细节如何取舍，等等。

如何确定一个选题，这里有个价值取向问题。价值取向一般来说有两个，一是新闻价值，二是社会价值。

所谓新闻价值，指的是故事中可能给予人们的信息量，它包括故事中的人物、事件和该故事体现的观点和思想。一个故事给人们的信息量大，它的价值就大，反之就小。信息量大的选题才是我们要确定的主题，一切都要围绕它组织展开。这里说的是选题必须遵循新闻规律。

所谓社会价值，指的是故事传播后对社会的影响力和震撼力，也就是我们常说的社会效果。讲故事是一种意见表达，提倡什么，反对什么，歌颂什么，批评什么，作者通过讲故事表达自己的意愿并对社会产生影响。一篇故事、一个演讲，只求个人情感的宣泄而不顾及它会引起社会的过度震荡和人们的强烈不安，对解决问题和促进政府工作没有好处，显然是不成功的。这里说的是选题必须遵循事物发展的规律。

为了选好题，一般来说应把握以下几点。第一，贴近实际，与时俱进，促进社会协调发展。把回答和解决实践提出的问题作为我们选择故事的一个重要方面，使所讲故事更加具体实在、扎实深入。第二，贴近生活，服务生活，引导受众积极向上。人们对美好生活的向往是执政党的奋斗目标。我们演讲的故事要关注人们朴素平凡的生活细节，聚焦丰富多彩的生活场景，从现实生活的生动事例中剖析深刻的道理，展示未来生活的美好前景，给人民以鼓舞。第三，贴近群众，反映群众，代表群众的根本利益。记者深深扎根于群众之中，想群众之所想，急群众之所急，盼群众之所盼，充分体现群众意愿，满足群众需求。在故事中把握群众脉搏，说群众想说而说不出的话，讲群众能懂而又喜欢听的话。把群众满意、高兴、赞成、答应作为我们选择故事选题的出发点和落脚点。

(三) 讲好故事是取胜之宝

"好记者讲好故事"不是新闻报道的战役总结，不是年度考核的工作汇报，更不是沽名钓誉的作秀和炫耀，而是记者对亲身所见、所闻的新闻事实有选择性的一次再梳理和再思考。这种梳理和思考是通过演讲的形式来实现和完成的，所以，如何把故事"讲好"就是参赛选手不得不认真研究的问题了。

大赛对选手"讲好"故事提出了要求：要围绕主题、真实可信，表达准确、语言生动，具有较强的吸引力感染力；演讲时间控制在8分钟以内；演讲时脱稿，使用普通话，语音清晰，语调节奏切合演讲内容；适当选配PPT、音视频、背景音乐等。因为是在舞台上演讲，所以还要求选手们服装大方得体，精神饱满、感情充沛；适当使用肢体语言，举止表情自然；遵守比赛纪律，尊重观众、评委和其他选手。这些统一要求需要选手们认真领会并体现在自己的演讲中。此外，笔者提两点意见与参赛选手交流。

其一，用真实情感讲述客观故事。故事都是选手们亲身经历的，很熟悉。但熟悉的东西并不是其他人都能听得很明白、很有意义的。这里需要用大家听得懂的故事、情节、词语，包括数据、事例、引文和权威出处将事实讲清楚、讲明白，注意书面语言和口语表达的不同。有关演讲与口才的书很多，这里仅就故事的开头和结尾的语言、情感、动作设计谈点意见。

心理学上有种效应叫首因效应，指的是人们在最初接触信息时所形成的印象，也称第一印象。尽管第一印象不是那么准确和科学，仅凭此就给一个人和一次演讲下结论也不妥当，但是，人们根据最初获得的信息所形成的印象不易改变，它的确会影响以后我们对一个人行为活动的评价，甚至会左右我们对后来获得新信息的解释。所以，对于一个选手来说，登台前的几分钟、开场白的几句话尤为重要。给观众和评委留下良好的第一印象是选手取胜的关键一步。

心理学上还有一种效应叫近因效应，它指的是人们识记一系列事物时对末尾部分、最近发生信息的记忆效果优于中间和开头部分信息的现象。近因效应与首因效应相反，是指人们在交往中的最后一次见面、最近一个信息给对方留下的印象，这个印象在对方的脑海中也会存留很长时间，甚至会影响首因效应的结论而使之做出新的判断。这在比赛中也是常见的，本来不错的选手，就是因为即将告别舞台的最后几句话没讲好，而失去了获奖或获得好名次的机会；相反，有的选手因为最后结尾时的精彩表现，改变了评委的看法而获得好成绩。

其二，运用判断、推理和论证来揭示故事中蕴藏的真理。所谓故事，是对过去发生的事实或事件的回忆与讲述。"讲好"故事，不仅要求选手用真情表白打动人，更需要他们用故事中蕴藏的观点、理论、思想征服人。

在讲好中国故事中，要以情动人，以理服人，充分发挥评论功能。有学者研究恐怖袭击事件中西方媒体报道中存在的"傲慢与偏见"，认为我们应该采取的应对策略是：一要主动出击，发布权威信息，积极引导西方大众舆论；二要积极关注网络坊间舆论，主动发挥论坛的作用；三要建立后续发布机制，在连续报道中揭示真相，澄清西方媒体的不实报道。[1]

这些强调的都是评论的作用。所谓新闻评论是传者借用大众传播工具或载体，对正在、新近发生或发现的新闻事实、问题、现象直接表达自己意愿的一种有理性、有思想、有知识的论说形式。新闻评论在报纸、广播、电视和网络等媒体上有不同的表现方式，或文字，或声音，或音像结合，或图文并茂，在新闻传播中发挥着重要作用。[2] 在"讲好"故事中，选择和运用故事除了考虑它能抒发作者的情感外，也要考虑它能较好地为整篇文章的立论和论述起铺垫和渲染的作用。"讲好"故事有多种形式，但是，评论记者"讲好"故事有着自己特殊的要求——所有的讲述都是

---

[1] 薛涛、张荣美：《西方媒体涉华报道中的"傲慢与偏见"——以两起恐袭事件报道为分析样本》，《现代传播（中国传媒大学学报）》2017年第1期。
[2] 赵振宇：《现代新闻评论》，武汉大学出版社，2009，第45页。

为论证服务的，也就是说，我们所选择和讲述的故事都要发挥事实论据的作用，成为支撑观点的有力助手。

时下，新闻评论越来越受到媒体和大众的关注，这是因为，改革发展中越来越多的问题需要评论者出来阐明解读，释疑解惑，在与世界的交往中越来越多的事件和纷争需要揭示真相，明辨是非，所有这些都少不了新闻评论者的关注和投入。综观近年来开展的演讲大赛，动情讲故事的多，而能够将故事的事实、数据、描述与判断、解读、评论融为一体的少，这是我们需要改进的一个方面。我们的大赛需要更多有理想、有知识、有理论、有激情的评论记者踊跃参与，提高选手们的评论素质，让演讲台成为不断提升新闻工作者描述和评论专业素质的训练场。

另外，现在这一活动的影响已由新闻战线扩大到整个社会，那么，需要提高的就不仅仅是演讲水平。笔者以为，可以借演讲活动的持续开展，将新闻人的政治水准、职业道德、理论修养、专业技能等学习融为一体，借大赛巡讲的机会多组织一些相应的学习会、研讨会，以提升此项活动的综合效应。

（四）讲好校园故事，坚定教育自信

2018年3月18日，新华社一则《同学们，到中国去！》的报道在微信微博刷屏：德国莱茵美因应用科学大学应用物理专业硕士生尼古拉·米勒的一封"推荐信"登上了该校官网首页。米勒撰文介绍了自己自2017年9月起在中国华中科技大学数字PET（正电子发射断层成像）实验室3个月的交流实习经历，并强烈推荐其他同学报名参加。米勒写道，通过这次实习，"无论是在专业领域还是个人生活方面，我都学到很多，也对未来的生活和职业发展有了全新视野"。①

这是2018年华中科技大学开展"讲好华中大故事"创意传播大赛中的一个精彩片段。故事虽小，影响颇大。从新闻传播的角度看，它对华中科技大学乃至全国高校的师生来说，无疑具备新闻的接近性和新鲜感；从树立教育自信的角度来看，这是利用外国人的亲身经历讲好"中国故事"

---

① 见新华社德国吕塞尔斯海姆2018年3月18日电（记者张毅荣）《同学们，到中国去！》，新华社客户端，2018年3月18日。

的有说服力的实例。一个来自科技强国名牌大学的外国学生，却能"强烈推荐"中国的科研与教育，令人耳目一新，颠覆了人们的刻板印象。这恐怕就是这则报道会在微信、微博刷屏的主要原因。

尼古拉·米勒的故事，之所以会被新华社报道且为网民津津乐道，既受益于"讲好中国故事"的顶层设计，也源自高校的创意实践。讲好中国故事是以习近平同志为核心的党中央提出的重要任务。党的十九大报告要求推进国际传播能力建设，讲好中国故事，展现真实、立体、全面的中国，提高国家文化软实力。习近平总书记不仅是讲好中国故事的倡导者，更是讲好中国故事的实践者。在他的带动下，越来越多国内海外的热心者加入讲好中国故事的队伍中，越来越多丰富多彩的中国故事被挖掘出来，更有越来越多各个行业的听众、观众、读者喜欢上了中国故事。

中国幅员辽阔、人群众多，"讲好校园故事"是"讲好中国故事"的一部分，高校师生则是"讲好中国故事"工作的一支强大的生力军。中国高等教育当然还存在一些问题，承认这一点是为了更好地锐意改革。但谁也无法否认，经过几代特别是近五年教育与科研领导者、工作者的努力，中国高等教育已经取得了举世瞩目的成绩，同样也应该有"道路自信、理论自信、制度自信、文化自信"。"教育自信"是"文化自信"的组成部分，通过教育自信不仅可以促进树立文化自信，而且将推动树立道路自信、理论自信、制度自信乃至"国家自信"。"讲好校园故事"，正是为了彰显与坚定"教育自信"，达到"讲好中国故事"、展现中国形象之目的。

习近平总书记曾经说过这样的话："对中国人民和中华民族的优秀文化和光荣历史，要加大正面宣传力度……要通过学校教育、理论研究、历史研究、影视作品、文学作品等多种方式，加强爱国主义、集体主义、社会主义教育。……增强做中国人的骨气和底气。"[1] 尼古拉·米勒的故事启示我们，"讲好校园故事"乃至"讲好中国故事"，不仅需要由内向外的宣讲，更需要自外向外的言说，建构传媒的公信力，提升国际话语权，这样才能使"讲好校园故事"更具说服力和吸引力。"讲好中国故事"不

---

[1] 《习近平关于网络强国论述摘编》，中央文献出版社，2021，第53页。

仅需要包括中国高校在内的各领域的具体实践，也需要相应的制度跟进与理论探索。唯此，"讲好中国故事"才不至于陷入凌空虚蹈、杂乱无章的境地。[①]

五 恪守新闻规律，创新融媒体时代新闻策划

融媒体时代，由于科学技术的发展和新闻从业人员的观念变化，为了提高新闻传播的整体效益，越来越多的媒体结合自身媒体的需要和可能，在诸多方面改革创新，策划出符合新闻规律，既受到上级领导机关肯定又得到广大受众好评的新闻报道。

（一）融媒体时代新闻策划的新气象

全方位呈现脱贫攻坚画卷，在培养人才中创新。决战脱贫攻坚取得全面胜利，2020年是关键一年。河南日报报业集团从2020年6月起组织旗下各媒体联动，推出以"倾听河南脱贫故事·百名记者进百村"为主栏目的融媒体系列报道。该系列报道以"文字+图片+视频"的组合形态，推出了一批有亮点、有深度、有价值的新闻产品，全方位呈现了脱贫攻坚的历史画卷，有效汇聚起决战决胜的磅礴力量。

主流媒体在融合时代占领舆论主阵地，产品是前台展示，人才队伍是后台支撑。河南日报报业集团"倾听河南脱贫故事·百名记者进百村"系列报道，在策划思路上将产品制作与队伍培养紧密结合起来，探索出一条具有借鉴价值的新闻立本之路。在策划报道之初，编委会就确立了以下原则，即实现"六大目标"——编辑记者综合素质大提高、工作作风大转变、精神面貌大振奋、与基层群众的感情大增强、助力决战脱贫攻坚决胜全面小康的舆论氛围大提升、助推乡村振兴战略大发展；实现"两个'全覆盖'"——一线青年采编人员全覆盖，全省重点市县全覆盖；突出"四个'在一线'"——发展面貌在一线呈现，工作作风在一线转变，民

[①] 参阅赵振宇《一位高校评委对"好记者讲好故事"的解析与参赛建议》《从新华社一则"刷屏"报道看如何讲好校园故事、中国故事》，分别载于《中国记者》2017年第10期、2018年第5期。

情民意在一线聆听，党的政策在一线解读。

为了更好地完成这次任务，报社打破采编人员岗位职能界限，不论是文字记者、评论员、摄影记者，抑或是新媒体岗位人员，均要求独自完成一个重点村落的全部报道任务，文字主稿、评论手记、摄影图片、短视频制作等各环节，必须独立制作完成。稿件经报道工作专班审稿组审定，达标后推出，不达标者须返回村庄重新采访制作。

评论部刘婵是平日专攻评论写作的评论员，在此次报道中她以"评论记者"的身份，赴洛阳市孟津县驻村，既当文字记者，又当摄影、视频记者，在新闻报道中蕴含评论员的思辨，自身的业务素质得到很大的提升。在驻村3天后，她结合所见所感，围绕黄河主题，写该村的生态、文化、经济变化，写村里人如何在河洛文化的滋养下脱贫致富奔向小康，力争以小切口表现大主题、以小人物展示大情怀。在回郑州的路上，她就提前完成了文字稿件。在制作短视频作品时，她梳理自己拍摄的视频素材，包括人物特写、村容村貌、植被花草，捕捉一切能感知到的细节，使素材变得栩栩如生。她用了1个小时就制作完成了一部3分钟的新闻短片，受到观众好评。

截至当年8月底，该系列报道在河南日报客户端的阅读总量已经超过130万，累计被新华网、人民网、中国青年网、"学习强国"平台等上百家媒体平台转载2200余篇次。其中《老支书的"难"与"不难"》《六里路，越千年——李庄纪事》《竹园筑园》《俺家住在黄河边》等作品全网阅读量均超过60万。

70家晚报共奏致敬一曲，全国媒体联动创新。融媒体时代，新闻传播的一个关键点在"融"字，融什么？采取怎样的方式融？在操作层面上，《武汉晚报》认为，需要时刻绷紧传统与创新这两根弦。2020年8月19日，在第三个中国医师节来临之际，该报联合全国晚报联盟，邀请70家城市晚报携手，共同发起"幸得有你，山河无恙——医师节致敬"大型采访活动。医师节当天，《武汉晚报》推出24个整版的医师节特别策划报道。报道选取全国各地城市晚报记者采写的100位援汉医务人员的故事，再现其抗疫心路历程。除了近百个城市的晚报媒体及客户端刊发外，人民日报客户端、央视频客户端、中国晚报界等多家央媒和健康行业平台的转发，又将报道向纵深推进。援汉医生、各地采访记者和网友们纷纷被这组报道感动：武汉人民对援汉医护的情谊令人感动！

根据各地媒体生产的内容，《武汉晚报》当天即生产出系列新闻产品，包括 24 个版，强化了在特殊节点上的仪式感；根据采访情况，按照省份设计出电子书；剪辑出了视频产品……

这些产品在报纸、微信、App 中作为专题呈现后，再反馈到各个城市参与的媒体，各家媒体根据自己的媒体特性、地域特点，做了进一步的加工后进行推广。此次活动也随着各家媒体的全程参与，在全国各地掀起了一波正能量的传递。与此同时，《人民日报》、央视等央媒的加入，形成了第三波影响。武汉无恙的信息，武汉重振的消息，以及向医务人员表达的敬意，也随之传递开来。

中国晚报工作者协会会长、羊城晚报社社长刘海陵说："在医师节来临之际，武汉晚报发动全国 70 多家兄弟媒体，采访 100 位援汉医师，重新展现了这一段波澜壮阔的抗疫历史，回顾了医务人员可歌可泣的故事，这个创意非常棒！……全国晚报面向的都是群众，涓涓细流汇成海，报道影响力不同寻常。"[①]

为深圳 40 年生日祝福，海内外同步上线创新。2020 年 8 月 26 日，恰逢深圳经济特区建立 40 周年，《深圳晚报》开全火力，利用全媒体矩阵，推出全息化/生态式的报道场景，为经济特区建立 40 周年营造了良好的舆论环境。

报纸端：推出 88 个版的献礼特辑，大气磅礴，同时充满互联网时代的特质。献礼特辑推出"我圳，生快！"创意头版，朗朗上口，轻快俏皮，饱含对城市的深情与热爱。特辑分为四篇：新闻篇，以"爱深圳的 10000 个理由"为统领，解密深圳经济特区 40 年发展动力；政务篇，以"辉煌 40，圳在奋进"为主题，盘点深圳政府机构 40 年来的发展历程与优异成绩；金融篇，回顾深圳金融业一路改革创新的风雨历程；地产篇，

---

① 《医师节武汉晚报携手全国媒体报道百名抗疫医生引起社会共鸣》，百家号，http://baijiahao.baidu.com/s？id=1675498524571856725&wfr=spider&for=pc，最后访问日期：2023 年 12 月 5 日。

精选40个代表性地产，共同见证行业之路，致敬经济特区辉煌历程。整个特辑以红色为主视觉，配合精美照片、插画，生动直观地展现深圳经济特区繁荣发达的发展局面，给人以强烈的视觉冲击，实现了内容与形式的和谐统一。

全媒体端：截至8月26日晚12点，深圳晚报新媒体矩阵平台共推出关于深圳经济特区建立40周年相关稿件超600篇，相关系列报道全网曝光量过5600万。针对此次主题宣传，深圳晚报新媒体配套打造了航拍《航拍丨不惑之年，四十"圳"好》、《爱深圳的10000个理由》系列短视频及海报、换脸小游戏、H5、沙画、深圳声音明信片等多元化产品，为深圳经济特区系列报道添砖加瓦。

《深圳晚报》还充分利用自有的"两微三端"，分别在深圳ZAKER、深圳网易、深圳+客户端开设了"庆祝深圳经济特区建立40周年"相关专题，对主题报道第一时间进行重点位推广。

由《深圳晚报》策划制作的"外国人有话说"系列短片 Shenzhen Is My Home 展现了深圳特区对外开放的博大胸怀，是本次活动的一大亮点。该系列短片自8月24日起在海内外同步上线，分为环境、时尚、科技、文化、创业五个板块，截至2020年12月已更新5集，全球累计传播量超1.3亿。

（二）不良策划为何时有发生

新闻报道策划说的是新闻传播的主体，遵循事物发展和新闻传播的基本规律，围绕一定的目标，对已占有的信息进行科学的分析和研究，着眼现实，发掘已知，预测未来，制定和实施相应的政策和策略，以求最佳效果的创造性的策划活动。[1]

随着新媒体的迅猛发展和媒体间竞争的日益激烈，媒体为了积极应对这种竞争，特别加强了记者参与式的报道策划，以争取更多更加广泛的受众支持。但是，近十多年来这一策划活动中有很多情况背离了新闻报道的基本规律和社会公道的基本要求。

所谓参与式报道，是指传媒根据报道需要，派员以特殊的社会角色或

---

[1] 赵振宇：《新闻报道策划》，武汉大学出版社，2015，第45页。

公开体验,或隐蔽暗访,或催生、促成事件的完善和圆满,对需要报道的对象或过程,采取接触、参与等方式进行深刻的体验、感悟或组织,遵循事物发展和新闻报道的普遍规律,以独特的社会身份予以反映的报道方式。[①] 但是,在参与式报道策划中,要特别注意明确目的,选准参与方式;客观公正,防止片面性;尊重客观规律,切忌越俎代庖;注意安全,保护自己。基于不良策划时有发生的现状,特别要求中央媒体带头恪守职业道德,按新闻规律办事,中国记协和管理部门应加强对媒体和记者的专业思想、技能的培训,普及和提高新闻策划理论素养。所有媒体要提高判断识别新闻策划能力,不能为走偏道的同行们提供助力。增强媒体的公信力至关重要。习近平在考察兰考县时曾提醒我们,要特别注意防止"塔西陀陷阱"的出现。[②] 在今天的网络时代,不能因媒体策划失误而影响到政府和社会的公信力。

(三) 新闻策划要接受时间的打磨和评判

笔者自1982年大学毕业后分配到长江日报社工作以来,就十分关注新闻策划这一课题。20世纪80年代,改革开放的大潮汹涌澎湃,社会经济快速变化和发展,也促进了人与社会关系的改善和进步,其间也出现一些新的问题。1986年9月,《中共中央关于社会主义精神文明建设方针的决议》公布,为贯彻中央精神,1987年1月23日长江日报社适时推出了"人与社会"周刊版面,宗旨是:关心人、研究人,提高人的素质,培养"四有"新人。该版以新闻的敏锐发现问题,以深刻的理论研究问题,以多样的手法表现问题,以平等交流的态度与读者探讨问题。创办以来,《人民日报》(海外版),《经济日报》《工人日报》《文摘报》等多次转载该版文章,《新闻出版报》三次刊发文章,对该版及其重点栏目"社会中来"进行介绍。在1988年的全国好新闻奖(后改为中国新闻奖)评选中,"社会中来"获全国唯一的好专栏一等奖。

随着时代的进步,新闻传播越来越向着融媒体多元化的趋势发展。早在20世纪90年代,我们便开展了这种尝试并取得一定的成效。为了贯彻

---

① 赵振宇:《新闻报道策划》,武汉大学出版社,2015,第255页。
② 习近平:《做焦裕禄式的县委书记》,中央文献出版社,2015,第35页。

落实中央"弘扬主旋律,提倡多样化"的宣传方针,促进社会的稳定和发展,由长江日报周刊部、武汉电视台经济部、武汉电台新闻部联合主办的"热门话题纵横谈"专栏,于 1994 年 1 月 15 日推出第一期,受到广大读者、观众、听众、专家和中央领导同志的好评。

《长江日报》周末版、武汉电视台彩桥 830、武汉电台白云彩虹 873 都是深受人们欢迎的名牌专版、节目,又在"黄金时间"刊出或播放,吸引了一大批热心的读者、观众和听众。"热门话题"集中在星期五、星期六、星期日进行"纵横谈",三种媒体以自己的表现方式,相对集中地探讨某一社会热门问题,形成了声势,使三者互为映衬,互为补充,大大拓展了各自原有的新闻功能。8 月 17 日《新闻出版报》在头版头条的位置,以文字和照片的形式介绍了联办专栏。嗣后,时任中宣部部长丁关根做了批示,表扬了这一专栏,并要求中宣部新闻局和中央电视台派人总结武汉三家新闻单位联办专栏的经验,向全国新闻单位推介,促使新闻报道形成合力。1994 年第 11 期《新闻记者》介绍了这一做法。为了更好地总结自己和全国媒体在新闻策划上取得的成绩和存在的问题,笔者在 2000 年撰写出版了《新闻策划》一书。

新闻人的策划思想不仅表现在他的工作中,有时也可以和应该表现在他的一切社会活动中。2011 年,笔者随高校学术访问团到美国的东部城市和大学访问。所到之处,笔者发现所有的楼堂馆所和交通要道处的时钟都准确无误。但是,在我们参观波士顿大学里的中国孔子学院时,却发现墙上的时钟停了。询问负责人,说是"没有电池了"。笔者用行走的手表与停摆的时钟做对比,拍了一张照片。回国后,笔者写了"城市时钟要准"的评论,没有什么反响。2014 年,笔者应邀参加武汉市政协会议与市长对话。此刻,笔者将在美国拍摄的照片和笔者参加政协会议发现驻地、车辆时钟不准,特别是大会所在地武汉剧院时钟停摆的照片在会场上展示,收到了唐良智市长的积极回应:要求市政府的钟都要调准、政府官员带头守时,对城市的时钟要检查维修好。市政府办公厅还专门发出《关于倡导"时间文明"活动的通知》,在全市开展倡导"时间文明"活动。新华社为此发布通稿,中央及地方媒体跟进追踪调查报道,笔者也先后在《光明日报》《人民日报》《文汇报》等媒体撰写了《倡导"时间文明"新理念》《中国时间和中国效率》《时间文明可以"马上"有》等评论和理论。在这些文章里，笔者表达了这样一些观点——时间文明讲的是在一定时间里对人们行为准则的要求，即规定性、信用性、平等性、有益性和层次性。笔者提出要认识时间、珍惜时间和恪守时间，从而保障实现中国梦。这个课题也成为笔者讲座的一个重要内容。

2001年笔者调入华中科技大学新闻学院从事新闻教学工作，其中有一门课就是讲授"新闻报道策划"，本科生32节，研究生开专题课"媒体策划研究"16节，一直延续至今。经过修改完善的《新闻报道策划》（武汉大学出版社，2015）被列为普通高等教育"十一五"国家级规划教材，现已发行第三版。

一个新闻人除了搞好本职工作需要完成的新闻报道等各项任务外，也是可以从事一些与新闻有关的社会问题研究。如从20世纪80年代开始，笔者关注并研究奖励和惩罚问题，先后出版《奖励的奥妙》《奖励的科学与艺术》《神奇的杠杆——激励理论和方法》等5部专著。从90年代开始研究程序理论，受到中央领导同志的肯定，主持了国家社会科学基金政治学课题，出版了《程序的监督与监督的程序》（社会科学文献出版社，2008）。

有些课题是需要长期甚至一辈子关注的。1986年8月10日，《人民日报》发表题为《鼓励大家讲心里话》的评论员文章，笔者当即写了《多提供讲心里话的地方》在该报一版"每周论坛"刊发，《光明日报》隔日在一版全文转载。随后笔者又在《人民日报》《光明日报》《中国青年报》发表《今天，怎样讲好真话》《提倡讲心里话》《网络时代讲真话》等评论文章，在《新闻大学》《现代传播（中国传媒大学学报）》发表《新闻评论是公民的一项素质》《公民意愿表达的实现路径探析》等学术论文。1999年，笔者出版了《与灵魂对话》一书。2009年，出版了《我们说了些什么——一个新闻学教授的历史回眸》，回顾了中国改革开放以来的重大新闻事件，以及本人和媒体的评论。在这些观察、研究的基础上，在讲授教育部视频精品公开课"社会进程中的公民表达"基础上，经过多年努力，笔者完成了《讲好真话》（华中科技大学出版社，2019年11月出版，2021年4月第四次印刷）这本书，对新媒体时代的公民表达做了进一步的思考。

笔者在《讲好真话》后记中写道，我们有必要在全体民众中提倡和奖励讲真话，学习讲好真话，提高讲真话的表达艺术和技巧；反对讲假话，批评和惩罚讲假话——建立一种良好政治生态的舆论环境和管理体制。写作的过程，也是一个不断提升自己的过程。在以后的日子里，笔者将努力以积极审慎的态度，说一点自己能够说，说得好的话，做一点自己能够做，做得好的事。

《讲好真话》出版后，人民网、光明网，《北京日报》《解放日报》《湖北日报》《中国纪检监察报》《中华读书报》《中国新闻广播电视报》以及领导科学论坛、学习强国论坛等多家媒体进行报道和评介。2022年春节，96岁高龄的方汉奇先生为该书题词："彻底的唯物主义者是无所畏惧的。"该书已获湖北省社会公益专项资金奖励项目。

从大学毕业进入媒体工作到进入高校，笔者从事新闻实践和教学研究工作40余年。笔者深深体会到，作为一个新闻人不能简单地"就事论事"，更需要"就'势'论事"，即以存在和发展的形势认识事物；"据'势'行事"，即遵循形势的规律和要求做好每一件具体事情；"以事成'势'"，即发挥聪明才智，创新方法和手段，使我们所干之事能积聚成势，发挥最大效益。实践是检验真理的唯一标准，而时间则是评判人们认知和实践的是非功过、正伪优劣的最终尺度。

新闻报道策划是一门实践与理论相结合的综合学问，我们在实际操作中要把握好"行事"与"形势"的辩证关系，以新闻人的职业敏感和智慧发现需要、可以、能够讲好的故事，以新闻人的职业技术和方式讲述与评论好故事，以新闻媒体特有的社会威力和魅力加强党和政府与民众的沟通，促使故事在有利于大众和社会的轨道上完善和圆满，助力建设富强、民主、文明、和谐的社会主义强国，实现我们拼搏奋斗孜孜以求的中国梦。①

---

① 参阅赵振宇《恪守新闻规律，创新融媒体时代新闻策划》，《新闻战线》2020年第10期。

二论 舆论引导论：应对突发事件的协同互动

突发事件及舆论演变特征

作为"社会的皮肤",舆论的重要性毋庸置疑。它是对公共事务支持或反对的立场,以及温和或激进的态度。它敏感而又快速地感知主体所处的世界,并通过言论的巨大合力给外部环境提供反馈。所以,世界上任何一个追求合法性和权威性的政府都非常重视舆论。他们对待舆论的态度虽然不尽相同,但是试图对舆论进行引导和控制,却是每个政府都会做的事情,只是手段和方式有所不同。

在社会转型期突发事件频发的中国,在舆论形成和表达渠道日益增多的中国,在舆论引导主体日趋多元的中国,在全球化国际语境下的中国,如何进行有效并且合乎大多数民众利益的舆论引导,并建立起相应合理的机制,正是本书所要关注和研究的内容。

一 突发事件的分类及特点

突发事件是指突然发生,已经或者可能对社会及公众造成危害,并能迅速引起公众关注的负面事件。依据发生原因中有无人为因素,可以把突发事件分为"人为"和"非人为"的突发事件;根据危害程度、影响范围和可控性等因素,又可将其分为特别重大、重大、较大和一般突发事件。目前我国对突发事件的分级标准已有严格规定,2006年1月8日由国务院颁布了《国家突发公共事件总体应急预案》,预案中根据突发公共事件的发生过程、性质和机理将其分为自然灾害、事故灾难、公共卫生事件和社会安全事件。① 本书将依据四种分类进行研究和阐述。

(一) 突发事件的分类

第一，自然灾害。自然灾害主要包括水旱灾害、气象灾害、地震灾害、地质灾害、海洋灾害、生物灾害和森林草原火灾等。典型的自然灾害包括 2008 年的汶川地震、2010 年的舟山泥石流、2012 年的北京暴雨水灾等。与此相对应，水土流失、沙漠化等是在长期累积效应下缓慢形成的，被称为"缓发性自然灾害"。

第二，事故灾难。从内容上一般把事故灾难分成四类，即工矿商贸等企业的各类安全事故、交通运输事故、公共设施和设备事故，以及环境污染和生态破坏事件。

第三，公共卫生事件。公共卫生事件主要包括传染病疫情、群体性不明原因疾病、食品安全和职业危害、动物疫情，以及其他严重影响公众健康和生命安全的事件。国务院 2003 年颁布的《突发公共卫生事件应急条例》对该说法给出了明确界定。突发公共卫生事件是指突然发生，造成或者可能造成社会公众健康严重损害的重大传染病疫情、群体性不明原因疾病、重大食物和职业中毒以及其他严重影响公众健康的事件。②

第四，社会安全事件。2006 年 1 月颁布的《国家突发公共事件总体应急预案》最早对"突发公共事件"这一概念进行了界定：突发公共事件是指突然发生，造成或者可能造成重大人员伤亡、财产损失、生态环境破坏和严重社会危害，危及公共安全的紧急事件。该定义将"社会安全事件"与"自然灾害、事故灾难、公共卫生事件"并列为第四类突发公共事件，并对社会安全事件内涵的外延进行了概括，具体包括恐怖袭击事件、经济安全事件和涉外突发事件等。2007 年《中华人民共和国突发事件应对法》对突发事件做出了规定，突发事件指的是突然发生并可能造成或造成一定社会危害，需要应急处理的事件，主要包括自然灾害、事故灾难、公共卫生事件以及社会安全事件。

---

① 中华人民共和国国务院：《国家突发公共事件总体应急预案》，http://www.gov.cn/yjgl/2006-01/08/content_21048.htm，最后访问日期：2023 年 12 月 5 日。

② 中华人民共和国国务院：《突发公共卫生事件应急条例》，http://news.xinhuanet.com/zhengfu/2003-05/12/content-866442.htm，最后访问日期：2023 年 12 月 5 日。

需要指出的是，四类突发事件之间有时会发生演化。自然灾害、事故灾难、公共卫生事件都可以转变为社会安全事件，事故灾难也可以变为公共卫生事件。这种转化对突发事件的处理和舆论引导都带来了一定的难度。

（二）突发事件的特点

突发事件虽然发生的范围、地点、时间、演变形态都有所不同，影响的范围和程度也有大有小，有轻有重，但是突发事件大都具有突发性和破坏性、发生的偶然性和必然性、发展的不确定性、要求快速处理的紧急性、对政府部门管理能力的压迫性，是对政府形象和公信力的考验，同时突发事件具有天然的吸引受众关注的新闻性。

突发性和破坏性。突发性和破坏性是突发事件的本质特征。时间上的突发，导致人们对事件的信息所知甚少，同时对事发的时间、地点、规模、影响程度、趋势都难以预计，这些都为突发事件的处理和决策应对提出了挑战。此外，突发事件或为天灾，或为人祸，都会给人们的人身安全，人们生活工作的秩序、环境、心理、社会或个人财产带来损失。而人为引发的突发事件造成的危害更多地体现在对社会秩序的破坏上。

发生的偶然性和必然性。突发事件尽管在发生时间、规模、危害等方面难以预计，但究其发生的原因却是偶然性和必然性的统一。突发事件的必然和偶然的辩证关系，正说明任何突发事件都有其可以找到的原因，有时候原因也没有我们想象的那样复杂。这为预防突发事件的发生、处理突发事件以及突发事件的舆论引导都提供了正确的理念和态度。

发展的不确定性。突发事件发生时间的非常规性，事件背后的深层次矛盾，事件发生后的舆论活动变化，事件易引起媒体关注而造成的信息量激增，这些都为突发事件的发展注入了不确定性。

要求快速处理的紧急性。突发事件虽然不能和危机的概念画等号，但是我们都承认，突发事件对公共管理部门、民众及社会造成的危害。这逼迫管理部门要迅速做出决策以求化解危机状态。突发事件往往造成人员损伤及财产损失，一个真正体恤民众、以人为本的政府和国家都应迅速做出决策，把损失降到最小，维护其人民的生命和财产安全，维护社会的正常秩序和稳定。

对政府部门管理能力的压迫性。突发事件的处理考验着管理者的能力，对其做出决策的时间、程序、有效性都有着强烈的压迫性。

对政府形象和公信力的考验。对突发事件的处理考验着政府的形象和公信力。现代社会里，政府的管理方式已从行政管理走向公共管理，政府的服务功能在增强。突发事件发生后，人们对政府的处理充满期待，一个能够迅速及时处理危机的政府往往会获得国内外舆论的赞扬，但是有时突发事件处理中的不当之处会迅速激起舆论讨伐，从而影响政府的形象和公信力。

具有天然的吸引受众关注的新闻性。现代社会里，突发事件发生后，政府在处理事件时，必须考虑媒体的因素。记者对突发事件的关注符合新闻传播规律本身，因为突发事件具有天然的新闻性或者说新闻价值。

所谓新闻价值是指信息之所以成为新闻的要素的总和。一般来说新闻价值包括：真实性、时新性、重大性、显著性、接近性、反常性以及人情味或者趣味性等。一个事件具备的这些要素越多，我们就认为其新闻价值越大。除趣味性关联度较小之外，突发事件几乎囊括了所有新闻价值要素，自然成为各媒体争相报道的话题。当下突发事件中的舆论引导主要有以下几个突出表现。

事件和舆论交织，加剧了转型社会动荡。转型期的中国，各种利益冲突、社会矛盾凸显，导致各类突发事件频发。突发事件由于其突发性、破坏性极易成为舆论关注的焦点。一些负面舆论和谣言更是增加了突发事件的处理难度，影响社会安定。面对日益增多的突发事件，建立有效的舆论引导机制显得极为重要。

多元化的舆论场，增大了舆论引导难度。新媒体的出现，使得人们获得信息的渠道增多，发表言论的平台日趋多元化，人们有机会接受各种思想观念，并受之影响。自媒体的出现，使社会进入"人人都有麦克风"的时代。平民话语和精英话语、官方话语和民间话语、传统媒体话语和新媒体话语、公开平台话语和隐匿平台话语同时出现。就这样，伴随着媒介技术的发展，多元化舆论场开始在我国形成。对于舆论引导主体来说，达成基本的思想共识的目标在很多时候都难以实现。在舆论场多元化的今天，如何更好地引导舆论是我们需要思考的。

舆论引导不当，增加了社会焦虑。面对突发事件及汹涌而来复杂多变的舆论，尤其是网络舆论大潮，很多时候政府和媒体都难以应对。突发事件舆论引导往往是仓促应战，缺乏科学有效的引导机制。突发事件舆论引导往往考验着政府公信力和执政党的能力，舆论引导不当极易增加民众的政治焦虑感，危及政府的合法性和权威性。

"西强我弱"，亟须改善国际舆论格局。长期以来，我国在国际舆论中一直缺少话语权，妖魔化中国的现象在西方媒体时有发生。面对复杂的国际舆论环境，我国政府和媒体的舆论引导能力显得尤为重要。对于我国政府和媒体，如果没有统筹国内国际两个方面的主动意识，没有行动前的"舆论前置"意识，就很难在纷纭复杂的国际舆论环境中，发出响亮的"中国声音"，也很难展示一个真实全面的中国形象。这也为我们研究舆论引导、改善国际舆论格局提供了一定思路。[①]

二 突发事件舆论演变特征

突发事件由于其危害性和不确定性往往引起政府、媒体和公众的关注，极易引发大规模的舆论。与此同时，随着互联网的发展，网络已经逐渐取代传统媒体成为新闻事实以及消息和态度的最大与最快的传播场所。突发事件的网络舆论更是每每呈现汹涌态势，并影响甚至左右事件的发展进程。网络舆论在保有传统舆论的特性之外，因为其载体（即互联网）的特性，也形成了自己独有的传播特性。一是网络舆论的自由度大，任何人都可以发表关于任何时间的任何言论。二是网络舆论的主体具有平等性，客体具有广泛性。三是网络舆论很容易实现意见的多元互动，同时也具有不可控性。这是前两个特性结合的必然结果。网络上的言论很难去有效控制，有害信息泛滥，这也就需要我们对网络舆论进行研究，设计出对其进行管理和引导的最优解决方案。面对日渐汹涌的突发性事件网络舆论，对突发性事件网络舆论形成的内在规律、引导和控制方法的探析与研究显得越发紧迫而必要。这不仅是一个网络传播领域的问题，也是整个社

---

① 《如何发出"中国声音"》，《人民日报》2012年6月21日。

会需要探讨的问题。

下面就四类突发事件的网络舆论特征进行逐一分析,一方面旨在对目前我国网络舆论整体态势以及发展趋势进行宏观把握;另一方面通过对近几年来社会反响比较大的四类突发事件进行分析,发现突发事件的舆论演变规律,发现政府、媒体和公众在整个舆论引导中各自存在的问题,试图为在突发事件的危机管理中搭建与民众及突发事件相关人员及时沟通的媒体平台,树立良好政府形象等提出建议和意见。

(一) 突发自然灾害网络舆论特征及应对

突发自然灾害指自然界中所发生的异常现象,这种异常现象给周围的生物造成悲剧性的后果,相对于人类社会而言即构成灾难。① 世界气象组织表示,所有的自然灾害有90%与天气、水和气候事件有关。但是突发自然灾害事件并不完全等同于自然灾害,结合突发事件的概念,本书所研究的突发自然灾害事件既是自然界中突然发生的异常现象,又必须与人相关,会造成或可能造成严重的社会危害,需要采取应急处置措施予以应对。

突发自然灾害事件主要分为气象灾害、地质灾害、气候灾害、生态灾害和天文灾害等。其中,气象灾害、气候灾害、生态灾害、天文灾害可归为持续类灾害,而地质灾害通常被归为瞬发类灾害。② 我国幅员辽阔、地貌复杂,是世界上受自然灾害影响最为严重的国家之一,灾害种类多、灾害发生频度高、灾害损失严重,每年造成的损失都超过上千亿元。例如,民政部规划财务司颁布的2016年民政事业发展统计公报中的数据显示:2016年全国各类自然灾害共造成1.9亿人次不同程度受灾,因灾直接经济损失高达5032.9亿元。③

舆论发展趋势。突发自然灾害事件网络舆论发展在趋势上呈现交互性,不同阶段的新闻报道内容呈交错、叠加状态。事件爆发期与危机蔓延期中关于灾害本身的多方报道呈现交错状态并在危机蔓延期达到顶峰,危

---

① 黄崇福:《自然灾害基本定义的探讨》,《自然灾害学报》2009年第5期,第41~50页。
② 胥淼:《从自然灾害透视人与自然的和谐发展》,硕士学位论文,成都理工大学,2011。
③ 中华人民共和国民政部:《2016年社会服务发展统计公报》,http://www.mca.gov.cn/article/sj/tjgb/201708/20170815005382.shtml,最后访问日期:2020年11月3日。

机蔓延期和事件恢复期中又存在质疑与评论的叠加，交互性的形成是突发自然灾害事件信息的多样化、丰富性导致的。随着突发自然灾害事件生命周期的结束，与其相关的信息会逐渐减少，交互性会逐步降低。

突发自然灾害事件网络舆论的不同阶段也呈现出不同特点。事件爆发期的网络舆论往往呈现出单一性、爆发性与平稳性并存的状态。其单一性体现在理性讨论的部分，理性讨论在这一时期的对象以灾害事件本身为主，爆发性是正面情绪表达的特性，平稳性则是负面情绪表达的特征。危机蔓延期的网络舆论呈现出多变性特征，事件恢复期的网络舆论呈现出平复性和波动性并存的特征。这一时期的平复性体现在，随着时间的推移，关于单一突发自然灾害事件的网络舆论会逐渐平复下去，但是在纪念日的前后时间段，又会出现关于该事件的新闻报道、公众讨论等，网络舆论会在这一时刻再次聚焦到这一突发自然灾害事件上来，这一时间段内的网络舆论会出现波动性变化。

舆论关注重点。突发自然灾害事件网络舆论关注重点体现出延续性。以甘肃舟曲特大泥石流的网络舆论为例，事件爆发期和危机蔓延期以对受灾群众的关注为主，到事件恢复期转为以对政府行为的关注为主，这种转移即体现出突发自然灾害事件网络舆论关注重点的延续性。而公众在事件爆发期对受灾群众的关注度和对灾害事件本身的关注度比对其他信息的关注度要高得多。危机蔓延期的网络舆论内容全面，与事件爆发期相比，内容变化明显，从以人为本、以事为本的一致性逐步过渡到多方面关注的多元化特性，这是由危机蔓延期信息量大、信息量丰富等因素共同决定的。事件恢复期的网络舆论则显现出延续性和递进性。

舆论自身特征。突发自然灾害事件网络舆论自身具有长期性特点。以甘肃舟曲特大泥石流事件的网络舆论为例，事件发生距今已逾十年，但是当地仍处于并将长期处于事件恢复期，灾后重建的工作，任重而道远，关于舟曲泥石流的网络舆论发展会随着灾后重建等工作的进行而一直持续下去，这是突发自然灾害事件网络舆论最显著的特征之一。

突发自然灾害网络舆论引导的问题及建议。首先，在自然灾害突发事件舆论的引导中政府的主导性地位不突出。政府具有其他非政府组织无法比拟的权威性、组织性、强制力，必然成为公共危机中舆论引导的主导者。自然灾害发生后，政府对灾害事件的处理态度和所作所为决定着危机处理的态势发展，要敢于承担责任，对外发布信息统一口径、凝聚人心。

其次，在突发自然灾害事件舆论引导中，媒体的报道不够及时准确。媒体应在第一时间充分利用自己的资源优势协助政府发布真相，对民众进行积极引导。同时在大的自然灾害发生后，难免出现各类谣言。在处理灾害中的谣言时，惩治谣言的最重要目的在于消除民众的恐慌心理，从而保持社会的安定。对散布谣言者依法处理必不可少，但谣言造成的恐慌仅仅靠抓捕造谣者是不能消除的，还需要政府对事实做出进一步澄清。必须健全谣言发现处理机制。

最后，在突发自然灾害事件舆论的引导中，领导干部的言行更容易被围观和质疑。互联网时代，各级领导干部都处在10亿多网友的围观之下，自然灾害发生后，一线的领导干部顺理成章地被摆在了"显微镜"下，接受众多网友的评判。面对"塔西佗陷阱"，任何在网友看来不合适的言行都不该有，这样才能在灾害面前，禁得住围观和质疑。

针对网民围绕突发事件产生的言论，政府通过各种途径和方式来影响媒体观点与公众态度，最终使舆论朝向政府所预期的方向发展。媒体应在政府统一领导下助力提高整个社会的应对效率，推动社会从受到强烈冲击的非常态进入健康的常态。而网民不仅可以在政府、媒体的引导下规范自己的言论，还可以通过自我约束、相互影响的作用来促使网络舆论朝着有利于事件解决的方向发展。

第一，政府应及时传播信息以把握舆论引导的主动权。自然灾害类事件具有突发性、危害性、难控性等特征。灾害发生后，作为社会最高管理者的政府是唯一能够获取及时准确信息的组织，必须第一时间掌握信息传播的主动权，通过官方自有机构新闻发言途径统一发文，或是借助主流媒体传递信息，为舆论引导工作指明方向；放弃以强制的命令来实现自己的意志，而持合作性的态度主动引导媒体，从而形成两者间一种良性的互动关系。

第二，在突发事件的宣传报道中，应充分发挥传统媒体和网络媒体的各自优势，形成舆论引导新合力。官方网站与商业网站相结合。大型官方网站应该把传统媒体和新媒体各自的优势更好地融合在一起，成为其他官方网站效仿的典范。商业网站要不断加强自律，谨慎发布和转载与突发事件相关的各类信息，自觉充当"把关人"的角色，辅助官方网站做好突发事件的网络舆论引导工作。

第三，要充分发挥网民中意见领袖的"风向标"作用。在灾情发生后网上肯定会出现各种不同的声音，这时意见领袖需要集中网民意见，消除差异；发表深刻、独到的见解，引领网民思维；纠正网民意见中的错误观念。然而，每个网民也都应该保持独立的话语权和思考能力，增强在网络舆论中的自律性。

(二) 突发事故灾难网络舆论特征及应对

网络舆论态度的情绪化。从现实案例看，网络舆论对于中国社会近年的发展产生了重要影响，在促进信息公开、加强对政府工作的监督、促进公民的社会参与以及推动中国社会的民主进程等方面都产生了一定的作用。但也应该看到，网络舆论并不一定总是理性的，也不一定总是对社会产生积极的影响。[1] 网络媒体是开放的，网民可以绕开传统媒体的束缚发布信息，而网站管理员不可能对网上的言论逐一进行检查，根据匡文波的研究，网络舆论虽然具有理性和非理性因素并存的特点，但是在大多数情况下是非理性因素压倒理性因素。[2]

网络舆论时间的短期性。从时间上看，自然灾害事件的恢复周期很长，如汶川大地震，地震发生后五年，当地仍处于并将长期处于事件恢复期中，灾后重建的工作任重而道远，关于汶川大地震的网络舆论发展会随着灾后重建等工作的进行而一直持续下去。这是突发自然灾害事件网络舆论最显著的特征之一。与自然灾害事件引发的网络舆论的长期性不同，在突发事故灾难事件中，网络舆论的周期很短。

网络舆论内容的针对性。在突发事故灾难事件中，网络舆论关注的对象具有一定的针对性，对于不同的对象，网络舆论所呈现的立场也各不相同，甚至出现截然相反的局面。综合网络舆论关注的对象，在突发事故灾难事件发生后，网络舆论关注的对象主要包括如下内容。其一，政府行

---

[1] 彭兰：《网络传播概论》，中国人民大学出版社，2009，第372页。
[2] 匡文波：《论Web2.0时代网络舆论的管理》，《国际新闻界》2008年第12期。

为。在具体的突发事故灾难事件中，适当的政府行为有助于事件快速解决，有助于防范连锁反应，有助于防患于未然。其二，遇难者。其三，事故原因。其四，责任追究。不同于自然灾害事件，每一起突发事故灾难事件都是人为因素造成的，人是社会关系的总和，也是突发事故灾难事件的罪魁祸首，因此对责任的追究就成为舆论关注的重要内容。

网络舆论对象的变动性。突发事故灾难事件网络舆论内容虽然具有一定针对性，但是内容关注的对象具有一定变动性，即突发事故灾难事件网络舆论不仅在数量上是变动的，而且在本质内容上也是变动的。在中储粮黑龙江林甸直属库火灾事故、上海液氨泄漏事故和青岛输油管道爆燃事故中，舆论演变的轨迹都呈现出动态变化特征。不过值得注意的是，在突发事故灾难事件引发的网络舆论演变中，政府行为一直都是舆论较为关注的对象，而且舆论对政府行为表现得更为苛刻，任何一个不当的政府应急措施，都可能引发舆论追责的高潮。

突发事故灾难网络舆论引导的问题及建议。突发事故灾难事件网络舆论引导的问题主要有以下三方面。一是随着网络技术的发展，网络新媒介的多元化，网络舆论本身存在许多问题。网络舆论的质量无法得到保证，一些虚假的信息、偏激的言论容易占上风，使得一些无主见的群体成员的情绪受到影响。再加上事故灾难事件具有极强的时间性、震撼性、社会性、负面性和不可预料性，短时间内就能在网络上形成相当规模的网络舆论，而这种舆论会像"滚雪球"一样迅速蔓延开来，对灾难事件的处理产生不良影响，甚至影响到社会的稳定。二是重"堵"轻"疏"。受传统思维定式的影响，政府对突发事故灾难事件的网络舆论引导中存在重"堵"轻"疏"的现象。三是引导方式和方向失当。每一起突发事故灾难事件在发生后，因为其结果的危害性和原因的人为性，该事件往往会成为网络议论的热点和重点，在事件处理过程中，政府的任何一个失当行为，都会引来汹涌如潮的批评和指责。

在网络时代，信息是封锁不住的，在突发事故灾难事件面前，传统的信息管控方式暴露出诸多弊端，媒体利用网络报道事故进展的模式和涉事企业应用新媒体技术应对的策略技巧都值得思考。

及时现场调查，迅速报道事故发生进程，公布事件缘由。当突发事故灾难事件爆发后，政府相关部门和主流媒体应及时赶赴现场调查事件缘由，及时、全面和人性化地发布事故相关信息。遮蔽危机信息不但不能保持稳定的局面，反而可能造成更大程度的混乱。如果继续采用传统的信息管控方式，必然会丢失信息发布的主动权。

及时问责、追责。事故责任方应及时诚恳道歉，严重的需引咎辞职甚至被追究刑事责任。同时，事故责任方在事故发生后展开的一系列挽救行动更容易获得网民的认同。事故发生了，"道歉与哀悼"是必需的，但"哀悼"与"抢救"比例失调，则给网民留下事故责任方"无作为"的印象。另外，当企业发生重大事故后，其声誉本就会遭到舆论的质疑。如果此时单方面发布"辟谣"消息，则容易造成误解。

（三）突发公共卫生事件网络舆论特征及应对

网络舆论的发展趋势。新闻媒体关注度越高，网络舆论就越活跃，当媒体通过议程设置使公众对突发事件的关注度逐渐降低时，网络舆论也逐渐平息。这是因为，现阶段网民还是通过新闻媒体来了解事情的发展变化，无论是事件冲突升级还是逐渐趋向缓和，都可以通过新闻媒体的关注度而得知。其总趋势是事件发生时网络舆论加速扩散，经过一段时间的发酵，网络舆论的态度趋向稳定，指向更加统一，事件得到阶段性解决后，舆论得以趋缓并迅速减少。从舆论态度的走向来说，由于突发公共卫生事件触及人们生活的根本利益，绝大多数都是对人们生产生活不利的，所以舆论态势常以负面态度为主，并且在媒体关注度降低之后，其态度也并未发生明显改变，只是关注点从对事件本身的关注转向对政府、企业的质疑等。

网络舆论关注重点。对突发公共卫生事件，网络舆论普遍关注的重点是事件发生的原委、相关企业和政府的态度、对责任人的处理结果，以及对该类事件的分析。并且，对关注重点的态度呈现一边倒的负面情绪。究其原因，既与社会背景有关，也与网络传播的性质有关。突发公共卫生事件发生急促，影响极坏，从事件的客观性来说给人民群众造成了极大的恐慌乃至实质上的伤害，网络舆论一边倒是该事件发生之后的合理的条件反射。另外，目前，我国已进入改革发展的关键机遇期，许多问题都有可能成为激发社会矛盾、引发社会冲突的导火索。弱势群体将对自身处境的不满归于社会的不公也容易引发人们对社会的仇视和愤恨,造成情绪淤积。

网络舆论自身特征。突发公共卫生事件的网络舆论本身具有指向明确、语言随意、冲突性强的特征。其一,突发公共卫生事件网络舆论的关注重点是事件本身和与事件相关的企业、政府等方面,这种网络舆论对相关方面的态度和行为加以讨论和评判,所以具有指向明确的特征。其二,网络空间是一个随意性很强的公共空间,任何人都能以匿名的方式通过网络发表意见,网络的这个特性造成了网络舆论的随意性。这种随意性有两层含义,一是网络舆论语言文本的随意性,使用口语化甚至变异化的语言进行评论已经成为网络上的常态;二是舆论意见的随意性,对某一议题的意见千差万别,并且有很多超出正常理性表达范围的语言出现。所以突发公共卫生事件网络舆论有语言随意的特征。其三,突发公共卫生事件的网络舆论存在外冲突和内冲突特征。外冲突是指网民针对突发公共卫生事件本身及其相关问题发表的言论带有冲突性,有些甚至带有非理性的攻击性;内冲突是指通过观察我们发现,在网络舆论偏向一边倒的前提下,舆论内部也出现分裂现象,特别是在衰退期内,事件态势逐步得到平息时,网上的攻评和谩骂纷纷出现,这些舆论对事件的解决没有意义。

突发公共卫生事件网络舆论引导的问题及建议。突发事件网络舆论属于新兴舆论形态,政府在对其进行引导和管理时还存在思维方式和行为方式上的问题。第一,在思维方式上重"堵"轻"疏"。第二,反应时间比较滞后。网络媒体出现之后,政府在控制舆论形成和发展方面丧失了一定的主动性,消息源的增多和传播速度的加快迫使政府不得不紧跟网络时代的脚步,密切跟踪,提高新闻敏感度,及时做出回应,否则就会发生一连串严重后果。第三,对网络舆论引导的效果不佳。网络舆论的态势并没有随着网络舆论数量的减少而发生改变,也就是说网络舆论并没有得到有效引导,它在整个进程中都处于极化状态。

突发公共卫生事件网络舆论引导的建议如下。

其一是变控制舆论为疏通舆论。传统媒体时代,媒介的所有资源和话语权都控制在主管部门手中,而互联网的出现完全打破了信息传播的时间和空间格局,"媒介不再是由少数人控制的稀缺资源,人们只要打开电脑登录互联网,就可以自由而又迅速地把自己的言论观点传播出去,从根本上更新了传统媒体传播中'媒介把关人''舆论控制'等诸多概念的内涵"①。所以，对网络舆论的引导必须摆脱以往"堵、瞒、压"的老旧思维，应该鼓励网民公开讨论，积极表达观点，使网民的意见有一个合理宣泄的出口，避免冲突的升级。

其二是变被动回应为主动出击。网络舆论的产生和突发事件的曝光基本是同步进行的，一方面，网络舆论在事件没有得到回应的情况下会出现不稳定的局面；另一方面，在没有权威信息发布的情况下，网络舆论极有可能被一些流言甚至谣言引导，传播开来会造成极坏的社会影响。有关部门在进行舆论引导的过程中，需要改变以往所谓"等待时机发通告"的思维定式，从形式和内容上主动出击，用权威的声音稳定网络舆论态势，进而引导舆论。

改进突发公共卫生事件网络舆论引导机制。首先是改进以传统主流媒体为主体的信息公开发布机制。当前，我国互联网行业虽然发展迅猛，但是主流的话语权和舆论权威还掌握在传统媒体的手中。近年来，这种现状已然开始改变，网络舆论已经进入主流舆论的范围。因为信息发布方式的改变，舆论传播的方式也得到改变。信息发布的随意性和及时性要求舆论引导的速度也要跟上来，这就势必要改变以往以传统主流媒体为主体的信息公开机制。应该让包括网络媒体在内的新媒体具有发布信息的功能，与传统媒体形成互补态势，并且培养出一批互联网上的"舆论领袖"，通过权威信息的快速发布和意见的多元化与异质化来影响网络舆论的形成。

其次是构建传统媒体与新媒体的联动机制。这是新的媒介时代发展的必然趋势，也是新的舆论环境给传统媒体提出的必然要求。传统媒体仍然有其权威、理性、科学、深入的传播特性，这点是现阶段任何网络媒体都无法比拟的。所以，传统媒体仍然有着影响舆论态势的巨大力量。传统媒体应该借助新媒体传播特性上的优势，广泛、迅速地把其优势内容传播开来，并且通过及时获得第一手信息，为其后的深度报道和评论提供新的素材和角度。

---

① 邹欢芳：《新媒体背景下突发事件舆论引导的新策略》，《新闻天地》2010年第5期，第9~10页。

有针对性地引导网络舆论。网络舆论的主体（网络舆论的参与者）及其对象都有比较固定的属性和特征，因此在进行突发事件网络舆论引导时，应该有针对性地对该类人群采取相应措施。考虑到互联网使用的地缘差异，在进行网络舆论引导时也应该针对地域的不同做出不同的反应。客观来说，近年来我国一些媒体越来越注意进行分众传播，也为有针对性的舆论引导提供了良好的条件。①

（四）突发社会安全事件网络舆论特征及应对

社会安全事件网络舆论拥有其相对独立的周期性规律和变化发展规律，其舆论走向具有不确定性。一方面因为社会安全事件事实本身具有相对独立性，其实际情况不可知；另一方面人们在进行信息传播和再造的过程中具有主观能动性，这种主观能动性作用于网络舆论，使其具有引导的可能性。总的来说，网络舆论的引导实质是一种争夺话语权的协商式互动过程，应针对不同事件，找到其切入点，再从一系列舆论演变特征入手进行分析。下文梳理突发社会安全事件网络舆论发展演变规律和特征，以期为政府对同类事件网络舆论的趋势预测起到指导性作用。

网络舆论的发展趋势。网络舆论的活跃度和新闻媒体的社会关注度基本一致，新闻媒体的社会关注度越高，网络舆论就越活跃，反之亦然。原因是在当今社会，广大民众还是直接或者间接地通过新闻媒体来获取信息，无论事件是升级还是缓和，都可以通过新闻媒体的关注度得知。总体趋势是网络舆论一经发生，加速扩散，经过一段时间的磨合，其态度趋于稳定。

网络舆论是基于互联网平台而发展起来的舆论，自然带有互联网的特点。互联网受众大多是青少年群体，其在网络舆论中一般状况下所占比例最高，该群体也是使用互联网的主要人群。从学历、年龄、地区方面来看，学历较高者、青年群体、城市化群体是舆论参与的主要人群，还有一些地缘关系特征，地域和心理的接近性促使网民更倾向于关注本地或与本地有关的信息并发表自己的看法。

---

① 邹欢芳：《新媒体背景下突发事件舆论引导的新策略》，《新闻天地》2010年第5期，第9~10页。

一些社会安全事件背后隐藏的是社会长期存在的网络舆论,其舆论周期在时空上呈现出时高时低的波浪形发展状态,其长期存在的矛盾突出化程度越高,其网络舆论越热,矛盾暂时隐藏,其网络舆论也随之达到波谷。诸如此类,波峰波谷不断替换,其舆论形态不断发展变化。这类周期型突发事件虽然波形周期高低反复不断变化,但每次舆情高潮都可能表现出新的特征,成为关注的重点。

突发社会安全事件网络舆论引导的问题及建议。在应对突发社会安全事件网络舆论方面仍存在一些问题,主要表现如下。

第一,网络危机传播意识淡薄,缺乏完善的网络传播机制。随着网络时代的发展,我们的政府和媒体似乎还没有转变传统媒体观念和相应的操作习惯。由于缺乏对网络时代网络媒体的认识,在重大社会安全事件发生时,政府包括政府网站往往信息发布迟缓,对于舆论引导的方式也缺乏艺术性。

第二,信息公开不够及时,主流媒体失语。各地虽已逐渐建立起新闻发布制度,但由于发布内容官僚化、文件化倾向严重,态度强势,缺乏新闻真实性,政府及媒体即使能够第一时间向社会发布信息,也很难被公众接受。

第三,险恶势力操控网络,导致议题偏颇、网络失控。尽管绝大多数社会安全事件的发生都是由特定社会矛盾引起的,其中固然有社会现实、网民自身心理等原因,但也存在网络舆论被一些心怀叵测的人利用、推动和驱使的成分。在网络传播效应下,这些信息源通过某些特殊议题的设置,往往会激发民众的某些非理性情绪,使事件本身发生变质,甚至混淆真相,使情绪发泄超过理性判断,从而迅速激发民众极端情绪,使这种非直接利益冲突产生的心理共鸣经过网络媒体的层层放大,最终产生巨大的负面影响。

如上所述,重大社会安全事件自身的一系列特点决定了其网络舆论的特殊性,也大大增加了对其引导的难度。对此,政府和媒体都应当有清醒的认识,应当强化责任意识,高度重视,积极面对,充分利用和发挥网络危机传播的优势效用,努力有所作为。

政府调控。首先,政府要重视并学会使用网络媒体,先声夺人,掌握舆论主动权。政府需学会善用网络媒体，事情一旦发生，立即利用网络在第一时间发布信息，抢在谣言产生之前将这些事情的真实情况告知接收者。掌握舆论主动权，然后发挥网络优势，坚持连续报道原则，不断跟进，保持权威信息发布地位。

其次，政府要加强网络法制建设。完善网络立法，先将网络管理纳入依法行政范畴，为互联网设置关口，从信息源头把关。进一步强化政府依法管理，加强网络与信息安全立法和标准制定；加强网络安全领域核心技术的研发；完善网络应急体系，提高应对突发事件的能力，减少网络安全事件造成的损失；开展风险评估、等级保护、灾难备份等网络安全防护工作，增强信息基础设施和重要信息系统的抗风险能力与灾难恢复能力；加强互联网新技术、新业务的安全性研究，及时制定科学的防御方案和管理措施；加强部门之间的协调配合，逐步形成网络信息安全管理长效机制。

再次，政府要构建网络舆论预警机制。对网络舆论构建预警机制是对不确定视域下网络舆论进行管理的有效手段。以两个维度——监控机制和分析机制为前提，通过及时整理掌握网络舆论的源头出处，制定周密的应对预案，做好预案的实战演练，增强预案的针对性、实战性、严密性、可操作性和高效性，并在网络舆论管理中反复修改，常备不懈，防患于未然，为可能发生的网络舆论走向做好充分的准备。

最后，政府要构建快速高效的网络舆论应急处理机制。网络舆论的有效管理以妥善处理为核心。快速高效的网络舆论应急处理机制能够在短时间内调动和整合各方面力量，形成危机应对的合力。网络舆论的应急处理机制一般应由决策系统、实施系统、咨询参谋系统和相应的辅助系统组成。应该保持良好的心态，科学地对舆论走向进行跟进预测，做好引导工作，降低网络舆论的副作用。

媒体引导。首先，要改进以传统主流媒体为主体的信息公开发布机制。当前，我国互联网行业虽然发展迅猛，但是主流的话语权和舆论权威还掌握在传统媒体的手中，网络舆论在很长一段时间里被当作非主流舆论。

其次，要把握舆论引导时机，对网络舆论主动引导，正面回应。网络媒体较之于传统媒体，有很多自身的优点，比如网络互动方面等。处在网络舆论中最主要地位的网络媒体,应合理利用自身优点,担起应有的责任。在网络舆论的引导和管理工作方面,积极探索社区论坛的日常工作,适时开设议题,组织网民互动,并在其中积极引导,形成一套行之有效的机制和体系。

最后,与传统媒体合作互动,形成社会主流舆论。从网络舆论的特点来看,相较于网络媒体,传统媒体依旧具备更高的权威性。传统媒体和网络媒体需要互动合作,一方面要发挥传统媒体的权威性作用,另一方面要着重考察网络媒体的信息真实性。同时网络服务商也需要加强行业自律,遵守行业道德。只有这样,才能进一步净化网络舆论环境,为网络舆论监督的发展拓宽道路。

网民自律。个人素质的高低决定了网络文明的程度和网络的性质。突发事件的网络传播过程中,有些别有用心的网民为了私利或者特殊目的发表不利于团结、不负责任的言论,造成社会的恐慌,这种行为应该被惩处。因此,宣传规范的网络道德秩序,培养良好的网络文明气氛,对网民进行道德教育和素质培养,显得尤为重要。需加强网络素质科普教育和网民的自律意识。只有全民素质提高,才能使人们在发生突发事件的时候,正确分析各类信息,理性思考,促进网络舆论乃至整个社会舆论的健康和谐发展。

突发事件中的信息变异及应对策略

舆论活动是一种信息的传播,对舆论引导机制的构建实际上也是对信息传播的规范,防止信息变异。从社会关系来讲,突发事件信息变异表面上是事件相关信息、相关元素的变异,实则是原有社会关系的变动。在信息的传递过程中,社会关系要素与社会认知要素会影响突发事件信息变异的内容与信息变异的程度。突发事件的信息经由不同的传播渠道会产生形态变异,总体可归纳为信息量的增减和质的改变。无论何种情况的信息变异都会对社会关系发生影响,从而破坏社会稳定、减少社会信任、降低政府公信力,产生解释的恶性循环。

既然信息变异会影响社会稳定,那么构筑社会信任则是消除信息变异负面影响的基本前提。突发事件的可怕之处不仅在于事件本身带来的破坏和伤害,更在于其对社会结构与社会关系的巨大影响和冲击,它使得人们的社会交往出现障碍,最终形成不同程度的社会冲突。从信息变异层面来研究和探讨突发事件的处理方式与解决机制,有利于我们从社会自身的角度来看待突发事件的处理机制,改进和调控社会关系,从而最终促进社会的和谐发展。在突发事件发生发展这一非常态时期,信息在传播过程中发生的变化及其原因,变化了的信息是如何传播的,面对变化了的信息又该做出哪些调控,都是我们需要解决的问题。

一 突发事件信息变异的界定及内涵

(一) 信息变异的概念辨析

信息变异主要用于情报学、翻译实践以及供应链管理等三个领域。在文学翻译中,信息变异指"在翻译过程中,来自异域文化的信息,在被转换到一种新的文化系统时,都要经历某种程度上的变异"[①]。在供应链管理中,"需求信息变异也称长鞭效应或牛鞭效应,这是一种对需求信息扭曲的形象描述"[②]。在情报学中,信息变异指在进行知识服务过程中,存在信息源、信息处理对象、信息处理方式等各种各样的选择,导致信息出现损失或附加的情况,其影响因素包括"信息因素、人的因素和环境因素"[③]。虽然领域不同,但可以看出信息变异具有以下几个明显的特征:信息变异是信息自身的一种特性,也即其内在特性,人们无法完全调控信息变异;信息变异无时无处不在;信息变异产生于信息传播过程,终结于信息传播。

从核心内容来看,信息变异描述的是信息自身的属性;从产生过程来看,信息变异产生于信息的形成与传播过程;从人与信息间的关系来看,信息变异是语言、主观观念以及社会角色等在信息上的反映;从产生的时间来看,信息变异始终伴随人类的生存与发展,是一种常态化的社会现象,具有时间上的持续不间断性;从覆盖的空间来看,信息变异覆盖着社会的每一角落,人人都可能受"信息变异"之影响,无所不及;从研究视角来看,信息变异是传播过程动态性的研究切入点,即探究传播各环节、各要素,传播的内容在传播的流程中是如何产生信息变异的;从学术归属来看,信息变异多为新闻传播学的范畴。

---

① 刘敏国:《文学翻译中的信息变异——析大卫·霍克斯〈红楼梦〉英译本》,《复旦外国语言文学论丛》2009年第1期,第62~66页。
② 李敏:《供应链管理中供需信息变异的错误研究》,硕士学位论文,广东工业大学,2007。
③ 何绍华、孙琛:《知识服务中信息传递的信息变异研究》,发表于中国科学技术情报学会、中国科学技术信息研究所"庆祝中国科技信息事业创立暨中国科学技术信息研究所创建50周年学术研讨会",2006。

综上所述，可以认为信息变异就是指在信息传播过程中，相关因素出现变化所导致的信息承载意义变化的一种社会现象。当某种信息是一般常见性信息或非重要的信息时，其影响社会关系建构的程度相对较小，一般不为人所感，但是一旦这种信息较为重要，对每个人或多数人产生影响的话，那么其对社会关系建构的影响则较大。此时，我们必须对这种现象或问题加以关注，发现其中的问题所在，找出解决问题的方式。

（二）突发事件信息变异的界定及其内涵

相对于一般信息变异来说，突发事件中的信息变异在事件源头的类型、涉及的主体以及对社会关系的构建作用等上均具有较大的不同。

首先，就其事件源头的类型而言，四种不同类型突发事件的信息变异的可能性和强弱程度有所不同。在自然灾害事件中，事实性信息是客观难以修改的，如对灾难的界定、表达或者描述，其传播分歧很小，变异可能性也就小；但是在有关灾难信息的后续传播中，如救灾、援建、预见等方面，涉及较多的人的主观意识和较强的框架意识，呈现出各花入各眼的信息流乱象，其间就有很多信息变异存在。其次，事故灾难和公共卫生事件虽也具备一定客观的事实性信息，但是事故灾难由于涉及主体少和影响范围小，有时甚至容易被列入分量不重的社会新闻之中，其信息变异的影响范围较小；公共卫生事件往往由于涉及面广，信息传播散乱，信息变异的可能性较大，同时由于公共卫生事件的时间紧迫性、公共性以及原因未知性，其更容易引起导致社会慌乱的信息传播；社会安全事件实际上是早已有之的社会有序与无序之间的一种社会对抗，其本身由于事关社会关系的两面，往往具有较强的针对性，又因为客观信息难以界定，其信息流以及信息变异的情况相对较为复杂。

因此，我们可以对突发事件的信息变异做如下界定：突发事件信息在传播过程中，其意义随着信息传播主体的不同而发生转移，从而对社会交往产生影响的过程。它表面上是事件相关信息的变异，实则是基于原有社会关系产生的变化。在信息的传递过程中，社会关系要素与社会认知要素会影响突发事件信息变异的内容与信息变异的程度，而受众的接收因素则直接影响着信息变异的结果。

二 突发事件信息变异的影响

人们对信息的定义主要是从其功用上进行的，如认为它能消除人们认识上的不确定性，而消除认识上的不确定性，其目的在于使人们的交往能够顺畅，这种交往既包括人与自然的交往，亦包括人与人的交往。在现代社会中，前者主要满足人们的基本生存需要，后者主要满足人们社会化的需要，更多地作用于精神层面。信息产生变异，最直接的影响便是被人们感知后在整体上对社会产生的影响。具体来说，有如下几点。

影响社会稳定。信息变异对社会稳定的影响主要体现于：信息变异影响人们对人际关系的感知、影响人们对行政机构的认识、影响社会各阶层的认识。正是由于信息变异是社会关系与社会角色意识在信息传播过程中的附加，每次突发事件的信息传递过程才都有可能成为整体社会情绪与社会认知的观照，社会矛盾与社会问题等均被纳入其中。群体事件往往以一种表面上的冲动对社会形成影响，而公共卫生事件则以一种对社会心理产生影响的面目出现，从而造成社会恐慌情绪，这种社会恐慌情绪会延伸到社会的每个角落。

破坏社会结构。正常的社会是一种稳定的结构，人们各司其职，各行其是。突发事件中的信息变异作为反映社会情绪与体现社会角色意识和社会关系的过程，反过来对社会结构形成一种另类建构。这种建构使得社会阶层之间、社会角色之间的区别更为明显，使得社会结构的断裂更加明显。在新闻中人们往往以整体代替"部分"来寻求共鸣。但无论如何，这种状况本身也在突发事件中造成了一种信息分裂，在人们强调或避免身份的接近性时，矛盾冲突自然而生，社会结构进一步锐化。

减少社会信任。一个社会的稳定在于群体间相互信任。当突发事件中的信息由于各种各样的因素出现变异之后，为了还原"核心信息"，实际上人们往往会进行相关的理性思考，会进行"反思性批判"，从而使原本极为简单的事情变成一种推理与论证过程。突发事件的处理本是一个需要进行社会动员与集体努力的过程，在此过程中，如果出现较多的"推理"与"论证"，其结果必然是突发事件在处理与沟通上出现障碍，最终使突发事件的处理产生问题。

降低政府公信力。由于突发事件往往会对社会正常的秩序造成一定的影响，而政府恰恰是维护社会秩序正常运行的管理者，实际上，当政府无法维护正常的社会秩序时，其职能便会大打折扣，这也就是政府花费大量的精力"维稳"的原因所在。从信息传播过程来考虑，政府处理信息的方式方法与民众处理信息的方式方法存在巨大的差别，就会使民众对政府信息出现"对抗式解读"，最终导致信息交往的失败，与之相随的就是政府的公信力下降，政府的下一次信息传递将会面临更为严峻的挑战。

产生解释的恶性循环。信息变异的实质是人们根据自有价值观或者说社会角色对信息进行加工，而且在大多数情况下，人们对这种信息加工方式并不自知，这使其改变的可能性大大降低。人们会使用已经变异的信息对原来的现象加以解释，而这种解释并不是基于实际环境或生活的解释，而是基于社会认知的解释，因而协商与对话难以进行。在突发事件中，人们往往倾向于认为政府或工作人员缩减了事件影响的深度与广度，而这种对信息的不满实际上会影响到其下次对相关信息的认知。

三 突发事件信息变异的原因

信息的重要性大小决定信息变异与否及其程度。根据马斯洛需求层次理论，由于突发事件的性质不同，其对民众的影响也有所不同，人们对信息的需要也有所不同，信息满足人们需要的层次也就不同。在突发事件中，人们通常会有不同的情感需要、信息性需要和关系性需要。突发事件发生发展状态下的社会中常常充斥着数量众多、频次更高、规模更大、危害更甚的信息变异，原因在于随着传播主体的增多，传播主体往往会将自己的"意向性"因素加入信息，从而使信息变异程度加深。调控这种信息变异的基本手段在于减少传播层次。

传播主体的信息处理能力较弱导致信息变异。传播主体要有效准确传达意义，其应具备的最重要的能力是编码能力。所谓编码，即指传播者将自己要传递的信息或者意义转化为能够被媒介运载、受传者接收的符号或者代码。① 无论是人际传播、组织传播还是大众传播的主体，具备了良好的编码能力，传播才能有效进行，信息变异才有可能得到有效的消减和调控。主要问题如下。

第一，政府：编码不力，发布不力。在突发事件中，政府扮演着重要的传播角色。经验证明，政府在突发事件的信息传播中是毋庸置疑的权威信源。一般情况下，官方信息被认定为可信、准确以及科学的。然而，政府在信息发布的编码过程中多"冗余内容"而少新鲜内容；多关系性内容而少信息性内容。

政府的信息编码不力表现在如下几个方面。其一，主次信息失调。其二，信息来源比例失调。这点在新闻发布会上体现得尤为明显。其三，信息模糊暧昧，说法不一。

政府的信息发布不力则主要体现在发布技巧和发布时效性上。在传统的危机应对准则中，有"黄金24小时"一说。然而随着新媒体时代的到来，危机应对的时间压力明显增加。在多年实践的基础上，人民网舆情监测室提出了突发事件中的"黄金4小时媒体"概念。"黄金4小时媒体"主要指能产生快速舆论传播的网络媒体，② 在事发4小时后，新媒体能凭借迅速而广泛的传播威力在公众中给突发事件的性质定下基调。在这种紧迫性下，政府的信息发布时效性不得不更胜一筹，走在泥沙俱下的新媒体传播之前。在突发事件中，在保证事实真实、编码准确的前提下，政府的信息发布越及时越好，不给其他非官方渠道留下信息变异的空间和土壤。

第二，媒体：传播行为失范。就新闻媒体而言，其编码行为应当落实到其采编写等业务操作的层面上，包括真实准确的新闻素材的采获、合乎逻辑和规范的编辑以及清楚明确的写作表达等，但是媒体的编码能力受制于快速表达这一要求。突发事件由于时间上的突发性和紧迫性，对媒体的新闻操作具有较高的时效要求，于是往往会出现突发事件的新闻报道为了时效性而损失准确性。媒体在高强度的时间压力下，匆忙采制新闻，造成

---

① 金鸣娟：《人类传播与社会发展》，中国广播电视出版社，2009，第116页。
② 李鹤：《处置突发事件的"黄金4小时法则"》，《学习月刊》2010年第10期，第47页。

新闻失实和信息变异。

一般而言，采访行为的失真和信息畸变通过查找信源、多方核对等方法是容易纠正的。但是，在编写环节中，传播主体出于有意或者无意的失范行为往往会导致编码出错和信息意义的变异。此外，媒体的信息加工狂欢也能引起强烈的信息变异。这主要表现为提高报道频率、加快报道的节奏、放大信息的意义，从而给受众带来一种错误的理解和感受。

第三，公众：信息加工狂欢。一般认为，在突发事件中的公众扮演着非主流的传播者角色，但在突发事件中，信息的初始传播者以及终极传播者均为公众，因此他们对信息变异影响巨大。具体体现为"信息加工狂欢"：突发事件的作用力使得公众具有某种共同的心理状态和利益诉求进而集结成"群体"。这种"群体"狂欢导致突发事件中公众之间进行的人际传播和群体传播确实带有一定的盲从和非理性因素，从而使得信息变异的程度更烈、频率更高。

传播势力的过度驱动。从目前的大多数研究结论来看，政治力量、经济力量以及公众力量是影响传播行为的三大主要因素，简单说来就是对媒介运作产生直接影响力的政府和执政党的力量、市场（经济、商业）的力量和公众（社会）的力量。[①]

其一，政治力量。政治力量主要体现为政府（执政党）通过行政特权对各类传播行为施加影响和调控，具体手段有：通过调控信源和信息发布进而对传播行为进行调控；通过对各类传播行为进行法制和行政的管理进而实现调控；限制或禁止某些信息内容的传播进而实现调控等。政府作为合法的国家管理者，出于维护政权和国家安定的考虑，确需采取一定措施对各类传播行为进行规范管理。政府合理适度的管理，可使各类传播行为健康有序，信息流充盈通畅，这有利于社会稳定和谐发展。

随着公民意识日渐强烈，公民参与行为日渐普及，政府对传播行为也不能完全放任自流，智慧而理性地引导组织各类传播行为是十分有必要的。

[①] 段京肃、任亚肃：《论我国大众传播媒介的控制力量》，《杭州师范大学学报》（社会科学版）2010年第2期，第70~76页。

其二，经济力量。经济力量对传播行为的影响缘起于一定的经济意图和目的，因而多多少少会对传播行为的真实性和公正性产生不太积极的影响。突发事件涉及面极广，对公众利益造成很大的冲击。在这种危机或者准危机状态下，各种传播行为应该从捍卫和维护公众利益的起点出发，促进所有危机信息的沟通和交流。然而，突发事件中的传播目的与经济力量参与下的传播目的背道而驰，这也就造成了传播意义表达上的分歧，乃至直接造成违背事实基础的虚假传播。在很多灾难事件的报道中，许多媒体极尽渲染煽情之能事，使用巨幅照片夺人眼球、对无关紧要的背景细节大力铺陈等。对于步入市场的大众媒体，考量产品所能带来的经济效益无可厚非，然而，如何在保证经济利益的基础上，传播行为规范合理，信息意义不变形走样，被受众正确解读，从而带来良好的社会效益，这确实是个值得思考的问题。此外在突发事件中，人际传播渠道和网络传播渠道是信息变异的高发地带。社会上经济势力对人际传播和网络传播的操控手段直接，目的明确，且变异后的信息常常能一击即准，产生实际效果、获取不当利益。这是我们应该重点防范和警惕的。

其三，公众力量。公众在传播行为中更多扮演的是受众角色。随着我国经济体制改革和政治改革的进一步深入，公众的独立意识、参与意识和主体意识日益增强。就传播而言，他们开始有意识地寻找机会参与传播，影响传播的进程；其次，媒介新技术崛起，使传播渠道变得可接近，这是公众积极参与和影响传播的又一必要条件。

公众力量参与下的传播行为呈现出泥沙俱下的态势。多数从公共利益出发的传播行为显现出公义性和公正性；然而也有部分传播行为从一己私利出发，呈现出明显的私利性和偏颇色彩，信息意义则会发生转换或变异。另外，公众具有的某些非理性群体心理因素和社会责任感的缺失则会造成虚假错误的传播。就大众传播和组织传播行为来说，因为这两类传播行为具有较强的制度性和社会规则的约束，故尽管受到部分公众不理性或私利驱动的影响，仍旧可能做出不偏颇的公正的传播。公众力量影响最大而且最容易走入传播误区的是发端于新媒体的各种传播行为。因此，如何调控公众参与传播的"度"值得深思。

其四，传播渠道。传播渠道是传播过程的基本要素之一，指传播者发送信息、受传者接收信息的途径和方法，大致可分为大众传播渠道、组织传播渠道、人际传播渠道以及网络传播渠道四种渠道。在突发事件中，这些传播渠道齐头并发，形成多元互补的传播格局。传播渠道结构稳固性的不同导致不同效果和程度的信息保真，而信息变异的可能性和程度也都不尽相同。

在突发事件中，各传播渠道畅通无阻，是各类信息得以正确而快速传播的前提条件。然而从四种渠道的传播频率上看，必须要主次分明，才能最大限度地降低信息变异的可能性。官方传播渠道应当包括以政府信息发布为主要形式的组织传播和大众传播（以及以两者为基础的新闻网站和政府官方网站）；而非官方渠道包括人际传播和网络传播。

在突发事件中，在官方传播渠道通畅，权威信息充盈的情况下，留给非官方渠道的传播空间小，信息变异的可能性就小。在有些极端情况下，官方渠道完全阻塞封闭，那么缘起于非官方渠道的信息可能就和实际的事实基础完全背道而驰。所以，在四种渠道中，保证官方传播渠道的通畅和优先优势的传播态势，是避免信息变异的要义之一。

其五，接受主体的译码能力不同。在传播过程中，受众将信息意义进行解读的这一行为从符号学的角度被称为译码。所谓译码，是指受传者对接收到的符号或代码进行读取和阐释，将之还原为它们所表达的信息或意义。[①] 受众能正确译码，获取信息中的意义并不是件容易的事情，由于任何符号都内蕴着丰富的意义或内容，虽然它存在一个基本含义轴，限制着译码者过分"偏离的译码"行为，但同时也给译码者留下了一个无限的、让人难以穷尽的语意空间。[②] 由于每个译码者（受众）都具有自己独特的"意义体系"，因此译码是一个因人而异的主观行为。作为常态性因素的知识文化水平、受众的心理状态都会对受众的译码产生影响。个体的知识文化水平是常态性因素，无论是否为突发事件，它都作为常量影响受众解读信息意义的行为。所以，在突发事件的背景下，公众的心理状态是影响受众译码的最重要的因素，心理状态的变异导致译码行为的变异，最终导

---

① 余志鸿：《传播符号学》，上海交通大学出版社，2007，第71页。
② 余志鸿：《传播符号学》，上海交通大学出版社，2007，第72页。

致信息变异和行为变异。

四 突发事件信息变异的宏观调控策略

在突发事件中,各种传播行为参差交织,极为复杂。其中任何一次传播行为出现信息变异,都有可能蔓延感染其他传播行为,导致整个信息传播过程溃散无序。信息变异行为存在于宏观社会环境中,与各色各样的社会因素和社会行为主体有着千丝万缕、难以细述的联系。要进行有效的调控,研究适用于全体社会的普适原则性策略十分必要。因此,下文从宏观角度对调控策略加以探讨。

(一)调控基础:以社会关系为起点和归宿

信息变异往往是由于信息传播者将自身的社会角色、社会情绪以及那些纠缠不清的社会关系置入其中,从而使任何一个突发事件都大同小异。因此,突发事件传播表面上要调控的是信息自身,而实际上要调控的则是附加于信息之上的社会关系与社会角色,从而使其平衡。突发事件中信息对人们的生产与生活极为重要,其信息分享机制与社会关系间的关系更加密切,换言之,我们看到的突发事件的表象是信息的流动,而实质则是社会关系的流动,是"信息"这种资源在社会中进行配置的结果。就此而言,要成功应对突发事件,首先要了解当前突发事件中最易引起信息变异的社会关系,了解何种突发事件何种社会关系容易引起信息变异并最终使得事件扩大。其次要识别变异了的信息中的社会情绪,从而最终在此两点之上完成社会关系的重塑,通过改造社会关系实现对突发事件的控制。

(二)传播取向定位:以公共利益为基础导向

政府、媒体、公众是突发事件中信息传播的三个行为主体。由于三方都有各自的利益,其所进行的信息传播或者信息发布都会或多或少带有各自的利益色彩,其传播行为的客观公正性有所损耗,这时就有可能出现某些传播变形和信息变异。

在我国,大众媒体具有双重属性,既是事业单位又是信息产业单位,因此,它既是政府喉舌又是经济实体。此外,大众传媒还具有与生俱来的社会公器之用,代表民众监督政府、传达民意。因此,我国新闻媒体的传播行为具有政治、经济和公众三大价值取向。媒体的不同价值取向决定了它们各自不同的传播态度和传播行为呈现。

当今时代，公众的自媒体传播已经构成传播生态系统中的一支重要力量。但是，公众传播的未必都指向全体公众利益。公众传播应当将人类的理性和有序性作为前提与指引，而非盲目、极端、无序，较为令人担心的现实状况是借由新媒体手段产生的民粹主义倾向日益严重。在这样的基础上和分散的价值观下，普通民众传播行为随意并且缺乏理性的责任感，因而容易产生传播变形和信息变异。

政府、媒体和公众都是社会成员，而大众媒体的社会公器功能、政府的公共服务功能和公众的公民角色都意味着各种功能与各种角色的"公共性"，意味着每个社会成员都有责任维护公共利益。①

（三）时空策略：用时间消灭空间

"用时间去消灭空间"②（annihilatie space with time）是马克思最为重要的时空观。虽然该理论源起于经济学领域，但却因具有强大的理论张力被扩散和运用到其他学术领域。"用时间去消灭空间"是指通过尽可能缩短时间来减少或者消除空间的障碍，进而空间得以重构和整合。具体应用于突发事件背景中，可以通过尽可能缩短信息传播和发布的时间以达到信息传播空间上的最大化覆盖和传播效果的最大化。换言之，就是要将相关的危机识别信息和危机应对信息以最快的速度发布传播到广泛的空间范围内，尽可能覆盖利益相关群体，帮助公众认知危机和应对危机。传播中的"第一时间"和"最大范围"实际上存在内在逻辑的因果联系，唯有用先于他人的速度传播信息和观点，占领传播时间的制高点，才能避免其他干扰信息先行其道，瓜分受众空间，产生不利影响。

"用时间去消灭空间"是突发事件传播中基本的时空策略原则。然而，其中仍有值得反思的部分。在当今传播竞争环境中，虽然"时间"是第一制胜因素，但同时还需要对真实、科学、客观、稳定等信息因素加以考虑。

---

① 钟新：《危机传播：信息流及噪音分析》，中国传媒大学出版社，2007，第276页。
② 《马克思恩格斯全集》第三十卷，人民出版社，1995，第521页。

"用时间去消灭空间"落实到突发事件传播中的具体策略就是"第一时间"原则。在坚持"第一时间"原则时，我们还要注意与之相连的"时宜性"。就我国突发事件中的媒体行为而言，"第一时间强调的是全方位地考察媒体竞争者、受众以及国家，而及时考察的则是信息与客观传播手段间的关系"[①]。时宜性原则是我国社会主义新闻学理论的原理之一，虽然新闻报道强调时宜性具有一定的科学道理，也在特殊情况下符合社会伦理道德等，在对待突发事件的报道中，既要思忖时宜性原则，又不能过于固守时宜性而失去报道上的第一时间。

突发事件发生后还需考虑报道的时间密度安排问题。如果报道时间密度安排有问题的话，就很容易使受众产生多样化的解读，从而产生理解上的变异。具体来说，在时间密度安排上，特别是对于能引起民众恐慌的突发事件，在报道时间上一定不能密度过大，密度过大易造成群体心理恐慌；对于突发性政治事件，在报道上可以尽量减小时间密度，因为政治事件多与民众无关，民众具有的多是好奇心理，所以，对于一些政治事件可以采取适时性策略，根据情况定期公布一些主要信息即可。

（四）渠道策略：多方传播渠道相互配合

在突发事件中，选择正确而有效的传播渠道有助于保障信息环境的安全稳定，防止信息变异的发生。

第一，官方传播渠道和非官方传播渠道相互结合。在我国的传播体制下，官方传播渠道在突发事件中扮演重要角色。在突发事件中，始终存在官方信息和非官方信息的博弈。从管理的角度出发，需要保证官方传播渠道的影响力始终大于非官方传播渠道，权威科学的信息占据主流，正确舆论处于领导地位，才能保证社会的稳定有序。

第二，新老媒体组合运用。当前形势下，新老媒体纵横交织，传播态势错综复杂，突发事件中各种信息流更加复杂多变，需要管理方善用新旧媒体及其组合，发挥其长、避免其短，才能取得最佳的传播效果。

第三，境内外传播渠道的竞争。突发事件因其影响重大，多引起国际社会的关注。当今世界在政治思想方面还存在巨大的分歧，国与国之间的

[①] 赵振宇：《关于"第一时间"的再思考》，《中国记者》2010年第9期，第58~59页。

舆论争锋依旧激烈，境外势力借助突发事件，传播虚假性信息和误导性舆论，极大地影响我国的社会局面和国际形象。因此，我国政府需清楚地认识和分析境外传播渠道，对国内传播渠道进行合理有效的布局，以期在境内外传播渠道的竞争中防止变异信息侵入、占领传播制高点、主导国际舆论。

突发事件舆论引导机制构建

本篇在对突发事件舆论研究的基础上,针对目前突发事件舆论引导中存在的问题,构建突发事件舆论引导机制,进而为突发事件的有效解决、社会的和谐发展提供理论依据和实践操作的可能。

舆论引导机制是指在舆论引导过程中,为达到具体目标各个组成要素之间有机联系并相互作用而形成的一种程序化、制度化的运行方式。这一概念的具体内涵包括:第一,要素之间相互联系并发生作用;第二,程序化的过程;第三,经实践证明行之有效的方法、方式,并实现理论化、制度化。从系统论和程序论的角度出发,我们可将突发事件舆论引导机制分为:突发事件舆情监测和预警机制、主体联动机制、保障机制。

一 突发事件舆论引导原则

毋庸置疑,作为公开表达意见、态度和情绪的舆论总是呈现为一种信息形态在公众之间流动。可以说,突发事件舆论引导是一个特殊的信息传播管理的过程,一个政府、媒体、公众三方互动的过程。美国学者费姆·邦茨从组织处理危机的角度指出:"一个有效的传播不仅能减轻危机,还能给组织带来比危机发生之前更为正面的声誉,而低劣的危机处理则会损失组织的可信度,公众的信心和组织多年来建立起的信誉。"[1] 需要指出

---

[1] 叶皓:《突发事件的舆论引导》,江苏人民出版社,2009。

的是，本书所论的突发事件舆论引导是指在突发事件发生前或者发生过程中，通过信息传播管理的手段，使突发事件得到有效而快速的解决，有利于大多数社会公众利益的正向舆论增加，从而达到突发事件危机最小化、社会公众利益最大化的目的，促进社会和谐发展。由此衍生出突发事件舆论引导的以下原则。

意识上：引导的而非控制的。对于引导主体来说，无论政府还是媒体，都必须树立正确的舆论引导意识。这种意识一言以蔽之，就是"引导的而非控制的"。控制意识的引导结果往往适得其反，因为现代社会中信息发布的渠道增多，完全控制信息几乎没有可能，对正常发布渠道的过度控制往往使得流言甚至谣言横行，引发公众更大的猜疑和恐慌。而突发事件舆论引导中的引导意识具体体现为信息的公开透明，对公众舆论的重视，突发事件发生时的社会动员是为了公益而非私利等。

目标上：和谐的而非同质的。一种舆论的最终形成一定是靠个体之间的争论和个体与群体之间的互动完成的，也只有争论过的意见和态度，最终才会被信服，并上升到信念这种更高层次、更稳定的心理状态，对舆论形成产生根本影响。所以突发事件舆论引导的目标是引导者把有利于社会稳定发展、有利于大多数社会公众利益、有利于突发事件有效解决的正向舆论变为主流，同时这种正向舆论必须是在充分的信息获知前提下，在公众的理性判断和互动中完成的。

手段上：并重的而非偏颇的。目前在处理突发事件过程中，本应作为突发事件舆论引导主体的政府部门往往注重突发事件处理本身，而没有信息传播管理的意识和能力。在这样一个信息时代和媒体高速发展的时代，突发事件发生后，作为政府管理部门，一定要做到突发事件的处理和舆论引导并重，树立信息管理意识，应明白公众对于突发事件的信息需求，也须明白这些信息来自哪里。信息管理得当，往往有利于形成正向舆论，有利于突发事件的有效解决。

信息上：及时、真实、公开的而非拖延、虚假、掩盖的。突发事件发生后，政府掌握着突发事件的大部分信息，媒体作为另一特殊的舆论引导主体，担负着采集或公开发布信息的责任。为达到正向舆论占主流并促进突发事件有效解决的目的，舆论引导主体在信息发布上应是及时、真实、公开的，而非拖延、虚假、掩盖的。

时机上：主动出击的而非被动还击的。在突发事件舆论引导中，除了突发事件处理和信息发布的及时之外，还有突发事件舆论引导时机的问题。在负向舆论出现苗头的阶段通过信息的发布使舆论朝着有利的方向发展至关重要，这不仅降低了舆论引导的难度，而且在效果上往往事半功倍。同时还应注意态度，在情绪舆论转化为行为舆论之前对其进行引导往往能避免事态恶化。对突发事件舆论引导时机上的把握关键在于对公众心理的熟知，只有了解民意走向才能在突发事件发生时进行有效的舆论引导。

引导对象：按不同层次划分。追溯突发事件发生的原因并分析危机管理中的利益博弈就不难发现，对突发事件舆论引导目标对象应该有不同层次的划分，依据和突发事件的关联程度可将之划分为：利益相关者，独立意见群体和围观者。

第一，利益相关者。利益相关者是指在事件中拥有一种或多种权益，能够影响相关方行动、决策、政策、做法和目标的个人或群体。[①]

第二，独立意见群体。这里的独立意见群体是指那些关注公共利益、民主诉求欲望较强、趋于理性的群体集合。比如公共知识分子、传播中的意见领袖等。

第三，围观者。围观作为一种群体现象，有其发生的特殊社会背景和群体心理。这里的围观者是指本身和突发事件所导致的利益冲突无关，自身并不关心公共利益诉求，而只是信息的被动或无意接收者。围观者在特定情况下也会对舆论产生影响。

执行层面：程序化的有机运行方式。突发事件舆论引导机制应是一种程序化的有机运行方式或者系统。执行程序应包括以下内容。

第一，舆情监测、研判和预警。随着计算机技术的发展以及社会学家和传播学者对于舆情研究的深入，人们越来越重视风险社会的舆情监测，同时这也使得舆情监测越来越具有科学性。通过量化的分析和研判，我们

---

① 〔美〕阿奇·B. 卡罗尔、安·K. 巴克霍尔茨：《企业与社会：伦理与利益相关者管理（原书第5版）》，黄煜平等译，机械工业出版社，2004，第45页。

可以分清楚主流舆论、正负向舆论的比例，舆论背后的原因等，并在此基础上为舆论引导的时机、如何开展引导工作提供依据。

第二，舆论引导主体联动。舆论引导依靠的是主体间的有效联动，包括政府和媒体之间、政府部门之间、媒体之间的配合。政府和媒体的关系在现代中国正在悄然变化，从管理媒体到善待、善用、善管媒体，从宣传工具到要符合新闻传播规律，政府和媒体这两个舆论引导主体在突发事件发生后对信息的传播有其不同的目的，若要在舆论引导框架内有效联动，建立公众和政府、媒体间的三方对话机制是非常必要的。政府在处理突发事件时应了解公众的利益诉求点，分辨其中合理与不合理的成分、利益诉求的原因。媒体应兼顾公众的信息需求和社会责任。公众应在法律要求的框架内，通过一定的渠道进行合理的个体信息传播。

第三，舆论引导的评估和问责保障。舆论引导过程中对信息的控制是否合理，是否引导不力引发了负向舆论的爆发，是否造成了更大的损失和危害，这些是对舆论引导进行评估的根本标准。我们要在所建立的机制中，对舆论引导的评估标准进行合理的细化和量化，制定指标，使其具有一定的可操作性。同时对突发事件舆论引导不力的组织和个人进行问责也是机制中重要的组成部分。

二 突发事件舆情预警机制的系统论建构

舆情预警机制不是一个单一的机构或者人员能够负责的，预警机制的设立和运行需要动用各种行政和社会资源，并保证这些被调动的资源得到积极合理的调配和应用。因此，舆情预警机制是一个系统工程，系统论的有关理论可以作为建设该系统的理论基础。

（一）舆情预警机制中的人员构成

在四种突发事件的预警机制中，除了对突发事件进行实时监测，相关专业人员还需对舆情进行监测，并把监测到的舆情信息连同突发事件的发展进行综合分析。这些信息分析人员需要有情报学、新闻传播学和社会学等社会科学方面的专业知识，了解中国现有的社会结构、政治体制、经济体制，能够正确判断突发事件的影响和舆情的走势，并且提出引导舆论和解决问题的对策。另外，各种知识和人才也需要一定的人员和机制来组织与调动，以便协同应对危机，及时预警。因此在预警机制组成人员中，还必须包含行政管理、公共管理、政治学等方面的人员，以便结合灾害情况，进行社会舆论评估，调动智力、物力和财力等方面的资源，为解决问题、引导舆论做准备。

（二）舆情预警机制的组织构成及运行

舆情预警机制的组织构成。根据逻辑维度分析，五个不同的步骤实际上分别由不同的人员和机构来完成，所以在组织上，舆情预警系统可划分为三个不同的组织系统：其一，舆情综合处理系统；其二，舆情分析系统；其三，舆情监测系统。其中舆情综合处理系统是预警系统的核心，舆情监测系统是预警系统的神经，而舆情分析系统则是连接监测系统和综合处理系统的中间环节。

根据舆情监测和预警的需要，在层级逻辑上，预警系统的组织架构可表现为以下层次结构。

在突发事件中，舆情的变化主要是根据突发事件的发展和处理状况发生的，舆情预警系统的工作有赖于对突发事件的处理，虽然舆情在一定条件下有脱离突发事件独立发展的可能性，但舆论的点燃还是主要基于突发事件，所以，舆情预警系统必须与突发事件处理机构协调工作。上述预警系统的组织架构，一方面，要保证舆情综合处理系统能够独立进行舆情的监测、定级，并依据舆论发展的规律提出舆论干预的建议；另一方面，舆情综合处理系统必须在突发事件处理机构的领导下统一工作，以便对舆情的变化进行及时监测和应对，保证舆情预警和突发事件的处理统一协调。突发事件指挥中心能够及时把握预警信息，并做出决策，有利于正确引导舆论。由于舆情的层级不同，处理机制也不尽相同，对于法定需要上报的舆情预警，突发事件指挥中心必须按照法律规定及时上报。

舆情预警机制的运行。根据系统论的三维结构，除了知识和逻辑维度以外，一个舆情预警系统的开发还必须在时间维度上考虑其建立和运行，这个建立和运行的程序包括：舆情预警机制的提前规划、拟定舆情预警方案、舆情预警系统的开发和组建等。

舆情预警机制的提前规划。舆情预警机制规划是根据预警系统的目标和将被赋予的功能，对预警系统的组成部分、人员构成、组织和部门关系、预警机制的技术支持和管理、预警指标和层级划分、预警的基本制度构成等进行系统设计，对预警涉及的部门和领域有一个整体部署。

拟定舆情预警方案。预警系统第一要确定对哪些舆情风险源进行监测，并评估舆情风险源的潜在危害能力，把握危机的征兆，根据危机的征兆采取相应的预警措施。第二要把握危机征兆与突发事件的发生之间的关系，由于目前的突发事件预警力量由政府、社会组织和公众等不同的力量构成，不同预警力量的协同和沟通方案也是预警方案设计中的重要环节。第三要考虑舆情预警过程中人员和技术的调度，成立由专人负责的舆情预警和分析研判小组，并对舆情预警的结果负责。第四要确保预警的灵敏度和准确度，这一方面要有组织方面的保证，另一方面还要有技术和专业人才的保证。预警方案还要包括中长期的预警预案和临时的预警方案。

舆情预警系统的开发和组建。预警系统的开发包括两个方面的内容。一是人工预警系统的开发，包括舆情调查人员的选择、舆情分析人员的选择等，但是在新媒体环境下，人工预警系统已经无法适应舆情的快速变化，开发计算机辅助舆情预警系统已经成为社会认可的发展趋势。二是舆情计算机辅助系统的开发，主要是舆情信息抓取软件和舆情分析软件的开发与应用。人工调查人员主要在日常的预警中进行预警工作，而计算机辅助的预警软件系统常常在突发事件预警中发挥较大作用，同时，这种预警系统也需要专业技术人员的操作，其在数量统计方面具有优势，但是在分析舆情的倾向方面往往还要靠人工操作。

三　突发事件舆情监测和预警

舆情监测中的日常信息收集。目前，我国已经初步形成了从中央到地方的突发事件舆情信息网络。2008年起，国务院办公厅就设立了国务院应急管理办公室（2018年其相应职责转入应急管理部），对涉及社会治安、反恐怖、群体性事件等重大突发公共事件实行集中统一管理。各级政府相应成立不同级别的应急管理办公室。应急管理办公室同时进行日常的舆情监测，向本级政府进行舆情汇报和预警等基本工作。

首先，日常舆情搜集要遵循准确客观的原则，因为舆情信息是准确恰当地进行舆论引导的前提，放大或者缩小舆情都会给舆论引导带来意想不到的后果。要做到舆情准确客观就是要准确判断舆论的指向、舆论的强烈程度、舆论的发展趋势。隐瞒或者歪曲舆情都应该进行严厉的追责。其次，日常舆情监测必须要遵循系统和全面的原则，所谓系统和全面就是舆情监测一定要实时动态跟进，从而为决策及时提供信息。最后，日常监测必须坚持及时充分的原则。舆情监测和分析本身就是搜集信息，信息的价值在于减少事物的不确定性。只有对舆情信息及时充分的获取，才能为处理突发事件提供有价值的参考。当然，舆情预警系统的科学程度和运转状况会影响到信息搜集分析的速度，因此，合理设置预警系统是及时充分提供预警信息的关键。

突发事件的舆情监测。在社会生活和公共事务中，每天引起社会争议的事情非常多，确定什么样的话题能够成为舆情监测的目标非常重要。一般而言它们具有以下共同特征。第一，新闻性。新闻性就是指事件的新闻价值，能够被舆情监测重视的事件一般具有重要性、显著性、接近性、新鲜性和趣味性，在媒体高度发达的时代，舆情事件一般都会引起媒体的关注。因此，媒介舆论是突发事件发生以后获取舆情数据的重要渠道。第二，利益和价值相关性。利益和价值相关性与新闻价值五要素中的重要性息息相关，在突发事件尤其是突发性群体聚集事件中，聚集群体往往有各种利益诉求或价值诉求。如果公众人物、公权力主体损害了公众利益或社会公认的道德底线，就会引起社会舆论的突然聚集，引发舆情事件。在已经发生的舆情事件中，利益相关性和价值相关性有时候是单一的，有时候是交叉的，在突发事件处理中，必须首先分清哪些诉求是价值诉求，哪些诉求是利益诉求。第三，轰动性。由于舆情事件往往牵涉比较大的利益群体，故而事件都具有轰动性特征，这些轰动性特征表现为现实的群体聚集和网络讨论度较高，甚至引发次生的舆情事件。因此，参与讨论的群体数量是确定舆情重点的重要指标。这些指标可以利用计算机辅助监测系统，通过互联网进行数据抓取。

突发事件舆情预警指标设立原则。突发事件预警系统的优势在于通过舆情信息监测，适当评估舆情事件的级别，并提醒相关方面采取相应的应急措施。因此，预警级别必须与舆情发展的程度相符合，建立舆情预警级别指标体系应该遵循以下原则。

舆情预警级别指标必须规范，防止舆情定级时出现混乱或者标准不一。预警级别指标体系应该具有严格和明确的级别对照，操作者可根据对舆情的描述，来确定预警的级别。级别的确定一方面可以根据我国的实际情况，另一方面也可以参照国际有关行业的预警级别标准，这样既有利于国际交流，借鉴国际经验，又便于操作。

舆情预警指标必须反应灵敏。舆情预警级别标准体系应该能够通过舆论在数量、倾向、范围、传播渠道等方面的细微变化反映出舆论风险的变化，并为准确研判舆情级别提供依据，防止舆情预警级别过高或者过低。

舆情预警指标必须针对不同的行业，分别具有实用性。为了能够适应不同类型的突发事件的处理，舆情预警的指标也可以参照不同的行业标准来制定。需要关注的是一些行业标准本身没有与国外接轨，这种差异就容易引起舆论关注，形成舆论事件，因此制定舆论定级标准的时候必须考虑不同行业的情况和国内外现状。设计指标应该具有一定的综合性和稳定性，保持预警系统高效运作，不至于误发预警和误判警情。

舆情预警级别指标应具有全面性。舆情预警级别指标系统应该尽量覆盖可能引起舆情事件的社会问题的各个领域，凡是与突发事件舆论来源相关的方面均应该设置典型指标，以便社会确定自身面临的舆情风险和其他不确定性风险。

突发事件舆情预警级别划分。根据我国的《国家突发公共事件总体应急预案》，政府部门应该对可能发生和可以预警的公共突发事件进行预警。在我国，预警级别一般划分为四个等级：一般（Ⅳ级）、较重（Ⅲ级）、严重（Ⅱ级）和特别严重（Ⅰ级），社会舆情的预警也可以借鉴突发事件的预警级别划分办法。

一般来说，舆情的一般级别就是指社会舆论以传闻、民谣、段子等方式存在，这种舆论对社会不具有现实的破坏性，但是，如果这种舆论没有被及时预警，社会情绪积累下来，一旦遇到可能引燃社会舆论的突发事件，这种负向的社会情绪就可能集中爆发，破坏社会和谐。

舆情的较重级别是指社会公众对某一突发事件或问题形成基本一致的

意见，并在某一区域内公开讨论，提出自己的看法，或者通过新闻媒体公开表达自己的观点，批评政府相关部门及其工作人员或违反公共利益和公共道德的人，形成对社会、政府或者工作人员比较负面的印象。这种舆论的预警级别必须引起有关部门的重视，以便其及时解决突发事件或者改变某一社会政策，疏导社会情绪。

舆情的严重级别是指公众对某一社会问题或者事件形成一致的意见和社会诉求，由于诉求得不到满足，社会不满情绪高涨，谣言盛行，公众通过群众集会、示威游行等抗议手段表达自己的态度。由于公共信息不透明，公众通过传闻应对可能发生的灾难。这类舆情事件牵涉人数众多，事发突然，声势强烈，往往容易失控，如果遇上信息不公开的情形，很容易引起社会群体对抗或者社会恐慌，对社会的正常运转构成一定影响。

舆情的特别严重级别是指公众不仅通过肢体行为表达自己的不满，还可能通过理论争鸣、示威游行、武装暴动等行为冲击国家、政党和政府部门及意识形态系统，不同的支持者形成互相对抗的两个阵营，对社会和谐、国家安全都构成严重威胁，这种级别的舆情可能会造成社会意识形态的动荡和瓦解，族群的撕裂，政党或者政府的更迭等。面对此类舆情预警，政府和有关部门必须及时果断行动，采取措施，化危为机。在一些国家有处置国家突发事件的"国家紧急状态法律"，就是为了应对这种特别严重级别的突发事件及其引发的舆情事件。

四 突发事件舆论引导主体联动机制

政府、媒体和公众作为突发事件舆论引导中的三股力量，相互联系并相互影响，他们在舆论引导过程中承担着不同的任务和角色。

（一）政府：突发事件舆论引导的高位主体

政府是突发事件舆论引导的高位主体，这是由政府作为突发事件的处置部门、突发事件的信息控制者的身份以及政府自身的大局利益和部门利益决定的。

首先，突发事件的处置是政府部门的第一要务。

政府作为国家权力的拥有者和执行者、公共利益的维护者和协调者、公共政策的制定者、社会资源的调配者，有责任和义务提供公共服务，处理各种社会事务。突发事件的发生往往使得一个国家的整体或者局部进入一种有违常规的失序状态，对公众的财产及生命安全造成威胁，甚至破坏一个国家的整体安全和社会稳定。政府部门至少应当承担以下责任。一是对突发事件的预警责任。一些突发事件，尤其是自然灾害事件，往往会有一些征兆和信号，如地震和海啸等。即使是一些社会群体性事件，政府部门能提前了解民意，掌握社会矛盾和冲突，也有利于提前预警并采取相应措施。面对这些突发事件发生的征兆和信号，政府有责任提前对公众进行预警，做好防范及规避措施。二是对突发事件迅速处理的责任。突发事件由于其危机性和危害性，要求政府部门迅速做出举措。这需要各个部门一起行动，对社会的各种资源包括人力、物力、财力进行紧急调配。同时政府部门还需要搞好社会动员，充分调动人们齐心协力的团结性。在一些包含利益冲突的突发事件中，政府部门还需要协调各方利益，满足公众诉求。三是行使紧急状态下的行政紧急权力的责任。突发事件依据波及的范围、危害程度、影响力大小、人员伤亡及财产损失情况可以分为一般、较大、重大和特别重大突发事件。一些特别重大的突发事件会使国家或某个地区进入紧急状态。在宣布进入紧急状态之后，政府在整个国家权力体系中享有更高的法律权威，同时，它可以通过采取各种紧急措施来行使自己所掌握的国家权力。[1] 紧急状态下，政府可以依据法律限制社会成员的活动，有权强制有关公民有偿提供物资和劳务。比如《中华人民共和国戒严法》第十三条就规定，戒严期间禁止或限制集会、游行、示威、街头演讲以及其他聚众活动；还可以实行新闻管制等。四是对突发事件善后处理的责任。我国制定的《中华人民共和国突发事件应对法》第五十八条到第六十一条详细说明了政府在突发事件结束后的善后处理责任，包括立即停止应急管理措施，对受灾和危害情况进行评估，进行灾后重建工作，力求快速恢复生产、生活等社会秩序；对受灾的民众进行一定的政策扶持、抚恤或补偿等。同时做好总结工作，对突发事件的发生和处置过程进行反思，吸取经验教训，以求更好地应对或防止同类突发事件。

---

[1] 傅思明主编《突发事件应对法与政府危机管理》，知识产权出版社，2008，第22页。

其次，政府部门是突发事件信息的控制者。政府作为突发事件的信息控制者是由它管理公共事务的职责和义务，以及掌握的各种资源决定的。

突发事件发生前，政府部门在预警监测方面已经获得了相关信息。突发事件发生后，政府需要第一时间赶到现场组织救援和进行其他处理工作，这种职责和义务使得它掌握更多的突发事件相关信息。而无论是对于媒体还是公众而言，政府部门都有更优势的资源和技术去获得信息，他们可以调动各种人力和物力资源获得更全面准确的信息，比如召集流行病学专家对暴发的疫情进行分析诊断，调动地震专家对地震的原因以及是否会有余震进行判断和预测。各组织部门的协调也更加有利于获得信息。比如《中华人民共和国突发事件应对法》中关于突发事件信息层层上报的法律规定。

最后，政府部门有突发事件舆论引导的内在需求。

对于处于突发事件中的政府来说，舆论引导的内在需求在于，第一，突发事件的舆论将影响突发事件处置的速度和效率，最终影响到政府的公共形象。突发事件中公众的舆论关注点大体表现在对事件原因的讨论、对政府处理事件的讨论、对事件责任的讨论上。舆论中表现出的对政府部门的不信任将影响政府的社会动员效果，以及干扰政府的事件处理工作。第二，突发事件中舆论的复杂性促使政府不得不进行舆论引导。突发事件中各种利益矛盾凸显，利益群体的多元导致舆论的复杂性，同时公众对信息的渴求也为谣言的滋生提供土壤，这使得政府必须做出舆论引导的举措。第三，国外媒体对突发事件的报道引发的舆论引导紧迫感。许多突发事件由于其危害范围较广，影响较大，或者涉及民族冲突和国家间利益冲突，往往引起国外媒体的关注。西方媒体报道引发的强势负向舆论给我国政府带来了紧迫感。

在突发事件中，政府作为公共管理部门有处置突发事件的职责，又掌握着突发事件大量真实、权威和全局性的信息，同时还有着舆论引导的内在需求，所以说政府部门是突发事件舆论引导的天然高位主体。

我国政府应对突发事件的舆论引导路径如下。

政府应对突发事件时的舆论引导途径的选择，往往决定引导的效果。我国政府应对突发事件的舆论引导路径有以下几种。

利用政府网站进行舆论引导。从20世纪90年代开始，随着网络的引入和普及，我国政府职能部门开始启动"政府上网工程"。1996年，海南省政府创建了我国首个政府门户网站。到2013年1月，我国各级政府网站的普及率已经达到了较高的水平。中央和省级政府网站的普及率达到了100%，地市级达到了99%以上，区县超过了85%。[①] 但在发展过程中还存在一些问题，国家要积极进行扶持和规划，减少地区网站发展的不平衡；在政府网站绩效评价指标中，加大对突发事件舆情引导的权重；政府网站要采取各种方法提高网站的访问量和知名度；各级政府网站要在内容上更加重视突发事件的舆情引导，不断学习和引进先进做法，促使网站引导效果的提升。

利用政务微博进行舆论引导。政务微博有两个主要功能：一是发布政府部门的各种信息和通知；另一个就是提供一个群众及时参与讨论的渠道。政务微博的作用，已经引起了一些地方政府的注意。尽管如此，我国的政务微博依然存在发展不均衡、时效性差、无法有效应对突发事件等诸多问题。同样，面对政务微博的上述问题，我们应采取以下措施：第一，出台措施，减少政务微博地区发展的不平衡；第二，出台政策，鼓励高级官员开设微博；第三，建立评估和反馈机制，每年对各地政务微博进行奖惩。

及时权威的政府新闻发布。进入21世纪以来，我国的新闻发布发生了以下几个显著的变化。首先，政府新闻发布的质量和数量有了大幅度提高。其次，政府新闻发布的相关政策文件逐渐完善。2004年，中共中央在下发的《中共中央关于加强和改进新形势下对外宣传工作的意见》中明确指出，要建立新闻发布制度。最后，政府各个层级的新闻发布部门建设大幅推进。除外交部之外，公安部等多个部委也建立了新闻发布制度。同时国新办在2006年之前对全国所有省区市（除香港、澳门、台湾）的政府新闻发言人都进行了集中的培训。这一时期可谓我国政府新闻发布制

[①] 《中央和省级政府政府网站普及率100%，我们离"政务云"有多远》，《人民日报》2013年1月16日。

度建设的黄金时期。①

另外,我国新闻发布制度还存在诸多问题。首先,一些法律和规定的不完善,对信息公开造成影响,公众的知情权受损。其次,政府的新闻发布相关配套法律还需完善。近几十年来,我国的法律体系不断完善,在信息公开、新闻发布方面的法律法规不断出台,但在实际运作中还是存在诸多问题。

在突发事件中,要做到及时权威的新闻发布,需要有一套完善的新闻发布机制,才能保证整个系统的正常运转。完善我国的新闻发布机制,要做到如下六点。第一,继续修正和落实已有的相关法律。依法治国,是各项事业成功的根本。第二,完善舆情监测机制,健全沟通协调机制。做好新闻发布,需要提前对相关事件有所了解,并掌握事件发生发展的最新动态。第三,规范新闻发布的程序。没有规矩不成方圆,没有一定的新闻发布程序也是不行的。要制定具体的操作细则,规范新闻发布程序。第四,建立新闻发布的信息反馈和评估机制。新闻发布的效果如何,外界对此次的新闻发布是否满意,是衡量新闻发布是否成功的重要指标。第五,完善新闻发言人的选拔和培养制度。我国应完善新闻发言人的选拔制度,从媒体或者公关机构中选拔发言人,也要送已有的新闻发言人到新闻机构进行系统学习。第六,完善新闻发布的奖惩制度。建立完善的奖惩制度,利用制度对新闻发布进行约束和规范。

积极进行国际合作,利用国外媒体。突发事件,特别是重大突发事件往往超越国界,成为世界性的事件。作为一个世界性的事件,它不仅是一个国家或地区政府或者媒体关注的焦点,也是全球关注的焦点。因此,在可能的情况下,我国政府应该积极地进行国际合作,最大可能地利用国外媒体特别是西方媒体的平台和影响,更好地报道突发事件,扩大事件的影响范围,获得西方国家政府和民众的关注和支持,使我国政府舆论引导的效果实现最大化。在突发事件中,开展国际合作,利用好外国媒体进行舆论引导,是一种"为我所用"的做法。

提升政府自身的公信力。随着我国40多年改革开放的持续推进,整

---

① 李晓虎:《中国政府新闻发布制度研究》,博士学位论文,复旦大学,2007。

个社会在政治、经济、文化等诸多方面都发生了深刻的变化,各种各样的矛盾随之凸显。处理不当,往往会损害政府的公信力。政府公信力弱化,带来的危害是多方面的。就突发事件而言,即表现为损害政府声誉,诱发群体性事件。学者认为政府公信力弱化会严重影响政府的良好声誉,破坏政府和公众的相互信任,导致政府和公众之间形成一种不健康的非合作的博弈关系。政府部门是舆论引导的主体,如果这个主体自身的公信力缺失,其舆论引导的效果可想而知。一个没有公信力的政府,无论有多好的应对突发事件的政策、制度、方法,其结果都是徒劳。

(二)媒体:突发事件舆论引导的主体和重要制约因素

在现代社会里,大众媒体有其特殊的社会功能和属性,其在突发事件发生后,成为公众信息的主要来源。媒体对突发事件的关注、议程设置、报道和评论对于公众的舆论形成和变化起着至关重要的作用,媒体成为舆论引导的又一主体,并决定着舆论引导的成败。

首先,我国媒体的性质,决定其成为舆论引导的又一主体。一个国家的媒体总体上都会有这个国家意识形态的印记,中外概莫能外。作为无产阶级新闻事业的一部分,我国的媒体有其阶级性,而中国共产党作为执政党又要求媒体必须遵守党性原则。虽然我国媒体的政治性、阶级性和党性原则随着时代的发展,其外延和内涵都在发生变化,但是作为社会主义国有新闻单位,作为党和人民的喉舌,其宣传功能和新闻功能并存的性质没有改变。

进入21世纪以来,我国社会舆论环境、国际舆论环境和媒体环境都发生了巨大变化,关于媒体做好"舆论引导"的表述开始频繁出现在党和国家领导人的讲话中。中国共产党与时俱进的舆论思想没有脱离新闻媒体为党和政府的新闻事业服务的性质,舆论引导是我国媒体的重要工作之一。在突发事件发生发展的非常态时期,在可能对国家和人民造成重大威胁的情况下,新闻媒体的舆论引导工作显得尤为必要。

其次,媒体的社会责任要求媒体进行舆论引导。对于社会公众来说,媒体的作用在于提供准确的信息,提供自由表达的平台,宣扬(阐明)公认的价值观和社会目标。当突发事件引发社会秩序的混乱,从而导致舆论混乱并进一步加剧社会秩序的无序化时,媒体有责任通过传递正确、全面、翔实的信息和观点，使公众从恐慌、悲伤的情绪，茫然无措、非理性的愤怒中走出来。对于媒体来说，舆论引导的手段是发布事实信息和观点信息，发布事实信息有利于以权威的声音对抗突发事件中产生的谣言，发表观点信息则是直接阐述自己的立场，使人们的舆论（态度和意见）发生变化，朝着有利于突发事件解决和社会稳定的方向转变。

最后，大众媒体的强大作用决定舆论引导的成败。如果说突发事件舆论的走向关系着突发事件快速有效的解决的话，那么大众媒体能否发挥舆论引导主体的作用，常常决定着舆论引导的成败。这是因为首先，大众媒体营造的突发事件拟态环境催生突发事件舆论。发达的大众媒体不断缩小信息传播上的时间和空间障碍，使人们获得信息越来越便利。正像麦克卢汉所说的那样，媒体正延伸我们的耳朵和眼睛。在我们为大众媒体带来的便利欢呼时，学者们同样看到了大众媒体带来的对人们认知世界的干扰。李普曼第一次提出了人和真实的环境之间存在一个拟态环境。人们的反应和行动来自对客观现实的认知，但可怕的是这种客观现实有三种，第一种是不以人的意志为转移的真正的客观现实；第二种是经媒体加工的现实即拟态环境；第三种是我们自己想象的并信以为真的现实。如今，我们从媒体获得信息、与人交流、购物等，通过媒体的信息来构建我们的客观世界，对媒体越来越依赖。当社会环境情况不明，具有威胁性或迅速变化时，个人和媒体的媒介依赖关系便会更加强烈。[1] 突发事件往往就是这种情况不明的社会威胁，公众因而出现"信息饥渴"，而媒体的适时报道为我们提供一个有关突发事件的虚拟世界，并让我们形成态度和观点，最终汇集成舆论。这种对现实世界的虚拟建构，证明了媒体的强大力量。其次，大众传媒的"议程设置"功能将左右人们对当前何谓最重要的事情的认识。不管哪种媒介，将重点放在少数几个议题上便向受众传达了一种强烈的信息，影响他们认识到哪些是当前最重要的议题的认识。[2] 什么样的舆论客体被公众关注和大众传媒不无关系，可以说议程设置功能在舆论

---

[1] 〔美〕梅尔文·德弗勒、桑德拉·鲍尔-洛基奇：《大众传播学诸论》，杜力平译，新华出版社，1990，第353页。
[2] 〔美〕马克斯韦尔·麦库姆斯：《议程设置：大众媒介与舆论》，郭镇之、徐培喜译，北京大学出版社，2008，第19页。

生成的初期发挥着重要作用。最后，在突发事件中不仅公众依赖大众传媒，政府对媒体同样依赖。媒体上通下达的中介作用发挥的好坏，决定着突发事件中政府部门的行为、态度以及新政策能否有效传达到公众，左右着政府部门对舆论引导的效果好坏，因为这些行为态度是突发事件中公众最关注也最容易形成舆论的。

所以，在突发事件舆论引导中，我国媒体因其国有媒体的性质、本身拥有的社会责任功能，以及强大的建构客观世界、信息中介的作用，成为舆论引导的又一主体，并决定其结果。

突发事件中媒体的新闻策划。突发事件具有时效性强、变动性大、不确定性大、影响面广等一些不同于常规事件的特点，这就决定了其报道也有着不同于其他报道的鲜明特点。一般来说，突发事件的报道形式大致有以下几种。一是即时性报道。即时性报道是在突发事件发生后即有记者赶赴现场或从多渠道获取信息，迅速发回的报道。二是连续性报道。有些突发事件虽然发生得很突然，但未必瞬间完结，其发展和结束还有一个缓慢的过程，这就要求记者继续追踪事件发展过程及详情，进行连续性报道。三是总结性报道。并非所有的突发事件都应该或者能够在该事件刚一发生时就被即时报道，或在其发展过程中被追踪式报道、连续性报道。为了整个大局的稳定或者由于某些技术操作上的因素，有的突发事件是在其出现后的一段时间或结束后才被报道的，这种报道即总结性报道，由于报道是在最后进行的，又可称作终结报道。

突发事件报道的策划原则。突发事件的报道是新闻报道中的一项重要内容，它是对一家新闻单位各方面素质的综合检验，也是一家媒体走向市场、争取受众的一个重要环节；同时，突发事件的报道也是一个上下都十分敏感的领域，搞得不好会产生一些意想不到的副作用，给新闻单位和一个地方的工作带来不少被动。所以，掌握突发事件的报道艺术，遵循突发事件的新闻报道策划原则是十分必要的。目前，我们已经步入全球化的轨道。根据国际惯例，结合中国的实际，在对突发事件的报道策划中，一般来说，应把握以下几个基本原则。

快速反应，及时报道。新闻报道视时效为生命线，新闻竞争时常就表现为时效竞争。而就突发事件而言，其变化来得突然，去亦快速，而且影响深远，因而在报道上的时效竞争也就更为紧迫、激烈，胜负之差往往以分秒计。时效竞争有多层含义：一方面，要快速反应；另一方面，要及时报道。

真实准确，客观公正。在突发事件报道中，抢时效无疑是十分必要的。但是，如果我们抢来的信息都是错误的、片面的，这样的信息作为新闻发布出去也是不利的。突发事件往往人命关天，社会影响极大，这就给新闻工作者提出了更高的要求：要坚持真实准确、客观公正的原则，一切从实际出发，尊重客观，尊重事实，做出符合客观实际情况的策划报道。

把握大局，统筹安排。突发事件一般来说都是以一定数量的人员伤亡或财产损失为内容的灾难事件，而这些信息的传播总会或大或小地引起人们的心理震荡。震荡在一定限度内可以提高人们的心理承受力；但超过了一定限度，就有可能引起社会的不安定。对突发事件的报道是一项政策性很强的工作，国家在制定及时报道、方便报道突发事件的有关条文的同时，也制定了相应的报道法规和报道纪律，以保证大局的稳定和对国家形象的维护。

把握节奏，保持理智。突发事件只是自然界和社会领域里很少的一部分，绝不是其全部。新闻传媒用心搞好突发事件的报道是应该而且必需的，但是在报道上也要把握节奏。把握节奏，除了时间上的快慢要求外，就是对"度"的把握上的要求。而在对"度"的把握中，首要而关键的一点就是对报道量度的把握。另外，在突发事件的报道中讲究理智也十分重要。突发事件由于来得突然，在未弄清情况之前，不能仅凭主观想象和一时热情，盲目冲动地处理，这非但不能"帮忙"，甚至只会"添乱"。

讲求艺术，注重技巧。对某一突发事件，虽然参与了报道策划，甚至抢先介入了，但如若采写出的报道浮躁或平庸，仍不算成功。对于突发事件这类非常规性事件的策划，我们不能用常规方法"照章办事"，要特别讲求艺术，注重技巧。这就要求我们：及时跟进，随事而变；拓展报道层面，深挖新主题；讲求艺术，用版面说话。

（三）公众：决定突发事件舆论引导结果的根本因素

在突发事件的舆论引导过程中，公众是决定其结果的根本因素。公众作为舆论形成的主体是舆论引导的客体和目标，在大众及新媒体时代，公众不仅是突发事件信息的接收者，还是信息（包括舆论）的积极传播者。

任何舆论引导的成败都在于媒体和政府这两个舆论主体是否满足了公众的价值诉求和利益诉求。

社会转型期的公众是舆论主体和引导对象。舆论是社会公众的意见、态度和情绪的总和，是公众的一种主观反应和表达。而舆论引导是指引导主体将公众的负向舆论向正向舆论引导的过程。公众即是舆论形成的主体，对于舆论引导主体来说，引导客体（舆论）背后是一个集合群体——公众，认识到这一点，对舆论引导至关重要。

突发事件舆论中的公众有其特殊性，它往往是一个范围较大的集合概念，参与讨论和交流的公众较为广泛。这是由突发事件本身的危害性和扩散性、现代社会大众媒体的多样性、公众趋利避害的内在需求决定的。而突发事件中反映的政府对公共利益的态度和决策、社会问题和矛盾、公众权利实现渠道和实现程度、社会道德和法律规范的冲突等都会引发公众关注和讨论，最终形成大规模的舆论。

突发事件舆论中公众的广泛性，使得对其进行精细划分颇有难度，这也为舆论引导带来了困难。同时我们应该看到公众由于受教育程度、隶属阶层、性格、价值观等各方面都存在一定差异，在舆论生成的过程中往往会根据自己的已有逻辑对事件进行判断和认知从而得出结论。同时一些公众非理性行为在突发事件中也普遍存在，比如对信息来源不加甄别而发表意见，甚至有些人故意散播谣言而引起社会骚乱。

总的来说，社会转型期公众的一些负面心理诸如迷茫、矛盾、情绪落差、对现实社会的不满、相对剥夺感、浮躁、冷漠等都可能对舆论造成影响，在突发事件中，这种负面心理更容易被激发出来从而影响舆论走向。

大众媒体时代的公众是突发事件信息的寻求者和传播者。突发事件的舆论引导是一个信息传播管理的过程，在这个过程中，公众不仅是信息的接收者还是传播者。在突发事件中，公众是信息的寻求者和接收者。突发事件的信息往往被公众主动关注和寻求，是突发事件信息传播的特点。公众出于自我保护、趋利避害的本能对突发事件中的信息给予主动关注，积极寻求信息源，包括突发事件的预报、防范信息，从而决定自己的下一步行动。同时突发事件被公众关注的原因还在于现代公众对国家和社会的关注，即使是在地域、阶层群体、利益上都与自己没有关系的突发事件，如果其反映了政府公共职能的问题、社会深层次的问题，一样会引起公众的主动关注。关注还与媒体铺天盖地的报道、议程设置有很大关系，突发事件作为富有价值的新闻信息往往被媒体竞相报道，网站、社交媒体、手机终端上不时弹出的即时突发事件新闻让公众不关注都难。

与此同时，公众又成了突发事件信息的积极传播者。Web2.0时代使公众通过传统媒体之外的网络发布信息成为可能，信息传播者不再局限于掌握媒体采访权和报道权的新闻工作者，我们开始进入一个人人都有"麦克风"的时代。论坛、QQ、微博、微信等社交平台的拓展，使得信息的传播无论在数量还是速度上都成倍地增长。公众开始享受那种信息传播者"求关注"的快感，而对于符合自己价值判断和意愿的信息（事实信息和意见信息）往往"求扩散"，公众的这两种心理诉求使其成为突发事件信息的积极传播者。这都使突发事件舆论场的建立和舆论形成更加快速，也更容易发生变化。

在现代社会，满足公众诉求是舆论引导成功的关键。突发事件舆论中的公众概念尽管无法具象化和量化，突发事件的原因、程度、范围也千差万别，但是突发事件形成的舆论触点，无非是其中公众的利益诉求和价值诉求。舆论的形成需要有社会现象和问题的信息客体刺激，这种信息客体越具有争议性，形成舆论的可能性越大，这种争议必然和公众的利益诉求与价值诉求有关。

突发事件中的利益诉求包括有形的物质利益及生命安全诉求，比如拆迁事件中的补偿。而突发事件中的价值诉求的范围更为广泛，包括公众的道德诉求、法律诉求、各种权利的诉求、情感诉求、对政府期待的诉求等。比如我们对政府的期待应是公开、诚信的，那么突发事件中新闻发言人的"无可奉告"和虚假隐瞒都会引发公众舆论。在一则突发事件中，无论是正向舆论还是负向舆论，一定和公众的利益诉求与价值诉求有关，两种诉求往往相互交织，价值诉求的失败也可能导致利益的受损。

一个事件如果涉及公众的利益冲突和价值冲突，形成舆论的可能性将更大，如果其价值诉求和利益诉求不能得到满足（或暂时满足），舆论将无法平息，最终导致舆论引导的失败。

建立突发事件的常态化管理机制

2020年突袭而至的新冠疫情是百年来全球发生的最严重的传染病大流行，是新中国成立以来我国遭遇的传播速度最快、感染范围最广、防控难度最大的重大突发公共卫生事件。习近平强调，要加强舆论引导，营造强信心、暖人心、聚民心的舆论氛围。要坚持依法防控，加强社会面管控，妥善处理疫情防控中可能出现的各类问题，维护社会大局稳定。① 防患于未然，我们在突发事件中形成的医疗救治机制和新闻传播的舆论引导机制应常态化，以适应社会发展的需要，适应人们不断追求幸福生活的需要。

一 加强和改进突发事件中的公民表达[②]

（一）公民表达的理论价值与现实意义

在我们国家，公民表达必须被放在社会环境和政治环境背景下来理解，在我国社会主义民主政治建设的过程中，公民表达权作为民主政治的一个基本特征，有着不可取代的地位和价值。

首先，突发事件中的公民表达对于促进我国行政体制的改革具有重要

---

① 《习近平在湖北省考察新冠肺炎疫情防控工作》，习近平系列重要讲话数据库，http://jhsjk.people.cn/article/31626154，最后访问日期：2023年12月5日。
② 赵振宇、魏猛：《论突发事件中的公民表达》，《新闻大学》2013年第6期，第52~57页。

意义。社会主义市场经济体制是我们国家现阶段的经济制度，这个制度包含几个基本命题。第一，不同的社会主体在社会地位上是平等的。正如党的十八届三中全会的决定所指出的，公有制经济和非公有制经济都是社会主义市场经济的重要组成部分，都是我国经济社会发展的重要基础。第二，各个不同的主体都有自己的行为边界。第三，社会、市场和政府在各自不同的领域里起主导作用。市场经济的基本规则和公民权利意识的觉醒与表达，对规范政府行为、市场行为和公民个人行为都有促进作用，结果也就是整个社会的进步。

其次，保障公民表达权利是保障公民的基本权益，是实现公民价值的重要保障。

根据突发事件的不同主体及其关系，突发事件的起因可以分为以下几类：第一类，公民个人利益与公共利益的冲突；第二类，法律体系的不健全；第三类，其他因素的处理不当造成的社会负面情绪转移。不管什么原因造成的突发事件，充分的公民表达都有利于社会不满情绪的释放，维护社会稳定。

突发事件主要涉及民众的利益判断、价值判断和情感因素，如果公民的基本价值得到体现，就能为事件的合理解决提供有力的情感基础和舆论氛围。因此，保障突发事件中公民的表达权对于实现公民的价值和妥善处理突发事件具有重大的现实意义，同时这也是培养公民意识的重要方式。

最后，公民表达权是完善民主协商机制、化解社会矛盾的重要条件。

党的十八届三中全会的决定在发展基层民主方面特别强调，要开展形式多样的基层民主协商，推进基层协商制度化，建立健全居民、村民监督机制，促进群众在城乡社区治理、基层公共事务和公益事业中依法自我管理、自我服务、自我教育、自我监督。我们国家人民民主的重要形式是社会主义协商民主，协商的前提是充分的讨论和表达，而没有充分的讨论和表达就不会有充分的协商。尤其在利益调整方面，民主协商的过程也是公民表达和主张自己权益的过程。协商是建设和谐社会的手段。充分的公民表达的价值还在于压缩了公民采用极端手段解决问题的空间，化解了干群、党群之间可能存在的矛盾，从而为建设和谐社会创造了良好的舆论条件。

(二) 公民表达的渠道、形式和规范

在媒体还不发达的时代，无论是民谣、巷议，还是社会传闻，舆论往往通过口口相传加以传播。在媒体高度发达的今天，公民的表达自由得到科技支撑，表达通道和形式更加多样化。而且，通过互联网以及其他流媒体进行的公民表达更加方便，但是，在网络空间里，公民表达的内容涉及公民的表达自由、公民权利的保护，这在各个国家都会存在。法律应该在公民表达自由、公民权利保护和涉及意识形态斗争的不同领域划出明确的界限。首先，法律必须保护公民依法表达意愿和主张的自由，即使表达主体是社会中的少数。实际上，尊重少数人的表达权利也是一个社会文明进步的重要标志。其次，公民表达不能侵犯其他公民的合法权益，利用互联网侵犯别人的隐私或者对别人进行诽谤，传播虚假信息，都是法律应该严格禁止的行为。最后，任何公民的言论自由都不能违反宪法和法律，不能试图否定现行的国体、政体、执政党的领导以及宪法规定的其他规范。利用互联网否定宪法和法律的言论本质上都涉及意识形态领域的斗争，这一点应该在全社会形成共识。

公民表达的形式可以分为语言表达、行为表达和沉默表达。其中，语言表达包括口头直接表达、口头间接表达以及通过出版物等形式进行的意见表达。行为表达主要是通过肢体语言表达，比如集会、游行、示威或者行为艺术。至于沉默表达就是对公共事件或者社会现象，公民有权决定他自己不说什么，其他人不得干预，除非法律另有规定。

当然，权利和义务都是相互联系而且对等的，公民的表达自由也是有界限的。虽然公民的表达（言论）自由作为一项基本的公民权利被写进了《公民权利和政治权利国际公约》，但是该公约同时规定，该项权利的形式带有特殊的义务和责任，因此得受某些限制，但这些限制只应由法律规定并为下列条件所必需：（甲）尊重他人的权利或名誉；（乙）保障国家安全或公共秩序，或公共卫生或道德[①]。因此，公民在行使表达权的时候必须具有法治意识，即不能侵犯别人的合法权利，不能对国家安全和社

[①] 朱晓青、柳华文：《〈公民权利和政治权利国际公约〉及其实施机制》，中国社会科学出版社，2003，第79页。

会公共秩序构成威胁。

互联网增加了公民表达的渠道，但是，互联网的隐匿性使发言者缺少对法律边界的警惕，从而侵犯别人的公民权利或者公共利益。特别是在"沉默的螺旋"效应下，一些网络水军通过技术手段，制造强势舆论，并对不同意见者实施人身攻击，这使公民的表达权无法得到保障，最终使之成为沉默者。因此，"人肉搜索"、网络暴民、网络水军等制造网络事件，操控网络舆论，事实上也对一般公民的表达权构成障碍。

（三）公民在实践中讲好真话

2022年底，中央政治局召开民主生活会，习近平总书记要求对照新修订的中央八项规定实施细则，不折不扣抓好贯彻落实，指出"要营造环境、创造条件，鼓励基层干部群众讲真话、讲实话、讲心里话。对发现的问题，要分析原因、找准症结，有针对性地研究解决"[①]。公民在突发事件发生发展的过程中讲好真话十分重要。

所谓讲真话、讲实话、讲心里话，就是讲自己对客观现实的真实反应（意见和建议），讲自己愿意讲的话，讲自己认为正确的话，讲自己可以讲好的话。在现实生活中，"真实"常常与"虚假""伪装"相对应，"虚假"说的是与现实不符，而"伪装"则是有意掩饰实情。讲真话、讲实话、讲心里话就是"实事求是"，"实事"就是客观存在的一切事物，"是"就是客观事物的内部联系，即规律性，"求"就是让我们去研究。因此，讲真话、讲实话、讲心里话，实质上就是一种"实事求是"作风的真实体现。

当今时代，在知识信息骤增的大背景下，在传播速度越来越快捷且媒体形式越来越多元化的形势下，特别是在突发事件发展过程中，我们不能一味鼓励"想到就说"，而要力求做到"想好了再说"。只有那些视角独特、见解独到、说理透彻、思维新颖，富有建设性的真话、实话、心里话，才能科学完整地反映突发事件，推动工作进展。在发展全过程人民民主的进程中需要讲好真话、实话、心里话，在不断提高基层干部治理能力

[①] 《中共中央政治局召开民主生活会强调 坚持团结奋斗 贯彻落实好党的二十大重大决策部署》，《人民日报》2022年12月28日，第1版。

和水平的实践中,讲真话、讲实话、讲心里话是一项重要任务。

讲真话、讲实话、讲心里话需要我们大家都努力去实践,做到在发现问题或问题端倪时快说真话;在人们嗫嚅而言时敢说真话;将真话时常挂在嘴边,常说真话;要在讲了真话且被实践证明不正确或错误后认账改错。从我做起,从现在做起,从能够做的地方和时刻做起,讲出符合当时当地情况且管用的真话、实话、心里话。

中国共产党历来高度重视和鼓励讲真话、讲实话、讲心里话。在党的七大上,毛泽东同志说:"我们党内历来不允许装。……还有一个是不要吹,就是报实数,'实报实销'。……我们的情报要真实,不要扯谎。"① 可见,讲真话、实话、心里话不仅符合马克思主义,更是我们党的优良作风和一贯要求。我们常常引用恩格斯的话:"一个民族要想站在科学的最高峰,就一刻也不能没有理论思维。"② 讲真话、讲实话、讲心里话,是一个理论与实践相结合的学习过程,也需要提高政治站位,强化系统观念,不断提高战略思维、历史思维、辩证思维、系统思维、创新思维和理论思维等。③

二 加强突发事件报道中的媒体责任:以食品安全报道为例

新闻报道是对社会活动及时、全面、科学的真实反映,对于突发事件报道尤为重要。下面仅以食品安全报道为例予以说明。

这几年来,食品安全问题已经越来越受到公众的关注,也越来越成为媒体报道的焦点话题。食品安全关系到我们每一个人的身体健康甚至生命安全,有着极高的关注度和新闻价值,是一个值得挖掘的新闻富矿。但在报道中我们也发现,一些报道有夸大其词、混淆事实的嫌疑,无论是有意还是无意,都误导了受众,有的还造成了不良的社会影响。

---

① 《建党以来重要文献选编(1921~1949)》第二十二册,中央文献出版社,2011,第241页。
② 《马克思恩格斯全集》第二十六卷,人民出版社,2014,第500页。
③ 赵振宇:《讲真话 讲实话 讲心里话》,《长江日报》2023年6月29日。

对于食品安全这样敏感的问题,媒体的关注固然是必要的,但我们更需要的是媒体负责任的关注。在报道中保持理性和客观公正,严格调查新闻事实,不能捏造和主观臆断。在中国公民的科学素养还在逐步提高的前提下,媒体更应该恪守职业责任的底线,提供真实、全面、科学、可信的调查信息,任何无中生有或夸大或缩小的不实报道都是对公众利益的不负责任。如2004年媒体发表《消费者当心:巨能钙有毒》的报道,该文一出,国内的许多媒体都在不经过核实和自行调查的情况下进行了转载,并冠以更加耸人听闻的标题,如加入"有毒""致癌"等字眼。这些报道导致经销商和消费者纷纷要求退货,巨能钙的生产厂商蒙受了巨大的经济和声誉损失。随后,卫生部通过其网站向外界通报:目前尚未发现巨能钙生产企业存在违法行为。此外,还有啤酒"甲醛门"事件、树仔菜风波,都不同程度地引起了消费者的恐慌,给生产企业带来了损失。虽然后来经有关部门调查澄清,但不良后果已经造成。

2011年,国务院食品安全委员会办公室负责人在接受新华社记者采访时对当下的食品安全报道做了如下的归纳。总体来看,报道可以分为两类,一些是客观反映存在的问题,如瘦肉精、染色馒头等;另一些则是夸大其词或没有事实依据,如对圣元奶粉、"皮革奶"、牛肉膏等问题的报道,最后经核查属夸大或不实。这样的一些报道在短时期内集中出现,容易产生放大效应,群众看了以后往往都会信以为真、焦虑担忧,也自然会有"还有什么敢吃的"的想法。当前,食品安全问题"燃点"很低,对于食品安全工作决不能有任何松懈。我们一方面要大力提高全社会识假辨假、防范风险的能力,另一方面也要及时澄清不实传言,消除不必要的疑虑,增强人们的信心,引导公众科学认识当前的食品安全形势。①

(一) 提高科学素质,力求报道准确

媒体天生具有监督的权利,我们庆幸媒体能大胆揭露食品产业中的不良现象,这在某种程度上推动了社会的进步。试想一下,如果没有媒体的大胆曝光,还会有多少包括婴幼儿、青少年在内的广大民众遭受不良食品的危害。不仅如此,国家也从法律的角度加大了对食品行业内的

---

① 见《长江日报》2011年6月1日。

不法分子的惩罚力度。2011年5月1日起施行的刑法修正案（八），将生产销售有毒有害食品犯罪的处罚起刑点从"拘役"提高为"五年以下有期徒刑"；单独列明食品安全监督渎职犯罪，并规定了比滥用职权罪、玩忽职守罪更重的法定刑，将最高法定刑从7年有期徒刑提高到10年。最高人民法院要求各级法院要坚决贯彻中央部署，特别是对影响恶劣、社会关注的重大危害食品安全犯罪案件，必须依法从重、从快判处。对于致人死亡或者有其他特别严重情节，罪当判处死刑的，要坚决依法判处死刑。

与此同时，我们也要看到，有些媒体在体现自己的责任时的逻辑显得过于简单和粗暴。媒体在报道食品安全问题时喜欢用三段论：某种化学物质有毒、食品中有该化学物质、该食品有毒。然后冠以耸人听闻的标题引起爆炸性的效果，吸引读者注意。其实，这种推理本身就是错误的。事物的发展都是由量变到质变，有一个循序渐进的过程。但是，在我们的思维中，常常会以量的表现代替对质的认识。心理学家德波诺在他的书里举了这样一个广告例子："抗菌剂能灭菌。细菌滋生于口腔中的食物残垢，造成口臭。请用抗菌漱口剂，它能使你的呼吸更清新。"他说，看起来这一切很合逻辑，但它却回避了量的问题。抗菌剂一进入口腔就会迅速稀释，实际上至多只能有一分钟左右的杀菌作用。而细菌的繁殖却非常快，不一会儿就又充满整个口腔了。不管怎么说，实验室试管中抗菌剂的浓度与漱口剂在口腔中可达到的浓度是极不相同的。他又举了一个类似的例子："汽车消耗汽油。因此，如果人人都使自己开车的时间减少一半，就能大大节省进口石油的开支。"这看上去也挺合逻辑，但是，注意一下量的因素，就会发现，汽车消耗的油只占进口石油的一小部分，大部分油是用在取暖与工业上了。所以，减少汽车的使用，实际上只能减少一点点进口石油的开支。他指出，和我们已经说到的其他错误一样，量的错误也不能靠检验论点本身来发觉。只有依据更全面的感知来判断论点，才能发现这种错误。[1]

---

[1] 〔英〕爱德华·德波诺：《思维的训练》，何道宽、许力生译，生活·读书·新知三联书店，1987，第79页。

建立突发事件的常态化管理机制

德波诺所举的例子在我们的日常生活中是时常可以遇见的。从逻辑推理上来说，它是十分正确的，问题在于，这种推理在实际表现上是不能得出上述结论的。用上述那种方法来提倡一种行为，引导大众保护口腔卫生和节约汽油，也未尝不可。因为，从逻辑推理上，它是正确的，从宣传导向上，它也是正确的，而且也能为大众所理解和接受。但是，从思维方式上看，它忽略了量的界限和质的区别。要真正把握一个事物或问题，必须从更广泛、更全面、更深入的角度，在感知世界的基础上认识世界，从本质和规律性上认识世界。新闻记者在面对这些看似正确的事实时，一定要多动脑筋，以求得出科学、正确的结论。"以其昏昏，使人昭昭"是万万不行的。

世界上的事情是复杂的，对于复杂的事情，都用一个模式去处理显然是不行的。新闻记者在反映和监督社会时，质疑精神也是不可少的。"非典"已经过去许多日子了，但是，《南方日报》一篇《非典型肺炎病原是衣原体？》的报道却是我们应该记住的。

2003年2月19日，《南方日报》在第3版刊发了一则题为《非典型肺炎病原是衣原体？》的报道。报道见报后，该报记者段功伟"吓了一跳"，因为"全世界所有的媒体都在报道新华社的'权威消息'，唯有本报例外"。2月18日下午，新华社发出通稿，称经中国疾病预防控制中心和广东省疾病预防控制中心的共同努力，可确定引起广东省部分地区非典型肺炎的病原基本为衣原体。《南方日报》非但没有采用新华社通稿，还用一个问句式的标题，表达了对非典病原结论的疑问。在这篇不到900字的消息里，前半段报道的是国家疾控中心的结论——非典型肺炎的病原基本确定为衣原体；后半段则如实报道了广东专家的意见——非典型肺炎是病毒性肺炎的可能性极大，不能按衣原体的结论来制定治疗方案，否则可能造成可怕后果。

《南方日报》如何能够发出与新华社不同的报道呢？因为段功伟在自己的调查采访中早就听一些专家讲过，已经排除了衣原体是病原的可能。新华社通稿出来后，他又赶紧打电话找专家求证，专家们果然都坚决反对，有的情绪还非常激动。面对争论，段功伟想得更多的是记者的职业身份要求他独立思考，实事求是。在部门和报社领导的支持下，稿件很快写了出来，考虑到当时的形势，报道刊发在第3版。

事后，病原结论一步步修正。2003年4月16日，世界卫生组织宣布，经过全球科研人员的通力合作，终于正式确认冠状病毒的一个变种是引起非典型肺炎的病原。《南方日报》的报道经受住了考验，2004年9月，第十四届中国新闻奖评选揭晓，《非典型肺炎病原是衣原体？》以全票通过，获消息类一等奖。

该篇报道获奖，并非记者"撞大运"，而是其科学素质和勇于坚持真理的必然。当然，这里是少不了部门和报社领导支持的，否则，一切皆无可能。

（二）严格生产程序，提高报道质量

当下，有不少媒体的某些记者歪曲或掩盖客观事实的某些因素，甚至以捏造"事实"、杜撰情节、煽情鼓吹等非常规的表现手段，制造出轰动效应，被人们称作"新闻炒作"。

新闻炒作有以下两种情况。

其一是无中生有、无事生非。这类新闻炒作是根据当事人或某团体的某种利益需要，编造、杜撰原本没有发生过的所谓事实，运用新闻的基本要素对其进行"如实"的描述，给人以逼真的感受，使人相信其新闻的真实性。

其二是夸大其词、哗众取宠。此类新闻炒作是虽有其事，但报道与事实真相相去甚远；可以报道，但与新闻报道的一般要求和规格相去甚远，大多是远远超过一般的报道规格。

说到新闻炒作，很多人会将它与新闻策划联系在一起，笔者认为这是需要甄别清楚的。

笔者从20世纪90年代开始研究新闻策划，出版多部这方面的著作，新近出版的《新闻报道策划》一书列入了普通高等教育"十一五"国家级规划教材。笔者在书中提出了"新闻报道策划"的定义（严格地说是一种文字表述）——新闻报道策划是新闻报道的主体，遵循事物发展和新闻报道的基本规律，围绕一定的目标，对已占有的信息进行科学的分析和研究，着眼现实，发掘已知，预测未来，制定和实施相应的政策和策略，以求最佳效果的创造性的策划活动。①

在上述"新闻报道策划"的定义中，关键词是：事物发展规律、新闻报道规律、最佳效果、创造性——这就是我们对新闻报道策划的一般的也是较为科学的认识。

那么，新闻策划与新闻炒作的本质区别是什么呢？新闻策划的事实（不论是已经有的还是经策划后产生的）是符合事物发展基本规律的，在此基础上的报道是符合新闻传播规律的；而新闻炒作依赖的事实（或根本就没有这样的事实）则是违反事物发展基本规律的，事后的报道又是违反新闻传播规律的。前者是需要提倡和把握好的，后者则是需要坚决反对的。

严格的新闻生产程序包括以下几方面内容。其一，新闻来源及价值判断。新闻价值是新闻学里一个非常重要的课题，社会事件千千万万，何事具有报道的价值，具有多大的报道价值，这需要报道者细心地辨别。这是决定新闻真假、新闻大小的第一步。

其二，新闻调查及事实认定。要想避免假新闻的出现，确保新闻细节的真实性，记者必须到新闻发生的现场，记录正在发生的事件或探寻事件发展的轨迹。

其三，新闻发布及传播规律。新闻经过价值认定、事实采制编辑，下一个程序就是对外发布了。在这个程序中，要做到实事求是，恰如其分；处理好形式和内容的关系；按传播规律办事，讲究传播技巧。

在对食品安全的报道中媒体还存在这样那样的问题，但是我们应该以一种宽容的态度来接受媒体的报道和监督，不能剥夺其批评的权利。应该相信大多数媒体还是有良好的社会责任感的，想必它们一定愿意做出具有说服力的、权威的报道来。否则，食品安全问题就像没了猫的老鼠一样，偷偷地危害人们。管理部门能做的事情有二，其一是鼓励媒体做监督报道，在政策上给予相应的支持，加强其采访和调查权利；其二是也要对媒体的报道进行跟踪和监督，发现了不实报道要尽早尽快地向社会公开，以最快

---

① 赵振宇：《新闻报道策划》，武汉大学出版社，2016，第6页。

的速度消除不良影响。这是一个事情的两个方面,要统一协调好。①

三 对民众呼声"有所应"更要"有所为"②

现在,全国不少城市都利用网络加强政府部门与市民的沟通,方便群众在第一时间顺畅跟踪政府部门办事进度,进行满意度测评,促进政府工作作风的转变,受到群众的好评。但是,在这项工作中还存在某种程度的官僚主义和形式主义问题。

对于"民有所呼",政府相关部门大都做到了"我有所应",有的还很及时。但是,这些回应有不少只是具体涉事单位的说明、解释,强调客观因素的多,分析检查、从主观上自省的少。不论是网上留言,还是电话回复,都在语气上很温和,"不好意思""请您谅解""考虑到您反映问题的心情……"但这种回应本身是需要研究改进的。"民有所呼",不仅需要"我有所应",更需要"我有所为",只有把老百姓反映的问题真正解决了,解决好了,才是政府部门及其工作人员的职责所在。

笔者最近就遇到了这样一个真实的事例。在很多地方,都能看到城市道路时常出现挖了填、填了挖的"马路拉链"问题。这既有某个部门的施工问题,也有政府主管机关职责不明、管理不善的问题。最近,笔者在政府"留言板"以"不能政出多门,顾前不顾后"为题,反映刚刚铺好的高标准绿色自行车道路,不几日就被打围开挖铺设管线的问题。笔者指出"为何两部门不相互沟通,统一安排施工?此类事情经常发生,要追责,更要考虑政府部门的设置与分工问题"。一周后,笔者接到某具体施工公司的网上回复和此前的电话说明,是"给您带来不便,敬请理解"和"以上信息已联系告知您,对此您表示满意"这样的回复。这样的回复不仅没有真正回应"追责"的诉求,更缺乏真正的反省。事实上,不考虑民众呼声的出发点和真正意图的回应,也很难说是"我有所应"。

因此,"我有所应"不是也不能是应付和推责,当然更不能是邀功。

---

① 参阅赵振宇《食品安全报道中的媒体责任》,《中国记者》2012年第9期。
② 赵振宇:《对民众呼声"有所应"更要"有所为"》,《光明日报》2018年6月27日。

媒体在报道和反映这些问题的进展时，也需要实事求是，既要报道成绩，介绍经验，也要指出存在的问题和需要改进的地方；既要有具体涉事单位的回应和整改，更需要上级责任机关负责任的"我有所应"，之后，还需要"我有所为"，而这种"所为"是在主管机关顶层设计的科学管理框架下的有序行动。

2018年，中央印发的《关于进一步激励广大干部新时代新担当新作为的意见》提出："注重培养专业作风、专业精神，引导广大干部坚持理论联系实际，干一行爱一行、钻一行精一行、管一行像一行。突出精准化和实效性。"在贯彻落实中央文件时也要反对形式主义，以更加有效的实际行动为群众排忧解难，促进社会和谐发展。

四　如何科学有效地获取政府公开信息[①]

2019年5月15日起，新修订的《中华人民共和国政府信息公开条例》（以下简称《新条例》）开始施行。这是我国在2008年公布政府信息公开条例11年后修订的一个新条例，它对以往条例实施过程中遇到的一些新情况、新问题，在广开言路、集思广益后进行了修改完善，将会更加科学有效地推进我国政务公开工作，保障人民群众依法获取政府信息，促进政府职能转变。

（一）加强程序建设，使《新条例》操作更加科学规范

程序是指事物运动的次序、过程或环节，含有某种空间秩序或时间顺序的意思。民主政治程序化的内涵包括两方面内容：一是以民主的原则制定程序，即程序的民主化；二是以程序的方式来规范民主政治的运行，即民主政治过程的程序化。程序是目的和手段的统一体，作为目的的程序，是我们孜孜以求的理想境界；作为手段的程序，表现在人们的运动过程之中。[②] 民主制度的程序化是现代社会政治发展的客观要求，也是现代民主

[①] 此部分参见赵振宇、彭舒鑫《论如何科学有效地获取政府公开信息》，《决策与信息》2019年第9期，第77~82页。

[②] 赵振宇：《程序的监督与监督的程序》，社会科学文献出版社，2008。

的一个基本特征。

《新条例》第二章增加了公开的主体的表述：对派出机构、内设机构负责与所履行行政管理职能有关的政府信息公开工作有了明确规定；对两个以上行政机关共同制作的政府信息，由牵头制作的行政机关负责公开；等等。典型体现如下：第十七条，行政机关应当建立健全政府信息公开审查机制，明确审查的程序和责任；第二十条（五），办理行政许可和其他对外管理服务事项的依据、条件、程序以及办理结果；第二十条（六），实施行政处罚、行政强制的依据、条件、程序以及本行政机关认为具有一定社会影响的行政处罚决定；第三十一条规定了行政机关收到政府信息公开办理的时间程序要求；等等。

《新条例》还完善了依申请公开的程序规定，明确了公开申请提出、补正申请内容、答复形式规范、征求意见程序等内容，并要求行政机关建立健全政府信息公开申请登记、审核、办理、答复、归档的工作制度，加强工作规范。同时，《新条例》取消了依申请公开的"三需要"门槛，删除了旧条例中关于公民、法人或者其他组织申请获取相关政府信息需"根据自身生产、生活、科研等特殊需要"的限制条件，保障公民、法人或其他组织依法获取政府信息的权利。《新条例》还对行使申请权的不当行为予以规范，对于少数申请人反复、大量提出政府信息公开申请的问题，规定了不予重复处理、要求说明理由、延迟答复并收取信息处理费等措施。

坚持程序的科学性、公开性、合法性，可以保证依制度行事，按规范操作，有利于推进社会主义民主政治程序化。所谓程序的科学性，就是程序设置符合客观实际、符合规律，人们按此行事能够以较小投入获得较大收益。这需要把握好两个重要方面：一是程序设定的目的、目标和意义要符合当前实际情况；二是不同的程序有不同的设计手段，不同的手段需要不同的科学知识。程序的公开性，是指决策者要将决策制定过程向公众说明。公正、公平、公开是现代政治运行的一般原则，也是人们行使民主权利的重要前提。程序公开能够使决策部门更好地接受社会和人民的监督，可以起到增强政府公信力、促进社会和谐的作用。并且，程序公开也是宣传党的方针政策、凝聚社会共识的重要途径，在此过程中人民群众将会更加理解支持决策，推动政策落实。程序的合法性，是指程序设置符合和遵循国家有关法律，也需要得到法律的保障。本次《新条例》的制定，正是遵循 2015 年 3 月我国修正实施的《中华人民共和国立法法》，这种程序合法对决策制定者、执行者以及行政相对人来说，都是一种保护。[①] 科学、公开、合法的程序化建设，是我党在决策科学化前提下的必然发展方向。党的十九大报告提出，要形成完整的制度程序和参与实践，保证人民在日常政治生活中有广泛持续深入参与的权利。要用制度体系保证人民当家作主，在政治生活的参与中更好地体现人民意志、保障人民权益、激发人民创造活力。《新条例》正是在程序科学化的前提下进行修订和完善的，它必将使我国信息公开化的道路越走越广阔、越走越通畅。

（二）明确信息公开主体，强化责任、落实监督

信息公开的责任人，是信息公开有效实施的重要保障。旧条例第四章"监督和保障"条款第三十五条虽然都有明确规定：行政机关违反本条例规定，由监察机关、上一级行政机关责令改正；情节严重的，对行政机关直接负责的主管人员和其他直接责任人员依法给予处分；构成犯罪的，依法追究刑事责任。但是，由于信息公开义务主体不明，在实践中如何对其进行监督和约束是一个难题。第一，党政机关内部关系没有完全理顺，以党代政的现象依然存在，出了问题，责任究竟在党委还是在政府，很难确定。第二，我国行政机构的层次太多，出了问题，到底追究哪一级政府的责任，很难确定。第三，决策与执行不分，导致责任主体不明确。发生重大事故，究竟是因为决策失误还是由于决策执行不力甚至执行错误，二者往往难以区分。[②] 正因如此，在条例实行以来，很少见到因政府信息公开不力而受到行政处罚的例子，更别说有关负责人受到刑事处分了。直到 2017 年 2 月 16 日《人民日报》的一篇评论中提及，"近日，一则'海南省某局局长因为本局网站长期不更新被处以行政记过及党内警告处分'的消息，引发广泛关注。据悉，这是我国首例因未履行信息公开责任而被

---

① 赵振宇：《推进社会主义民主政治程序化》，《人民日报》2018 年 3 月 5 日。
② 王凯伟、李瑾：《行政问责制：价值、问题及对策》，《湖南财经高等专科学校学报》2010 年第 1 期，第 37~39 页。

问责"①。十多年的信息公开条例实施告诉我们,在针对信息公开立法或者颁布相关政策方案时,必须明确其责任人,明确其信息公开过程中各个环节的具体负责人和相关办事人员的责任。在信息公开中,具体由谁负责、负多大的责任都应有明确的判断依据,只有这样才能保证政府信息公开落到实处。

为此,《新条例》在第二章第十条增加了大量对政府信息公开主体的规定,对内设机构、派出机构的工作职责做了规定。《新条例》第二章第十一条规定:"行政机关应当建立健全政府信息公开协调机制。行政机关公开政府信息涉及其他机关的,应当与有关机关协商、确认,保证行政机关公开的政府信息准确一致。"《新条例》第二章明确了信息公开的主体,强调了公开主体的行政性、独立性和外部性。信息公开主体的明确,不仅会增强主体人的责任意识,也便于公民、法人和其他组织更好地监督和促进政府信息公开工作,提高主体责任人的办事能力和效率。

本次《新条例》第一章第五条"行政机关公开政府信息,应当坚持以公开为常态、不公开为例外,遵循公正、公平、合法、便民的原则",以"公开为常态、不公开为例外"明确政府信息公开的范围,不断扩大主动公开范围。第一章第九条"公民、法人和其他组织有权对行政机关的政府信息公开工作进行监督,并提出批评和建议",充分体现了宪法强调的公民权利。第五章"监督与保障"用了8个条款,更加详细、严格地规定了对未执行信息公开的行政机关和责任人,可以予以行政处分和依法追究刑事责任。这些条文的修改和增加,将会有利于解决长期以来《中华人民共和国政府信息公开条例》中存在的主体责任人职责不明等问题,将责任落到实处,促进政府机关改进工作作风,提高工作效率。

《新条例》明确信息公开主体和行政机关的协调机制及信息公开范围,切实保障申请人及相关各方的合法权益,同时对少数申请人不当行使申请权、影响政府信息公开工作正常开展的行为做出必要规范。此次《新条例》的修订将会产生两个积极效应:一是分工明确、责任到位,对于哪些该公开,哪些不能公开,哪些需要限制,有了完备的科学程序条

---

① 弋沐:《以问责助力信息公开》,《人民日报》2017年2月17日。

文，办起事来有据可依；二是对于公民、法人和其他组织对政府信息公开的要求，也有了明确的允许、提倡和限制的内容要求，可以更好地提高申请人参与申请信息公开的整体素质，提高办事效率。

(三) 增加公开内容和渠道，强化便民服务要求

通过加强信息化手段的运用提高政府信息公开实效，切实发挥政府信息对人民群众生产、生活和经济社会活动的服务作用。

2012年11月15日，习近平总书记在党的十八大闭幕后的记者见面会上说："人民对美好生活的向往，就是我们的奋斗目标。"[①] 这个"向往"就包括人们对社会主义民主政治生活新的更高的要求，人们对于民主、法治、公平、正义、安全、环境等方面的要求日益增长。为此，《新条例》的制订充分体现了党的十九大报告中关于加强制度程序建设的重要精神。增加公开内容和渠道，强化便民服务要求，是本次《新条例》的另一个亮点。"众人的事情由众人商量，是人民民主的真谛。"党的十九大报告特别强调要加强协商民主制度程序建设。要形成完整的申请人制度程序和参与实践，须把握好"广泛、持续、深入"三个关键词。

所谓"广泛"，讲的是参与者的广泛性和参与讨论问题的广泛性。长期以来，不少地方也听取人民意见，但是，这里的"人民"多数情况下是指少数人，更多的人是被排斥在外的；参与讨论的问题也只是政府或少数领导关心的问题（这些问题中有一部分是与人民关心的问题相吻合的），而不是广大人民群众更需要和希望参与的问题。这是需要改进的。所谓"持续"，讲的是公民参与政治生活的连续性和一贯性，宪法规定："中华人民共和国的一切权力属于人民。""人民依照法律规定，通过各种途径和形式，管理国家事务，管理经济和文化事业，管理社会事务。"这里强调的"各种途径和形式"一定是丰富多彩、人民喜闻乐见的途径和形式，它是需要根据形势的发展逐渐更新和完善的。所谓"深入"，讲的是参与的力度和参与的效果。公民的参与不仅要表现在一定的会议、文件、文字、媒体语言和一定的活动上，更要体现在地方和国家的重大行政计划、管理决策和成效之中。公民参与表达不能只在过程中，同时还要表

---

① 《习近平关于社会主义社会建设论述摘编》，中央文献出版社，2017，第8页。

现在结果上,这是对参与是否"深入",是否有成效或成效大小的一个实践检验。

《新条例》从第十九条至第四十五条用了两章将"主动公开"和"依申请公开"做了分门别类、深入细致的规定。此次修订,贯彻落实了党中央、国务院全面推进政务公开的精神,加大了政府信息公开力度,既在公开数量上有所提升,也在公开质量上有所优化。如第三章从第二十条到第二十五条要求建立健全政府信息发布机制和提供多层次、多渠道、多形式的信息公开。第四章对于主动公开的政府信息,要求"应当建立完善政府信息公开申请渠道,为申请人依法申请获取政府信息提供便利"(第二十八条)。"采用书面形式确有困难的,申请人可以口头提出,由受理该申请的政府信息公开工作机构代为填写政府信息公开申请。"(第二十九条)"行政机关收到政府信息公开申请,能够当场答复的,应当当场予以答复。"(第三十三条)"申请公开政府信息的公民存在阅读困难或者视听障碍的,行政机关应当为其提供必要的帮助。"(第四十三条)特别是在《新条例》中有多项条文对申请公开的时间做了更加明确合理的具体要求,以便更及时有效地回应申请人的申请,切实发挥政府信息对人民群众生产、生活和经济社会活动的服务作用。

奖励和惩罚是调节社会的神奇杠杆,它能有效地促成系统成员内部心理和思想的变化,促其产生组织者所期望的行为反应,正确、高效、持续地达到组织预定目标。[1]《新条例》明确了信息公开的主体和公民的监督权利,为上级主管部门和社会公民的监督处罚提供了具有法律效应的奖惩依据,定会更加有效地保障公民的知情权,方便公民获取信息。

综上所述,一个开放包容的社会,其公民能够广泛地获取他想知道的一切信息,参与管理国家的一切事务(依照一定的法律和程序),如此其积极性和创造性才能充分地发挥出来。与此同时,只有从大局和稳定的前提出发,思考和处理一切事务,才可能取得最佳效果和长远发展。此次《新条例》的出台,不仅推动政府信息公开的工作更进一步,而且将促进政府工作部门的作风转变,以及工作效率的提高。

---

[1] 赵振宇:《神奇的杠杆——激励理论与方法》,湖北人民出版社,2001。

五 建议设立突发事件状态下"谣言甄别委员会"[①]

在社会生活特别是在突发事件中,常常会发生一些谣言引起的舆情事件。为了避免此类事件再次发生,笔者以为有必要设立"谣言甄别委员会",对以后可能发生的谣言传播做科学有效的鉴定,以保护正义,惩治邪恶,保障法律的严肃性。

《中华人民共和国突发事件应对法》指出,突发事件"是指突然发生,造成或者可能造成严重社会危害,需要采取应急处置措施予以应对的自然灾害、事故灾难、公共卫生事件和社会安全事件"。由于谣言传播的专业性,"谣言甄别委员会"可依照《中华人民共和国突发事件应对法》规定,根据不同的突发事件,分别设立自然灾害、事故灾难、公共卫生和社会安全四个方面的甄别工作委员会,请相关专业人士进行组建。由于"传播谣言"属于舆情事件,可邀请新闻传播学专家参与各委员会工作。"谣言甄别委员会"要做好以下四个方面的工作。

首先,要清楚传播者的身份。谣言是在没有客观事实的基础上做出的影响和危害他人及社会的言论。传播者的身份与传播信息的真实性有密切关系,它是我们甄别谣言的首要前提。《国务院关于加强和规范事中事后监管的指导意见》(国发〔2019〕18号)要求发挥社会监督作用,建立"吹哨人"、内部举报人等制度,对有功人员予以重奖和严格保护。对传染病要预测发生、流行趋势,及时发出预警,根据情况予以公布。

其次,判断是否为谣言,要弄清传播信息的真伪,这是问题的起点。这里可借用"老虎"来打个比方——老虎是要吃人的,传播者所说的是"东北虎""华南虎"或是"××虎",对动物学意义上的研究是很重要的,但是,对于普通民众来说此时此地此老虎的种类确确实实是可以忽略不计的。邀请相关专业人士参加工作委员会,就要从相关专业的角度,对涉及

[①] 参见赵振宇《建议设立突发事件状态下"谣言甄别委员会"》,https://mp.weixin.qq.com/s/uGGSxAa8LUx0U28EaJFRog,最后访问日期:2020年6月9日。

不同类型突发事件的信息进行由感性到理性的"去伪存真，去粗取精，由此及彼，由表及里"的是非判断，给执法者以科学有效的知识证据。

再次，要弄清传播者的手段、动机和目的，也就是说要弄清传播者通过什么渠道和方式，发布这些信息要做什么。现代传播工具多样，方式快捷，要分清是在有限朋友间的传播、互通有无、善意提醒，还是采取非法手段，通过违规和不适当方式传播，攻击他人和危害社会。动机和目的是检验信息真伪的重要标准。

最后，要看传播信息后对民众和社会的影响是什么。任何信息的传播都会对社会产生一定的影响或在一定时间、一定范围、一定程度上引起一部分人的紧张和恐慌。在利害得失关系的取舍上，最高人民法院刊文指出："只要信息基本属实，发布者、传播者主观上并无恶意，行为客观上并未造成严重的危害，我们对这样的'虚假信息'理应保持宽容态度。"请注意，这里没有用"谣言"，而是用"虚假信息"，笔者以为用"信息部分失实"更为准确。"保持宽容态度"是付出重大牺牲得到惨痛教训后得出的，使它成为我们今后处理这类信息传播的一条行动准则，是非常重要、实在的。

事物的真实是信息传播的前提，但是这种真实性在很多情况下不是一次就能全面准确地告知天下的，有时候需要经过一段时间。对于这种处于发展过程中的事实的报道，真实性是一点一点逐步展示的。正因如此，才有了"失联""疑似"等用语。比如，世卫组织一旦确定某个特定事件构成国际关注的突发公共卫生事件，必须对此突发事件做出及时反应。根据每个突发事件的具体细节，世卫组织总干事将建议受影响的缔约国及其他缔约国理应采取的措施。根据证据，世卫组织对建议的措施有可能在以后进行修改或予以终止。所有这一切都是根据事态的发展，经过科学程序，花费一段时间确定的。所以，在突发事件的初期和发展进程中，事实"信息部分失实"是可能存在的。那么，社会舆论和社会管理对此"保持宽容态度"是可能也是应该的。为此，需要设立专业的、与不同突发事件相对应的"谣言甄别委员会"，邀请相关专业人士研究讨论后慎重定义谣言，保证法律的严肃性，避免只靠一个部门处置而定性不准，造成对当事人的伤害，更重要的是避免贻误有效信息的传播，造成重大损失。

与此同时，对于那些发布者、传播者在主观上对于他人和社会存在恶意，手段和方式卑鄙低劣、违规违法，行为在客观上造成严重危害的，则一定要按照国家相关法律法规严肃处理，特别是在发生重大突发事件时，更应强化国家治理手段。只有赏罚分明、刚柔相济，才能促进和保障人与人、人与社会、人与自然的有序发展、和谐相融。我们要力争在实践中向人民交出一份满意的答卷！

六　加强和完善新闻发布的程序化建设[①]

本部分运用程序理论，提出加强和完善新闻发布会制度中的程序化建设命题，为帮助新闻发言人把话讲好，保证新闻发布会的科学有序，使人们冷静面对突发事件，实现舆论引导的有效实施，提供建设性的参考和建议。

（一）程序概念及意义

程序包含两个层面的意思。所谓程，讲的是规章、制度或形式；所谓序，讲的是区分或排列位置。程序是指事物运动的某种次序或过程、环节，表示某种秩序或顺序的意思。程序含有时间和空间的概念。

程序一词有两用。作名词时，讲的是事物运动的排列顺序，表现为一种相对静止状态；作动词时，讲的是为达到某种状态而进行运动的过程，这种过程因不同的要求而有不同的程序，比如按时间的先后（如先来后到），或按年龄的大小（如尊老爱幼），或按紧急的程度（如轻重缓急），或按数量的要求（如大小多少）等依次排列的工作或运动步骤。

在实际工作中，要注意程序设置的科学性、公开性、合法性准则。

程序设置的科学性，就是要求程序的设置符合客观实际的规律，人们按此办事能够以最小的投入获得最大的收益。其一，要把握好程序制定的价值前提。所谓价值前提，是指该项程序设定的目的、目标是什么，是否符合当前的情况。程序是为决策和其他工作服务的，设计者只有明白了该

---

① 参见赵振宇《加强和完善新闻发布的程序化建设》，《决策与信息》2020年第7期，第77~82页。

项工作的意义和这项程序设置的作用，才可能设计出符合要求的程序。其二，要把握好程序制定的事实前提。所谓事实前提，是指制定该项程序需要的科学手段。制定不同的程序需要有不同的手段，不同的手段需要有不同的科学知识。只有设计者具备了一定的科学素养，又懂得如何运用这些知识去设计程序，这样的程序才符合实际的要求。

程序设置的公开性，就是要求系统的决策者要将系统运动过程的情况向公众开放，公众有权了解系统的运动过程。程序公开与民主公平是紧密联系在一起的。程序公开是对公民权利的一种维护和尊重，可以防止暗箱操作带来的消极影响。程序公开同时也可以宣传大政方针，普及科学文化知识，使人体验到法治的公平和崇高。

程序设置的合法性，就是要求一切程序的设置都要符合和遵守国家的根本大法和有关法律，包括立法程序、执法程序和守法程序等。合法性包括两方面内容，一是决策内容的合法，即一项决策是否在法律允许的权限范围内，是否违反法律的规定；二是决策程序的合法，即决策过程中是否履行了公示（广大公众评议或由他们的代表审议）、听证（允许利害关系人作合法性反对）、审查和批准程序。[1]

党的十九大报告强调健全人民当家作主制度体系，发展社会主义民主政治，提出要推进社会主义民主政治制度化、规范化、程序化，保证人民依法通过各种途径和形式管理国家事务，管理经济文化事业，管理社会事务，巩固和发展生动活泼、安定团结的政治局面。要加强协商民主制度建设，形成完整的制度程序和参与实践，保证人民在日常政治生活中有广泛持续深入参与的权利。程序设置的科学性、公开性、合法性是保障决策科学性的首要前提，也是完善我国治理体系和提高治理能力的重要内容。[2]

笔者多年来关注并研究程序理论，撰写了系列文章和大量的论文，曾受到中央高层领导的肯定批示；主持国家社会科学基金（政治学）课题并出版专著《程序的监督与监督的程序》；先后在各地（含港台地区）和美国的大学、媒体以及企事业单位举办有关程序论的学术报告。将程序理

---

[1] 赵振宇：《程序的监督与监督的程序》，社会科学文献出版社，2008。
[2] 赵振宇：《推进社会主义民主政治程序化》，《人民日报》2018年3月6日。

论引入新闻发布的运动过程,将有利于给公众提供新的视角和知识。

(二) 新闻发布的程序规范

新闻发布的程序规范大体上包括以下内容。

新闻发布的价值前提。即明确新闻发布的目的、意义和价值。新闻发布的一般意义是为公众提供信息,让公众了解和掌握应对危机的方法,树立自身(政府和企业)形象,相互沟通、理解、支持,促进社会和谐。

新闻发布的事实前提。即新闻发布的事前准备和运行过程。从管理学的角度来看,事实前提包括两方面内容:一是有利于处理各种情况的熟练技术和知识;二是有关在特定场合应用熟练技术的情报。新闻发布的事前准备包括汇集信息,准备材料;熟悉政策,统一口径;选择合适的发言人和主持人;确定邀请媒体和记者;制定会务程序。

新闻发言人在准备材料时要掌握记者需要知道的以下内容,如危机为何发生?危机发生前有关部门是否提出警告?危机是否不可避免?谁来负责处理危机?有关部门是从什么时候开始处理危机,现在进展如何?局面是否得到控制?危机还会产生哪些负面影响?公众应该做些什么?有关部门提供的数据说明了什么?今后还会发生什么?还有哪些负面消息没有公布?等等。在回答记者提问时,也要注意媒体可能出现的"越轨"举动,避免刻意夸大、炒作危机事件中的某种因素;在专家意见不统一的情况下,不能将这些相互矛盾的信息传播出去,应避免引发公众的恐慌;在民众无援时要提供一些权威性的行为建议,有效引导民众;对于网上的谣言、传闻等负面不实信息,要以确凿可靠的事实和论据明辨真相与是非。

新闻发布的时间程序。古人说"四方上下曰宇,往古来今曰宙"。"宇"表示空间,"宙"则表示时间,事物都是在一定的时间和空间中存在与发展变化的。在新闻发布中,要特别注意对时间的把握,认识时间、珍惜时间、恪守时间。所谓认识时间,就是掌握时间的本质和特性,在价值前提下把握时间的真谛。时间是物质存在的一种客观形式,它反映了物质存在和运动发展的一种状态。一切事物的发展变化都离不开时间,开好新闻发布会更是如此。所谓珍惜时间,就是认识到时间的宝贵而加以珍视、爱惜、节省。时间反映着物质运动过程的持续性、间隔性的矛盾统一和物质运动状态的顺序性。时间具有一维性,即不可逆性,它由过去走向现在奔向未来，只有一个方向，一去而不复返。马克思在《资本论》中说："一切节约归根到底都归结为时间的节约。"① 任何对时间的浪费和贻误，都是新闻发布会的大忌。所谓恪守时间，就是遵守时间的规定性，即在一定时间内到达、运动、完成某项规定性的工作或任务。守时是保证新闻发布会科学高效举行的前提。新闻发布会大体包括以下时间程序：信息监控—认清局势—事态评估—启动预案—明确任务—准备发布信息—向媒体和公众发布新闻—收集反馈，展开评估—开展公众教育—完善提升政府形象。

新闻发布的空间程序。新闻发布会会场的选择和安排至关重要，发布会场的选择会对传播效果产生"放大"效应。在保证传播效果和不影响危机处理工作的前提下，尽可能选择一些有特色的场地。如2008年5月24日和9月2日，中国政府邀请联合国秘书长在四川汶川大地震震中映秀镇举行了一场别开生面的"记者招待会"，回答了中外记者的现场提问，收到很好效果。比如新冠疫情新闻发布会，除了在北京举行外，多场发布会就是在这次疫情防控斗争的重中之重和决胜之地武汉举行的。2020年3月20日，习近平总书记到武汉考察新冠疫情防控工作，一下飞机就乘车前往集中收治重症患者的火神山医院听取医院建设运行、患者收治、医务人员防护保障、科研攻关等情况介绍并发表讲话。到东湖新城社区看望"宅"在家里的居民群众，在社区服务中心与社区工作者、基层民警、卫生服务站医生、下沉干部、志愿者等亲切交流。考察后习近平总书记才主持召开会议，听取中央指导组、湖北省委和省政府关于疫情防控工作汇报。这些空间场地的选择都是十分重要的，有时会起到事半功倍的作用。

新闻发布的效果评价程序。随着我国民主政治和社会生活的日益发展和完善，新闻发布将成为政府和有关部门的一种常态工作。加强监督，及时反馈，积极整改，是保证该项工作的重要环节。评估时要在以下两面进行思考：其一，新闻发布是否还有无效传播的行为出现。比如是否未能在第一时间做出科学有效反应；在接受不同专家意见后，是否发布不慎，使

---

① 《马克思恩格斯全集》第三十卷，人民出版社，1995，第123页。

媒体和公众无所适从；发布信息时是否将话说得太满，未留余地；在给予公众的行动性信息时，是否还缺乏详尽有效的可操作性；对已经传播负面新闻，是否没能积极有力予以澄清；在分析和处理事故时，是否暴露了相关职能部门之间的分歧和职责不清之处。其二，是否遵循危机传播的行为准则。包括制订完备的危机传播预案，并严格执行；第一时间发布信息，第一时间发表评论，成为权威信源；表达关注和同情；向公众展示政府的治理机制和治理能力和专业水平；保持诚实和公开，自始至终做到及时回应；在危机的各个阶段采取不同的传播策略。

在新闻发布会后要对以下问题进行检查：关键性的信息是否得到传达？哪些问题被反复问及，回答如何？发言人及嘉宾的表现如何？现场的效果如何（场地、音响、布置等）？是否还有没有回答清楚的问题，如何补救？收集媒体有关发布会的资料，如何改进？等等。[①]

大数据时代，对于数据、事实熟练和精确的运用是十分重要的。在抗击新冠疫情期间，国家卫健委医政医管局原副局长（现任国家卫生健康委员会医政司司长）焦雅辉多次参加中央和地方的新闻发布会和接受记者采访。面对发布会上的各种问题，她往往脱稿回答，应对自如，诸多数据或事实能脱口而出，准确无误，表达清晰流畅，显现出专业、敬业、干练、利落的气质，而且温文尔雅，仪态大方，没有官腔，受到众多网友和受众的好评。《人民日报》以她为例发表评论，指出疫情防控需要这样的好干部。

上述新闻发言人的事例，对于当下帮助新闻发言人把话讲好大有裨益。新闻发言人是靠嘴巴讲话来完成任务的，而这是一件复杂且精细的工作，只有做到掌握实情、胸中有数，才能有的放矢、从容自若。而有的领导干部之所以在新闻发布会上紧张、出错，习惯于念稿子，甚至还多次念错数据，答非所问，除了没有受到必要的培训，心理素质不强以外，还往往工作不够扎实、掌握实情不够、应对能力不强。《人民日报》曾评论将新闻发言人的现场表现提到"好干部"的高度，足以说明新闻发言人现场表现的重要性。特别是在突发事件中，在瞬息万变的信息传播中，稍有

[①] 参阅史安斌《危机传播与新闻发布》，南方日报出版社，2004，第77、99、121页。

不慎，其负面影响是十分严重的。

"台上一分钟，台下十年功"，新闻发言人在台上的表现与他们平时在工作中的学习和积累是分不开的。党的十八大以来，党和政府十分重视新闻发言人制度建设，但还是存在新闻发言人不会说、不说、不愿说的现象。有的新闻发言人不掌握情况，或者回避，使发布效果、新闻发言人形象受到影响；有的新闻发言人在新闻发布会上讲成绩过多，报喜不报忧，回应社会关切不够，回应公众信息需求不及时；还有党政"一把手"与媒体记者面对面互动交流仍然较少等问题。希望能引起注意，加以改进。

新闻发言人要善于在媒体面前客观反映突发事件的事实真相，有效表达既定的观点和意见，首先要明白新闻发布会不是报告会，不是汇报会，不是演讲会，而是事实真相的披露会，履行职责的督察会，政府与社会、媒体和公众沟通的交流会。新闻发言人所言必须符合舆论传播的导向性，遵循新闻传播的规律。尤其在电视直播的现场要求更高：要用精练的语言准确发布信息，尽量不用专业术语，便于听众听明白；每段话要有一个中心思想，讲话要有节奏，有轻重缓急、抑扬顿挫，包括使用疑问句、感叹句等句式和身体语言；讲话时长要有所控制，以每段话2~3分钟为宜，要用短句式；数据和事例要为披露真相和说明原因服务，不要照念大量枯燥无味的冗长数字和案例；新闻发言人要注意自己的仪态、语言、语气和现场回应。回答问题时不宜照本宣科，也不能避而不答或答非所问。应积极有效回应记者提问，慎用"无可奉告"，即使要用也要说明原因和理由；新闻发布时，要环视现场参会记者；回答记者提问时，要目视记者而答，以示对记者的尊重和重视；等等。

提高同媒体打交道的能力，是提高执政能力的一个重要方面。然而在现实中时常会碰到这样的情况，党政机关举办讲授如何应对突发事件、怎样与媒体打交道和开好新闻发布等方面的讲座，主办方很重视，"四大家"部门都会有人来听，而很少有"一把手"与会。但现实的工作情况基本需要"一把手"对辖区应对突发事件的处置方案做出决策，要"一把手"直接在新闻发布会上向媒体宣讲和介绍处置方案的内容、要求、重点、难点、执行情况以及其他相关信息。"一把手"的表现将直接影响所辖地方的工作及外界对他们的评价，提高领导干部特别是"一把手"

同媒体打交道的能力,首先要从学习借鉴当好新闻发言人开始。

  要立足当下,放眼长远,认真总结经验教训,加快补齐公共卫生治理体系存在缺陷、治理能力不足的短板和弱项,为保障人民生命安全筑牢坚实的制度防线。其中就包括提高领导干部应对突发事件、善于同媒体打交道的能力,加强新闻发言人制度建设等内容。[①]

[①] 赵振宇:《加强和完善新闻发布的程序化建设》,《决策与信息》2020年第7期。

三论　激励方法论：发掘人力资源的神奇杠杆

激励的作用、问题及对策

一 激励理论研究回顾

笔者从 1984 年起开始关注、研究奖励问题，至今近 40 年了。在研究奖励问题的同时，笔者也涉足了惩罚问题，最后将研究的范围扩展到整个激励领域，先后出版了《奖励的奥妙》（湖北人民出版社，1986）、《奖励的科学与艺术》（科学普及出版社，1989 年第一版，1991 年再版；为圣彼得堡国立大学图书馆收藏）、《送你一把金钥匙——企业激励方略》（山西经济出版社，1996）、《神奇的杠杆——激励理论与方法》（湖北人民出版社，2001）等专著。笔者还参加了《中国当代企业家导论》《社会科学人才管理》等著作中有关激励理论的部分章节的撰写，与此同时，还在各类报纸杂志上发表有关奖励和惩罚的理论随笔、学术论文百余篇，其中有多篇文章被《新华文摘》《报刊文摘》《文摘报》《人民日报》《经济日报》等转载，中国人民大学复印资料中心分别在心理学、社会学、新兴学科、思想政治教育、劳动经济与人事管理等专辑收入笔者的上述文章。

《河北日报》（1985 年 8 月 7 日）以笔者撰写的《要注意研究奖励问题》为首篇文章开辟了荣誉奖励的讨论专栏达半年之久；《沈阳日报》开辟了笔者的个人专栏"奖励学漫谈"（1986 年 3 月~1987 年 4 月）。《社会科学学科辞典》（中国青年出版社，1990）、《中国人才》（1993 年第 3 期）、《新闻出版报》（1990 年 3 月 21 日）等以中青年学者、学科词条和人物专访等形式对笔者和研究成果做了介绍。

笔者在该领域的研究成果获得中央和地方的多次奖励：《奖励的奥妙》和《奖励的科学与艺术》两书分别获武汉市社联、武汉市政府著作奖；《创立具有中国特色的奖励学》获《中国青年报》征文一等奖；《建立科学的赏罚和竞争机制》获《工人日报》征文二等奖；《重奖面面观》获《黑龙江日报》《解放日报》《福建日报》《南京日报》《长江日报》五报征文一等奖；《重奖科技人才与尊重知识分子》获全国中青年社科征文一等奖等。笔者被评为1989~1992年全国心理学科普积极分子，受到社会学家王康、邓伟志、潘允康，人才学家王通讯，新兴学科专家陈燮君等人的肯定和赞赏。华中科技大学原校长、中国科学院院士杨叔子先生曾为《神奇的杠杆——激励理论与方法》作序。他在序中不仅用他深邃的理论阐释了激励理论研究的意义和作用，还在文尾介绍笔者从《长江日报》调入华中科技大学新闻学院的经历并祝贺笔者取得更大成绩。中国民主促进会中央原副主席邓伟志教授认为，笔者的研究成果从理论意义上说，是开辟了一个新领域，提出了一个新学科。从实践意义上说，抓住了一个社会热点，也可以认为是难点。因此，社会反映颇佳。工人看了能解疑，学者读了觉得有新意。

笔者应邀在多所大学、军事院校、党校和工会、机关等单位开办激励理论的学术讲座，受到欢迎。

任何一门学科的提出和建立，都不是凭空产生的。它必须有自己赖以生存和发展的客观环境与条件，必须是对历史经验和人们社会实践的总结，必须有自己的理论基础和发展方向。总之，它是应时代的需要而可能和必须产生的。

笔者是恢复高考后的第一届大学生，1982年大学毕业后分配到报社工作。大学四年的专业学习（政治教育专业）为笔者的研究工作打下了一个较好的理论基础，新闻单位的工作实践又为笔者提供了一个能够更加广泛观察社会、大量收集信息的好环境。作为一个理论工作者，应该有这样的责任感和责任心，用在课堂学到的知识，研究和解决在实践中遇到的问题。于是，笔者从收集资料开始，从研究奖励问题开始，从单一学科研究开始，逐步涉及惩罚和激励问题，运用多种学科的理论进行系统研究，由表及里，由浅入深，博采众长，独树一帜，逐渐形成了自己对激励理论研究的独特认识和理解。

奖励和惩罚是一种十分普遍的社会现象，许多学科对它都有过专门的研究，如心理学、教育学、伦理学、社会学、法学、经济学、人才学、创造学、行为科学、领导科学等，都在其著作中对奖励和惩罚有过专门章节论述。这些论述和对奖励及惩罚的定义无疑是符合该学科要求的。但是，仅此还是不够的，它需要从更广泛的科学领域运用多种学科的理论系统地、综合地进行研究，激励论（或激励学）正是研究奖励和惩罚的一门综合学科。正是基于这种考虑，笔者在几十年的研究和探索中，学习和借鉴了众多学科对奖励和惩罚的定义，逐步形成了自己对奖励、惩罚和激励的理解。

奖励是社会对人们良好行为或成果的积极肯定的信息反馈，它促使人们将这种行为保持和增强，加快人的自我发展、完善，促使人为社会创造更大更好的效益。惩罚是社会对人们不良或不正确行为的一种否定的信息反馈，它促使人们的行为变异，增强人们的反应强度和内驱力，教戒他人，以规范人们向着信息发布者确立的目标趋近。它是社会约制的一种手段和方法。

激励是系统的组织者采取有计划的措施，设置一定的外部环境，对系统成员施以正强化或负强化的信息反馈（借助一定的信息载体），引起其内部的心理和思想变化，使之产生组织者所期待的行为反应，正确、高效、持续地达到组织预定的目标。

对一种现象、一种事物做出科学的、明确的且为大家所普遍认可、接受的定义是十分困难的。一个定义只能概括某一现象的主要内容，正如列宁所说，"所有定义都只有有条件的、相对的意义，永远也不能包括充分发展的现象一切方面联系"[①]。"定义"实为不定之义。正因为如此，才需要各方面的专家学者相互配合，不断研究、探索。科学研究之路是无止境的，对激励理论来说也是这样。

笔者提出一个新的"激励"定义，是基于以下几方面的考虑。

---

① 《列宁全集》第二十七卷，人民出版社，2017，第401页。

第一，是什么作用于人们，形成人们的动机和引起人们的行动？本定义认为是信息反馈。第二，本定义指出了行动的方向。不论是保持原方向（奖励）还是改变方向（惩罚），都是向着信息发出者的指令目标趋近。第三，人们接收信息反馈后，做出行动反应的力量的大小。第四，激励后行动持续的时间长短。第五，激励的结果不仅促成人们心理的变化和行为的强弱，也促成人们思想观念和其他素质的提高。第六，着眼于个体与社会关系的协调发展。

尽管笔者对"激励"定义做了上述努力，但该理论还需要不断深化、发展和完善。提出上述"激励"定义的积极意义在于以下方面。

其一，奖惩作为一种普遍的社会现象，仅运用一门学科的理论或各学科进行分门别类的研究、解释，显然是不够的。特别是在当今新科学、新技术、新学科不断增多的时代，运用多学科理论，对其予以全方位的综合研究是大有好处的。综合便是创造。"激励"概念和理论的提出，既可补充、丰富各学科的理论，又可借用各学科所长，产生新的理论、新的学科，激励论（或激励学）便是这种综合学科的结晶和时代发展的产物。

其二，奖惩的方法更加丰富、灵活。学科的发展向我们展示了这样一条矛盾的发展轨迹：既向着多门类、多层次的分散性、复杂化方向发展，同时又相互渗透、融合，向着统一性、简单化方向发展。"激励"定义从社会管理、社会教育、社会控制的角度出发，引进了信息的概念，这样就使得人们在理解和实施奖惩时的思路更开阔，内容更丰富，方法更灵活。奖惩作为一种信息反馈（借助一定的信息载体），既包括传统的物质、精神的信息载体，还包括物质和精神合一的信息载体，如时间的给予或扣除等。对人们的理解、信任、尊重与否，对工作的肯定、支持、帮助与否，对创造发明、合理化建议的重视、宣传、运用与否，都有着奖惩的含义。除此，还有同志之间、上下级之间、邻里之间、亲属朋友之间的目光、面部表情、手势和体态等，都能表示信息发布者对信息接收者的肯定或否定之意。

其三，奖惩运用的时空更加广泛。对"激励"做了上述定义之后，对人们的奖惩就不只是运用于学习时间、工作时间、社会活动时间，而且也可以运用于家庭时间、退休时间、闲暇时间等。奖惩的执行者就不仅是领导者、管理者，奖惩的接受者也不仅是学生、职工、干部等，而是作为社会的一切人，包括子女、父母、夫妻、朋友等皆可以作为奖惩的执行者和接受者。人们在不同的时空扮演着不同的角色，这就要求奖惩的执行者因人因时因地制宜，采取在该时空与奖惩的接受者相符的激励方法。奖惩有利于鼓励、鞭策人们提高自身的素质，同时，人们在学习运用科学的奖惩时，也在不断促使自己发展、完善，因为，"激励"本身就包含着丰富的学科理论和知识。

其四，奖惩的实施不仅着眼于个体一时一刻行为的增强或矫正，而且着眼于整体人群素质的提高，以及人与社会关系的协调，促使社会大系统正常、顺畅地运转。这对于国家、政府和单位建立激励机制，制定奖惩法规是大有好处的。

激励包括奖励和惩罚，虽然两者最终目标是一致的，但两者各有侧重，在激励中的比重和效用是不同的。

奖励、表扬、赞赏，能够有效地调动人们的积极性、创造性，发挥其聪明才智、潜能；它能满足人们的不同需要，培养人们的积极情感和坚强意志，加快人们的社会化过程；促使人们形成良好的道德品质，促使整个社会风气好转、民族素质提高和社会大系统正常运转。

惩罚、批评、处分从另一面发挥积极作用。人们在社会实践中总会因为主客观的因素，使自己的行为背离或偏差于组织目标。实行惩罚，则会给人们"不要这样做"的信息反馈，促使人们改过自新，不蹈覆辙。心理学家的研究成果表明，一定程度的惧怕和焦虑是人的内驱力的一个源泉，它可以增强人们的反应强度和实现内驱力的提高。惩罚恰恰具有这种作用。惩罚还能警戒本人，教育其他人，对整个系统成员起到约制作用。

时代的发展形势突变，需要我们掌握好激励中的奖励举措。2020年新冠疫情突袭而至，很多人不得不在家中工作、上网课，以及打发时光。但是，还有很多人，他们为了更多人们的生机和幸福，逆行而上，付出了自己的辛勤和汗水。——他们中有凌晨三时半离家、六时前赶到社区的下沉干部，有雨中夜里还在忙碌的快递小哥，还有更多为了保障城市安全有序运行不分昼夜的医疗、公交、环卫、公安等各条战线的干部群众！他们就是我们每座城市的英雄人民！民以食为天，维持衣食是人的生存本能；

而美好生活，则是我们不懈努力的目标。在寻常时期这种感受还不明显，在多日居家之后，人们对美好生活的渴望就日益迫切。

二 激励实践中存在的问题及对策

凡有人群的地方，都少不了管理。凡提到管理，也都少不了奖励和惩罚。但是，赏罚的泛滥、扭曲、不当和轻视，给人与社会带来不必要的麻烦和震荡，影响人们的心理健康和整体素质的提高，影响社会大系统的正常运转。看看发生在我们身边的赏罚事件、案例，成功的、失败的，历史的和未来即将或可能出现的事件，或许会给我们认识激励科学的重要性增加一些丰富的感性体验。这是十分必要的。

当今世界，和平与发展已成为时代的主题，两极格局已经终结，各种力量重新分化组合，世界正朝着多极化方向发展。尽管新格局的形成将是长期的、复杂的过程，但是，在今后一个较长的时期内，争取和平的国际环境，避免新的世界大战，却是大有可能的。世界要和平，国家要发展，社会要进步，经济要繁荣，生活要提高，已成为各国人民的普遍要求。从我国近代的历史和世界的现实来看，我们都得承认这样一种结论：经济落后就会非常被动，就会受制于人。世界各国的竞争十分激烈，其实质是以经济和科技为基础的综合国力的较量。说到底还是人才的竞争，是人的活力的挖掘。调动人的积极性的方式当然是多种多样的，但激励不失为一种有效的好途径。

我国自从1978年恢复奖励制度以来，各地根据自己的实际情况制定和完善了不少奖励法规，取得了很大的成绩。但是，形势发展得很快，特别是我们党提出建立社会主义市场经济体制以来，许多与之配套的东西都要做相应的调整，与其相适应；在奖励实践中出现的问题和矛盾，需要从理论上予以认真的研究，在有关政策上做某些适当的调整，使我国的奖励机制沿着健康的方向发展，发挥积极的作用。

在奖励过程中，如果把奖励仅仅理解为奖金，不从本地区、本部门的实际出发，一味追求高额奖金，相互攀比，就有悖于奖励的宗旨了。在社会主义初级阶段，在劳动还是人们谋生的手段的条件下，金钱是人们须臾不可少的东西。正因为如此，高额奖金是有一定吸引力的。但同时必须看到，劳动也是人们的一种乐生的方式，人们劳动并不都是为了钱。对知识的尊重，对人才的奖励，其含义是十分广泛的，其表现形式是十分丰富的，并非限于高额奖金一种。

在现实生活中，我们经常可以看到这种情况，某某科技人才要南飞，要东走，并不是本地区、本单位的生活条件不好，工资奖金太少，而是群体内耗严重，关系紧张，干事的人少，闹事的人多，琢磨事的人少，琢磨人的人多，聪明才智得不到发挥，精神生活太累。有的科技人员从大都市来，到偏僻山区、乡镇企业去，也并非那里的一切条件都优裕，而主要是在那里可以干事，可以多干事，可以干好事，心情舒畅。无可辩驳的事实告诉我们，高额奖金是奖励中一种不可缺少的重要方式，但不是唯一方式，我们应该更好地理解奖励，充分发挥奖励的多种方式的多种功能，以求得最大、最佳的效益。

正确评价另一种功臣的贡献。"论功行赏"是奖励的一项重要原则，这是不错的。但是，对于"功绩"的认识，目前还存在不少狭隘性和片面性。一种思想一种行为，能够带来经济效益或社会效益，这自然是有功绩；但是，一个观点一个建议，因为种种非主观的因素虽然没能带来经济效益或社会效益，但经实践证明它是可以带来效益的，这同样是应称为功绩的。在现实生活中，这样的功臣往往容易被人们忽略，不仅没有奖赏，有时还会受到不公正的对待，历史上有，今天仍然有。

知识分子的贡献在于他们的聪明才智。虽然他们的观点和建议有时未能变为现实，但是他们在形成观点、提出建议的过程中却是付出了巨大心血的，最终他们的观点和建议经过实践的检验是完全正确的。他们的劳动应该受到社会的肯定和赞赏，只有这样，才能鼓励更多的人为了创造更多更好的经济效益、社会效益或为了减少不必要的损失而大胆直言、勇献良策。当然，在奖励创造有效价值的人员时，应同时奖励那些正确的决策者和支持者（如武汉市就设立了"伯乐奖"，享受市劳动模范的待遇）；同样，在奖励曾提过积极、正确意见而未被采纳者时，也莫忘了追究那些玩忽职守者、错误决策者和他们的支持者的责任。

奖励的目的在于调动人们的积极性，发挥其聪明才智，创造更多更好的经济和社会效益。奖励另一种功臣，其意义也在于此。少一些损失，不也是一种贡献吗？

把握正确的奖励导向。奖励作为一种调动人们积极性的正向反馈，它有着促使和引导人们向着奖励发出者的意愿趋近的作用——不论是品格良好者，还是意志薄弱者，不论是成熟的老者，还是幼稚的弱者，皆不能免，只是主观能动性的强弱不同罢了。这是因为，人的边缘系统和丘脑许多部位特别是下丘脑，都有一种中枢能够并愿意接受产生快乐效果的刺激（奖励也是一种刺激），心理学上称这种中枢为快乐中枢或奖励中枢。这是社会上一切正常人都具有的心理特征。要求得到他人或社会的赞赏，已经成为人们的人格特征之一。奖励既然有着这样的重要性和广泛性，奖励的决策者和执行者就不得不注意把握正确的奖励导向。但在现实生活中却有许多令人思考的问题。

奖励的本意应该是鼓励人们（用尽量少的投入）为社会创造更多的效益。也就是说，对于那些投入小（包括人员、时间、财力等），成效大的行为或成果应给予重奖；对于那些投入大，成效也大，或投入大，成效微的行为或成果只能给予一般奖励或较小的奖励或不给奖励。但在新闻报道中人们经常会读到这样的消息，某某人为做好群众工作，十次、百次的登门拜访，促膝谈心，终于使工作对象有了一点转变，于是某某人被评为先进工作者，予以奖励。锲而不舍的精神值得称道，但是表彰这种工作方法和成果就有悖于奖励的宗旨。社会主义的市场经济要求多、快、好、省，反对少、慢、差、费，奖励的实施应与其相适应。2020年的一场新冠疫情突袭而至，在这次抗击疫情的战斗中，一线医护人员做出了巨大的牺牲，她们舍弃陪伴家人的时间，奔赴武汉和时间赛跑、与病毒抗争，全中国的老百姓都很感激她们，她们是最可爱的人，为此，各级政府已经制定很多奖励政策，包括奖金补助的物质奖励、立功受奖的精神奖励、入党入编的荣誉奖励，对于她们来说是实至名归，这在社会上具有普遍共识。但是对于高考加分这项"禁区"，不能随便逾越。对于医护人员子女的高考加分政策，不能搞"一刀切"，可以把做出巨大贡献甚至牺牲生命的援鄂医护人员的子女列为高考加分对象，以体现党和国家的人文关怀，其他医护人员的子女则不能享受高考加分，以保证高考公平。①

奖励是个好东西，它越来越受到人们的重视，越来越受到人们的欢迎，这是时代的进步，这是社会发展的要求。根据近年来各地的奖励实践，加强奖励的法规建设显得尤其重要。

我国是一个封建历史很长的国家，法治基础薄弱，不少人的法治观念淡漠，表现在奖励过程中，常以经验办事，无法可依，即使有些地方立了法，也常出现"以言代法""以权代法"的现象。如不少地方和单位没有明确的奖励法规，仅凭领导人的好恶或群众代表的一时激情决定奖励与否和奖励的高低，影响了奖励工作的正常进行。加强奖励的法治建设有利于提高人们的法律意识，保障人民的民主权利；有利于建立奖励工作的正常秩序，提高奖励工作的效率；有利于建立科学的奖励机制，充分发挥奖励的积极效应。

加强奖励的法治建设，当前要抓紧做好以下几方面工作。

建立、健全奖励法规。新中国成立以来，中央和地方分别制定了不少奖励条文，但是还没有一部对我国所有奖励条例有普遍指导和规定作用的母法——奖励法。由于没有母法，各子法就会出现规范不一、相互矛盾的状况，影响奖励的一致性和权威性。

增强法律意识，依法办事。在现实生活中，有不少地方制定了奖励法规，但并不打算或没有认真执行，只是作为摆设或应付上级检查。特别是在经济承包和技术转让中，承包者按合同完成了任务，却不能按时或按数额兑现奖励，有损于合同的严肃性。奖励法规一经制定，必须依法执行，任何人不得有违；如确有不当，必须将本次奖励兑现，再经过一定的程序讨论研究，方可修改原有法规。

完善监督机制，违法必究。现在有些地方的奖励法规立不起来，立起来了也执行不力，其中一个重要原因就是有些人特别是领导者屡屡违法，违法后又无人追究，使奖励失去了权威性。监督是双向的，既包括下对上的监督，也包括上对下的监督；监督是公开的，奖励的决策者和执行者要向奖励的参与者解释奖励的法规和执行情况，并负责答复参与者的咨询；

---

① 赵振宇：《战"疫"英雄该怎么奖励？》，《河南日报》2020年2月27日。

监督是全面的，要通过各种传播渠道收集各方面的意见并解答各种问题。

运用法律手段保护人们的合法利益。我国法治的基本要求是有法可依，有法必依，执法必严，违法必究，这些都是十分必要和正确的。根据奖励实践中存在的问题，笔者以为还必须加上一条："合法必护"。在近年来的大量奖励中，几乎都有因获奖人不敢拿或不愿拿而使奖励没有兑现的情况。根据"合法必护"的原则，必须保证奖励落实到位。

对不同人群的激励方法

一 对不同层次人士的激励方法

单位员工人数众多,由于各人不同的生活经历、思想觉悟、知识技能、生理心理素质,其在单位的表现和贡献也不一样。对不同层次员工采取不同的激励方法,就能满足他们的不同需要,调动全体员工的积极性。下面主要介绍一下如何对先进者、后进者、中间层实行激励。

(一) 对先进者的激励

注重时代精神,更新"先进"的标准。在改革的时代,人们的思想、道德、观念都在发生变化,单位奖励要根据这些变化,使奖励的内容形式具有时代精神,特别要注意不断更新评选先进的标准。

根据党中央的部署,全国职工队伍状况调查每5年进行一次。自1982年开展第一次全国职工队伍状况调查以来,全国总工会已先后或单独进行了8次全国职工队伍状况调查。2022年1月进行第九次全国职工队伍状况调查(《第九次全国职工队伍状况调查综述》,《工人日报》2023年2月28日)。调查表明,城市经济体制改革和政治体制改革不仅推动了社会结构的变革,促进了它的进步和发展,而且使员工的思想面貌发生了历史性的深刻变化。这些深刻变化表现在以下三个方面:增强了积极性;主人翁意识和民主意识增强;注重个人为社会做贡献。

注重"评""考"先进,提倡公开竞争。奖励先进者的目的是宣传先进者的思想和事迹以调动大家的积极性。所以，奖励先进必须提倡公开的亮相、竞争。为此，首先是反对某些领导部门凭个人印象内定或做诱导性的暗示以产生先进者。其次要避免基层单位单纯把奖励先进者当作任务，按上级分配的名额，由大家举手或画圈确定先进者名单。前者会使先进者孤立，后者会使先进者的事迹不为人知，都达不到宣传先进、学习先进、调动大家积极性的目的。为使奖励先进者起作用，第一，要认真"评"。通过评比，先进人物的优点可以充分展示，同时某些平时默默无闻的员工，也有了充分表现的机会。这样在评议、比较中产生的先进者，具有表率作用。人们在评议、比较中也容易发现自己的不足，以便克服和改正。当然，在评议中也可能出现某些消极现象，这是需要注意的。第二，要注意"考"。事物在不断变化和发展，人们也会因为主观和客观因素，有的由先进变为一般或后进，有的则由后进转变为中游甚至先进。根据人们不断变化的情况，确立奖励标准，"评""考"先进，实事求是才有积极意义。对于老先进，如果按照新标准不合格就不能当选先进（如仍然合乎要求则可连选连任），不能照顾其情面而让出先进者的名额。

爱护先进、严格要求。凡先进者都是在某些方面做出成绩和贡献的，除了获得先进者称号等精神和物质的奖励，在之后一段时间，在其他方面也可根据先进者的贡献给予一定的照顾。如辽宁省总工会和省高教局创办了我国第一所专供劳模、先进人物进修深造的学校——辽宁省员工大学预科学校。学员经考试合格后入学，一年结业，合格者可推荐到员工大学专科学习。

爱护先进者，在一定范围内予以照顾是必要的，但是，切忌照顾过了头。一个人某一方面先进则"全能先进"，一旦成了先进，则方方面面都受到照顾和优惠，这样势必使先进者脱离群众。在保护、照顾先进者的同时，还必须对其严格要求。不能因为是"劳模"、是先进，就在工作岗位的任务分配、考核标准等方面予以照顾，使先进者产生优越感，使先进者和普通员工不在一条起跑线，这样的先进会失去榜样作用。要帮助先进者正确处理社会活动和生产工作的关系，不能只做演说报告、技术交流等而耽误了生产，影响生产任务的完成。当然，适当的活动是应该参加的，单位要妥善安排，个人也要正确处理。

(二) 对后进者的激励

为了做好对后进员工的奖励工作，必须掌握和了解他们的行为表现及思想根源，采取适宜他们的奖励方法。

一般来说，后进员工只占单位员工很少的一部分，而且多为青年员工。他们在行为上的消极表现不外乎：工作上消极懒惰，在生产劳动中表现为出工不出力，怕苦怕累怕脏，缺乏艰苦奋斗的精神；不自觉遵守劳动纪律，迟到、早退、擅自离开岗位，不遵守工作规范，不按要求完成工作，出现工作失误甚至酿成事故，给单位和国家造成损失；小病大养，造成不良影响；学习不努力，技术水平较低，难以胜任本岗位的工作；生活上自由散漫，作息时间不能很好掌握，干扰四邻，不拘小节。此外，还有少数人法治观念淡薄，甚至扰乱生产和社会秩序。

对后进员工的激励应注意以下几点。

关怀体贴，动之以情。后进员工由于自己的表现不好，常常受到领导和同志们的批评，最需要的莫过于领导和同志们对自己的亲热和信任。有些单位也注重对后进员工的奖励、教育，但效果不理想。究其原因，往往是对后进者没有一视同仁，对后进者的成绩或视而不见，或过分重视，使得后进者上进无望或感到受侮辱；对后进者没有平等对待，往往把奖励作为领导者对后进员工的恩赐，后进者产生抵触情绪，适得其反。要使奖励后进的工作确有成效，领导和同志们必须出于诚心，真正尊重后进者。俗话说，"精诚所至，金石为开"，真诚的感动力是极大的。因为后进者常常受到人们的轻视，所以领导和同志们对他们的热情尤为重要。领导者对后进员工实行奖励的过程也就是"心理需要"相互照应的过程，是两者心理交流的过程。一般来说，后进者对领导和同志们是有隔阂或戒备的，对后进者的奖励必须从小处着手，从不易被人发现处着手，在奖励的方式和内容上都要表现出奖励者的真诚，只有这样，两者的"心理需要"才能合拍，"心理交流"渠道才能畅通，这时，后进者的积极性才能充分调动起来。

超前引导，晓之以理。奖励是对人们良好行为或成果的一种积极肯定的信息反馈，通过这种信息反馈达到调动人的积极性的目的。一般来说，奖励都是在行为发生之后进行的。但对于后进者来说，却宜用超前控制的方法，即在后进者不良行为出现以前就给予提醒、鼓励，纠正可能出现的偏差。在行为前，除热情关怀，动之以情外，还必须向后进者宣传进行正确行为的方法和道理，从理性上帮助他们端正认识，把握自己的行为方向。超前引导就是在行为发生前对后进者身上存在的闪光点予以肯定，督促其发扬光大，使其在提高认识的基础上迈出新的一步。

不纠缠过去，注重现在。后进者一般都有一段不光彩或不理想的经历，他们最不愿意别人总是提过去如何如何，揭旧日伤疤。单位的领导者和组织部门掌握每一个人的历史是有必要的，但不宜将后进者的过去过分强调，一出问题就联系其过去的表现，有了成绩也想到过去甚至怀疑，这对正确认识和奖励后进者是不利的。注重现在的表现，就会使后进者感到平等和亲切，就容易卸下包袱、轻装上阵，做出贡献来。

尊重权利，履行义务。权利和义务是相联系的，只享受权利不尽义务是不行的，无论对谁都是一样。但是，后进者由于其思想和行为素质较差，他们在履行义务时的情况可能不那么理想，对此是需要批评、帮助的。后进者义务虽然尽得不多、不好，但对于他们应有的权利却仍应予以尊重和保护。不能因为他们对于某项义务履行得较差甚至未曾履行，就剥夺他们应有的权利，这样只会产生不良后果，使他们对义务履行得更加不好。反之，尊重他们的权利并阐明道理，使他们感到领导和同志们的关怀，加上其他措施的配合，便会促使他们较多、较好地履行自己的义务。

公开奖励，集体帮助。后进者在集体中处于落后的地位，一般来说都有或多或少的自卑感，怕别人瞧不起自己。对他们的良好行为和成绩公开奖励，容易增强他们的荣誉感和自信心，使他们克服消极的心态，对他们触动较大。另外，后进者在集体中生活，除了需要领导的奖励、关怀外，还需要同志们的热情帮助、鼓励。所以，单位领导在对后进者奖励的同时，应教育集体成员正确看待后进者，为他们的转变、进步创造良好的环境。公开奖励是为了帮助后进者树立"良好形象"。对于后进者的缺点和错误，如果不是必须公开的，一般来说，可以私下予以批评教育。

矫正活动，循序渐进。对后进者的奖励要实事求是，循序渐进，不可操之过急，任意拔高，不可为了树立转变的典型就不切实际地授予过多的荣誉。在奖励后进者的同时要严格要求他们加强思想和行为锻炼。在可能和需要的情况下,还可采用矫正活动的方法,即改变他们的工作岗位和环境,让他们从事不至于重犯错误的工作。

(三) 不可忽视中间层

在单位,除了注意搞好对先进者的奖励,做好后进者的转化工作外,还必须注意占单位人数大多数的中间层员工,搞好对他们的激励。中间层员工具有不同的特征或类型,要搞好对他们的激励,应根据他们各自不同的特征或类型采取适宜的奖励方法。

对于中间层员工,要充分肯定他们的长处,并提供让他们充分表现自己才能的机会,激发他们的荣誉感和责任心。对于那些求知欲望强烈而又无主见的员工,则帮助他们制定学习计划,循序渐进。对于那些体力不支或智力稍差的员工,让他们也有表现自己特长的机会,特别要引导大家正确对待他们、给他们帮助。

对不同的中间层员工采取不同的奖励方法,促使他们在各自的起点上向更好的方面转化:对其靠前部分,严格要求,热情鼓励,促其迅速摆脱"中游",加入先进者的行列;对其中间部分,要发挥他们的长处,使之发扬光大,同时帮助他们认识到自己所处的位置是不稳固的,既有前进的机会,也有落入后进的可能,促使其向先进转化;对于较差的中间层员工,要时刻提醒他们必须及时改进,奋力直追。

中间层人多,思想、技术、心理素质参差不齐,为了帮助这一部分员工向先进者方向转化,要设立单项奖、阶段奖,使他们中间较多的人,有更多的机会获奖。

二 对不同年龄和性别人士的激励方法

社会和单位是由不同年龄、不同性别人士组成的群体。年龄和性别上的差异,决定了人们各自的生活经历、社会实践、知识技术、生理心理等表现也不一样。只有根据不同年龄和性别人士的生理、心理和实际需要,采取适宜他们的激励方法,才能有效地实现社会和单位激励这一大目标。下面主要介绍一下对青年人、老年员工和女性的激励方法。

(一) 对青年人的激励

2019年4月30日,习近平总书记在纪念五四运动100周年大会上讲话指出,中国青年始终是实现中华民族伟大复兴的先锋力量。[①] 中国共产党自成立之日起,就把青年工作作为党的一项极为重要的工作,始终重视青年、关心青年、信任青年、组织引导广大青年为争取民族独立、人民解放和实现国家繁荣富强、人民生活幸福而不懈奋斗。青年人敢想敢说敢干,敢于标新立异,敢于向权威和书本挑战,对学习和问题有较大的兴趣,思想解放,勇于开拓、创新,常被人们比喻为"初生牛犊"。青年人初涉社会,表现出许多大无畏的精神是值得赞赏的,同时,他们也因阅历浅、经验少,而表现出某些不成熟的地方。根据青年人的特征和需要做好对他们的激励,是社会和单位的一项重要工作。

根据青年人的特点和表现,单位在对他们实行激励时可从以下几方面入手。

激励青年人勇于进取、大胆创新的精神。青年人对别人如何评价自己非常敏感,大多数都有一股勇于进取、好强求胜的强烈愿望。他们思想解放,喜欢在自己的工作岗位上表现自己,希望得到组织和他人的尊重与信任,这是一种积极向上、不甘落后的积极态度。实行激励,就是要把这种积极态度发掘出来,发扬光大。传统的观点认为青年人"嘴上无毛,办事不牢",对青年人的敢想敢说持怀疑和不支持态度,这对青年人大胆创新是不利的。如果单位领导深刻体会到青年人的情感,为他们的创新思想、观点、建议、活动提供较为宽松的环境,那么,青年人的无穷创造力就可以为单位的发展贡献无限的活力。

激励青年人的广泛兴趣。青年人涉世不久,对周围的一切都感兴趣。他们精力充沛,生活拖累较少,工作以外的业余时间较多,激励青年人的兴趣爱好,可以促使他们在广泛的活动中开阔眼界,获得广博的知识,提高他们的工作和学习效率。从心理学来说,一个人对某件事兴趣浓厚、情绪高涨、心境愉悦时,其思维就会深刻而活跃,这对于其发挥积极性、主

[①] 《习近平:在纪念五四运动100周年大会上的讲话》,《人民日报》2019年5月1日,第2版。

动性和创造性大有好处。

激励青年人积极正当的社会活动。青年人兴趣广泛、精力充沛、闲暇时间多，善于社交活动，因而在工作之余常常参加或组织各种学习、研究、社会服务以及娱乐性社会团体。他们在广泛的交往联系中，彼此加强了解，取长补短，互通信息，这有益于拓宽思路、增长知识，提高个人的思想道德文化技术素质。为了激励青年人积极正当的社团活动，单位应积极创造条件，如提供活动场所、时间和必要的活动经费，对他们在社团活动中的良好表现和成果应予以肯定和嘉奖。当然，对于青年人在社团活动中拉帮结派、讲哥们儿义气，搞不利于身心健康和有损于就业与社会的活动也要批评教育，进行正确的引导。

在激励青年人时要注意积极、慎重、及时、新颖。青年人热情高、干劲大，但不易坚持，所以，当他们取得良好成绩时要予以及时奖励，这样可以帮助他们加快从感性认识到理性认识的转变，形成坚定的信念、明确的认识，使积极行为稳固、持久、习惯化。

青年人处在成长、成熟阶段，对他们的良好行为和优秀成果须持积极鼓励的态度，以促使他们顺利成长和完善自我。那种论资排辈、求全责备、不信任、不尊重的态度和做法对青年人的成长是不利的，必须摒弃。

青年人在成长阶段可塑性较强，对他们的奖励既要积极又须慎重、严格。盲目吹捧，虚假型、不恰当的任用，都会造成"揠苗助长"的后果。当他们出现问题或错误时，要及时予以批评教育，使其认识自己，看到自己的不足并制定出切实可行的改进措施。

(二) 对老年员工的激励

老年员工是单位和社会的宝贵财富。随着社会的发展与进步，除了要照顾好他们的衣食住行以外，也要搞好对他们的激励，特别是精神方面的激励。

对老年员工实行激励，可以满足他们的不同需要，调动他们的积极性，使他们在有限的工作时间里将自己多年积累的丰富经验和艰苦奋斗精神传给后人，为单位的发展做出更大的贡献。根据老年员工的心理特征和需要可采取适宜他们的激励方法。

要尊重老年员工，但不宜搞过分的特殊照顾。老年员工经验丰富、劳动态度较好，应受到单位员工的尊敬。当他们做出成绩后，一定要予以奖励，使他们感到自己还能为单位出力，单位还像以前那样看重他们。在尊重他们的同时须注意，对老年员工不宜搞过分的特殊照顾，因为那样会适得其反，挫伤他们的自尊心。

根据老年员工的生理特点实行激励。老年员工视力会有所减退，在颁发奖状、抄写光荣榜时，一定要姓氏笔画正确，字迹端正规范，而且尽量写大一点，使老年员工一目了然；老同志听力减弱，特别是在那些噪声较大的单位里，在宣读奖励名单和介绍先进事迹时，一定要口齿清晰，读字准确、声音洪亮。这样，声音的穿透力强，老同志听起来不费力、效果较好。老年员工都希望延年益寿，在奖励时可多说一点健康长寿、老当益壮之类的话，使他们听了心里舒服，精神焕发。

宜采取延时激励，忌草率行事。老年员工成熟、自觉性强，对他们一般宜采取延时激励的方法，即将他们的事迹放在一定时期的会议上予以介绍、表彰，而不要做一件好事说一件好事，当时做当时说，这样反而令他们反感，认为自己被当成小青年了。当遇到老年员工心情不佳时，也可采取及时激励的方法，这样可达到缓和调整的作用，但这种方式只可偶尔为之，不可滥用。

奖励场面宜大、宜隆重。人到老年都喜欢热闹，奖励也是这样。对老年员工的奖励一般不采取个别奖励的方式，而应采取公开、隆重的奖励方式，这样既可满足老年员工的心理需要，又可树立老年员工在单位中的威望，为大家提供学习效仿的楷模。在对老年员工做出奖励时，场面宜大而隆重，尽可能使单位最高领导人到场颁奖。奖励的物品除了钱、物外，还应包括有纪念意义，可以保存或张挂的纪念品，如奖状、奖旗、纪念册等。

这里要说一下，社会上对退休老人为社会做贡献一概称献"余热"，笔者以为不妥。

笔者看到这样一条新闻：一位年过八旬的老人，过年了没在家里办年货，却在社区为左邻右舍送去新春福利。就是这位当了近十年业委会主任的老人，她不仅要管着小区的众多事情，还为了核实小区的维修费用，亲自推着小车，和业委会成员一起去核实报价，硬是把对方90万元的维修费砍去了45万元！她就是长笔者十岁、担任过武钢第一位指挥长的小区业委会主任刘涵清。① 于是，笔者写了一篇短评。

坊间，常常有人把离退休老同志为社会做贡献称为献"余热"，此说欠妥。随着社会的发展，人们普遍开始重视老年人问题，采取了实实在在的举措，其目的就是要老有所养，老有所乐，老有所学，老有所用，一句话，就是调动老同志的积极性，发展其聪明才智和运用其社会资源，为社会再立新功。而提"余热"，却有消极之意。"余热"，即剩下、零头，快要熄灭之意，给人以苟延残喘之感。此说对老同志的身体健康不利，对调动其积极性不利。面对老者，笔者以为还是多用"老骥伏枥""老当益壮"好。向老大姐学习，尽己所能，说一点做一点对自己对社会有益的好事！②

（三）对女性的激励

女性占总人口的半数，在单位里发挥着重要作用，单位激励必须考虑女性的种种特点，使其发挥积极作用。

顺应改革，调整转向。与男员工相比，女员工更细致，更具有耐心。实践表明，单位中从事技术、管理、行政以及类似电焊、电工、维修等职业的女工，其工作实效完全可以达到或超过男员工的水准。单位应在发展第三产业的同时，根据本单位实际调整劳动结构，改革人事制度，在条件允许的情况下，将不适应原工作岗位的女员工安排到适应其特点的岗位上，使女员工在竞争中逐步获得平等的社会条件。除了男女生理差别外，由于旧传统的影响，部分男同志瞧不起女同志，部分女员工也自认不行。所以，在改革之中，女员工为了适应转变，还需加速提高自身的素质，包括业务学习和实践操作，单位要为此提供便利的条件，对优秀者予以奖励、宣传，以激发女员工自强、自立的心理品格。

对孕期、哺乳期女员工实行特殊用工制度。

女员工在孕期、哺乳期，由于生理反应和哺养后代的需要，她们的出勤率、劳动效率不高。如果按和男员工一样的要求布置任务，女员工不仅

---

① 《82岁"铁娘子"乐当小巷管家》，《楚天都市报》2022年1月28日。
② 赵振宇：《老大姐，好样的！》，2022年1月30日"极目短评"。

难以完成计划，这还会影响她们的身体健康以至下一代的成长。现在，有些单位对孕、哺期女员工实行下岗制度，受到女员工和男员工的欢迎。其一，促成单位生产秩序正常、员工积极性提高和员工关系融洽。其二，孕、哺工下岗后，精神负担消除了，可以安心休养、照料孩子和家庭，把自己身体养好了再上岗，进而精力充沛、一心一意地搞好工作。女员工下岗制还需不断完善，女员工在下岗期间，单位领导应经常关怀看望。上岗后要根据实际情况安排好工种，特别要教育班组人员不要歧视她们，要为她们的上岗创造适宜的环境。

正确对待女士中的先进分子。由于生理、心理以及传统旧观念的影响，女士们要成为单位的先进分子确实要比男同志付出更大的努力。但是，随着单位改革的深化，女员工自身素质的提高，单位里越来越多地涌现出有胆有识、开拓前进、生产和工作效益突出的先进女同志。对待她们，除了要注意和其他先进者一样的问题外，还须根据女性的特点注意她们的特殊问题。其一，要注意她们的生理特征，安排适宜她们的工作。其二，排除社会偏见，安排好她们的社交活动。其三，关心、帮助安排好先进分子的家庭生活。有些女同志成为先进分子后，为了做表率，带头晚婚晚育，结果错过了婚育年龄，到了中年还是孑然一身。有的先进女员工因忙于工作，无法照料家庭，使家庭关系恶化，这些都是需要注意和改进的。

注意女员工的爱美需要。爱美之心人皆有之，女员工也不例外，特别是在当前改革开放的形势下。在可能的情况下应注意尽量满足她们对美的要求。此外，在对女员工先进者进行宣传表彰时，橱窗、照片、纪念品等也应尽量讲究美观大方，使她们喜爱。

对不同年龄的女士采取不同的激励方式。女员工由于年龄不同，兴趣、爱好、需要也不尽相同，考虑不同的年龄而区别对待，能收到较好效果。青年女员工兴趣广泛，活泼好动，在对她们进行奖励时，可授予新颖多彩的奖品，如相册、相机、文化用品、科技新书、装饰工艺品等，也可安排旅游、参观、文体娱乐活动等。中年女员工家庭负担要重一点，在奖励时可多考虑奖励物品的实用性。同时，她们最需要的是时间，也可采取奖励休假的方式。老年女员工最怕孤独，最怕被人嫌弃，奖励时应尽量搞得热闹一点,特别是要注意多在青年人面前对她们奖励,还可将大红喜报、奖状、纪念品热热闹闹地送到她们家中,让左邻右舍、全家人都高兴。

三 对知识分子的激励方法

现代社会是一个需要多种科学技术知识和管理知识的综合大系统,它的特点是:思想理论纷呈,技术装备先进,劳动规模巨大,相互联系紧密,工作效率提高。要掌握先进的技术设备,组织大规模的现代化生产和社会运作,就必须重视发挥知识分子的积极性。因此,认识他们的工作和生活特征,研究对他们的激励中存在的问题,充分发挥他们的重要作用,搞好对他们的激励是十分必要的。本书主要以社会科学工作者为例,研究如何搞好对他们的激励。

(一) 知识分子的工作和心理特征

知识分子不仅要从事脑力劳动,而且还要从事体力劳动,他们是从事脑力劳动和体力劳动的复合劳动者。他们的工作以及由此而形成的心理特征主要表现在以下几个方面。

创造性和探索性。创造性和探索性劳动是知识分子劳动的最根本特征。任何创造性工作,离开了探索是不能取得成功的。要创新,要探索,就要走前人没有走过的路,干前人未曾干过的事,就要冒一定的风险。在创造性和探索性工作中,知识分子养成了强烈的好奇心和求知欲。维纳说得好:"以试验的态度提倡一些异端的犯忌的见解,这是科学家的天职。"[1] 知识分子为了履行这一天职,往往要经受很多失败和挫折。据美国学者调查,应用研究的失败率达到10%,而基础理论研究的失败率高达93%,对于知识分子的这种优秀品格和贡献,我们应该给予尊敬和奖赏。

独立性和竞争性。科学的探索和创造过程是在集体智慧的启发之下和协作的基础之上,通过个人的独立思考来进行的。没有个人的独立思考也

---

[1] 《维纳著作选》,钟韧译,上海译文出版社,1978,第192页。

就不能形成集体的智慧,更没有高效能的相互协作。知识分子的这种独立性劳动往往又表现出很强的竞争意识。在这种独立和竞争的劳动之中,知识分子形成了自己的心理特征,即独特的见解和强烈的建功意识。他们希望自己的设想和计划得到领导和同志们的认可或允许(至少不要在萌芽时就被扼杀掉),他们更希望自己的意识变成现实,自己的劳动创造成果得到肯定和推广。

艰苦性和连续性。马克思曾经说过:"在科学上没有平坦的大道,只有不畏劳苦沿着陡峭山路攀登的人,才有希望达到光辉的顶点。"① 知识分子的劳动是创造性、探索性的劳动,因而与其他劳动者相比,他们会遇到更多的困难和失败。英国剑桥大学蒙德实验室有三座雕像,一是蒙德,二是卢瑟福,三是一条鳄鱼。据说鳄鱼有一种习惯,就是一生只知前进,不知后退,只往前看,决不回头,因此这座鳄鱼塑像既是为了纪念和赞颂卢瑟福一生顽强的战斗精神,也是为了启示后人。在改革开放的形势下,我国涌现出一大批优秀知识分子,他们为单位的经济发展做出了重要贡献,为广大单位职工树立了学习榜样。

复杂性和综合性。知识分子劳动的复杂性和综合性是由现代科学知识的不断发展和变化决定的。交叉学科大量涌现,使知识更新的周期不断缩短。许多昨天还是少数人才能够掌握的高深学问,今天已成为普通人所共知的常识了。这种情况造成了知识分子创造性劳动的复杂性和综合性。这种特殊的劳动,仅靠传统的个体手工劳动是不行的。它对劳动者的外部环境提出了较高的要求,需要较多、较好的信息资料、实验器材、实验周期和工作条件等,单位对此应尽量予以满足。同时,知识分子应随时准备坚持真理,不屈服于一切压力和困难,随时准备修正错误。

由于特殊的工作方式、环境、条件,以及由此而形成的心理特征,知识分子在他们的工作、学习、生活上也会有特殊表现。正确看待和评价他们,是搞好对他们的激励的首要前提。

(二)正确评价社科成果要注意的几个问题

社会科学以其独特的方式研究社会问题和社会现象,揭示其内在的规

---

① 《马克思恩格斯全集》第四十三卷,人民出版社,2016,第13页。

律，帮助人们正确地认识社会，处理好人与社会的关系，其作用是十分巨大的。但要正确地、精细地评价它却是十分困难的。这是因为，第一，社科成果多是前人没有想过，没有提出过，没有实现过的思想、理论和方案。创造性、探索性是社科成果的突出特征，既如此，作为一般人要能接受它，理解它，相信它，就不是一件容易的事情了。特别是在当今时代，新的知识不断增多，新的学科不断分化，接受、理解它们，对于一般人来说并不是那么容易做到的，就是专家也未必都能做到。第二，社科成果的实现价值，并不是成果的发明者自己能够决定的。一项社科成果的实现，除了该成果自身的科学性、实用性外，还要取决于下面两个因素。其一是接受这项成果的决策机关和领导人对其的认可、赞赏和通过。领导者有权，他不用你这个人，不用你的科研成果，一切都是枉然。有些地方在奖励知识分子时，也同时奖励支持、运用该项科研成果的领导人，这是很有道理也很有远见的。其二是运用该项成果的实际工作者的水平和运用的现实环境。社科工作者的成果价值是要靠别人来实现的，实际工作者不理解、不积极或心有余而力不足，运用成果的外部环境不具备或不理想，势必会影响该项成果社会价值的实现。这是人们在评价社科成果时必须首先考虑的两个基本前提。除此之外，在实际操作中还应注意以下几方面的问题。

成果查新和成果署名。为了保证成果查新科学可靠，一般应做好以下工作。

自我申报。为了保证社科成果有独创性，不仅应在成果完成之后成果查新，而且应在确定选题之前和进行研究之中都这样做。这些工作需要社科工作人员自己去做。在成果完成之后，社科工作人员必须将自己收集的情报予以介绍，同时说明自己的研究成果水平，供评委会在评审时参考。一般来说，没有成果查新报告，评委会可以不予接受该成果。

情报机构鉴定。科研单位的情报机构不仅为社科工作人员的研究提供各方面的情报，帮助其选题和研究，同时，也要对社科工作人员申报成果的查新材料予以鉴定，区别真伪、优劣，或剔除杂质，降低级别，或补充完善，提高级别。在申报表内应有情报机构提出的鉴定意见。

专家评审。成果查新作为评价成果的一项内容是十分重要的。但有的学科、有的选题可查找的文献较少或资料不全，或虽有查新报告但仍难以确定其水平高低，这时，就需要专家班子对已上报的材料予以分析、判断，做出较为科学的评价。成果查新一般有两种情况，一种是绝对查新，即迄今为止还未发现有人提出；另一种是相对查新，即在一定范围内（如国内、省内、市内等）未发现有人提出，其论证和材料又属于新的。应根据成果查新的不同程度划分不同的评奖级别。

社科成果的署名是十分重要的，它既是社科工作人员劳动成绩的表现，同时也是社科工作人员对该成果负责的表现，所以，社科成果的署名必须实事求是，科学准确。

个人完成的社科成果只需署上本人名字即可。集体完成或上级布置、领导牵头、大家分工完成的社科成果，署名时一般应遵循如下原则。第一，在学术上提出重要概念和学术指导思想，为研究工作提出具体操作方法并直接参与研究者为成果第一署名人。其他参与研究者，可根据其在该研究成果中劳动量的大小（包括提出意见和参加实际研究）列为第二、第三署名人。第二，一般论文作者不宜超过6人，对其他参与论文讨论、提出建议者可放入注释说明。第三，中途接手他人阶段性研究成果，继续研究并取得最后成果时，前任研究者应为第二署名人；如前任研究成果在整个成果中分量较大，其应为第一署名人；如前任研究成果价值甚微，又在成果申报时予以说明，可不署其名。第四，在社科研究中进行组织与协调，并提出某些意见但未直接具体从事研究者，不宜署名，可在成果申报时予以说明。第五，凡署名者均应参加选题的讨论或制定，直接参加部分实际工作，对成果的整体思想和结构有所了解并能负责地解答部分疑问。第六，在成果申报时，应将署名者具体参与的工作内容予以说明，可在后记中说明或在每章、节末尾处注明，否则，不予受理。

社科成果署名是一个严肃的问题，要防止不正之风对其的影响：一要防止单位或学科负责人逢成果（不论参加与否）均要署名或署名第一；二要防止署名前后论资排辈，年长者或级别高者署名必在前；三要防止为了照顾关系，将与成果无关者署上其名；等等。

申报程序和考核方法。计算机中一个很重要的组成部分是程序，程序设计得科学与否、水平高低，与计算机发挥效能的大小关系极大。社科评奖工作也是这样，程序不科学，哪怕请的都是专家，大家都秉公办事，还是不能全面、准确地反映一个地方或一个单位社科成果的真实水平。

面向社会，广泛接纳优秀成果申报。可根据一阶段或某学科范围、申报要求，通过较为广泛的传播媒介，如报纸、电视、广播、期刊，吁请社会各界人士积极自荐和他荐。凡申报成果者不受年龄、职业、学历、学会的限制，申报成果的数量也不受名额限制。这种方法可以保证散藏于社会各界的优秀成果涌现，在评选时能做到优中选优，提高评选质量。同时，此种方法本身就是一种重视社会科学、奖掖社科人才的具体体现。

（三）基础理论和应用科学成果并重

社会科学研究成果就其总的功能来说，都是为社会实践服务的，这是社会科学研究的出发点和归宿。但是，由于学科研究的对象和侧重点不同，社会科学体系内又分为基础理论学科、应用理论学科和应用业务学科，它们在为社会实践服务的功能、时效上是不尽相同的。一般来说，应用理论学科的成果效应体现较快，而基础理论学科的成果效应却很难迅速体现。在成果考核时，要注意防止只重视应用学科成果而轻视基础理论研究成果的倾向。否则，便会使社科人员急功近利，急于求成，只注重应用学科的研究而轻视基础理论学科的研究。一个国家，一个民族，只注重现实的、眼前的利益，而忘记长远的、根本的目标，最终是要吃苦头的。一门学科，一种理论，只注重应用、只注重技术，轻视了基础理论的建设，最终这门学科、这种理论是难以持续产生最佳效益的。

学术价值和社会价值统一。评价一项社科成果，主要从其学术价值和社会价值两方面考虑。所谓学术价值，是指一项成果的出现对某一知识体系的丰富、完善和发展，或是开拓性地创立了一种新的学科、新的理论、新的概念，弥补了前人的不足，或是对相邻学科领域的发展起到极大的促进作用，等等。学术价值的高低，在于该成果对原有的知识体系在多大的程度上进行了丰富和完善，或是该成果体现的创造性的范围和难度有多大。社会价值是指一项成果提出后为社会创造的实际效益，主要表现为经济效益和观念转变。社会价值的大小，主要看它能产生多大的经济效益或在多大范围内、多大程度上影响人们的思想观念。社会科学成果的价值是学术价值和社会价值两者的统一，在考核一项科研成果时，要统筹考虑，不可顾此失彼。不同的科研成果，其学术价值和社会价值在其内部的构成比重是不相同的。

定性和定量标准相结合。社会科学成果的评价方法一般有两种：定性评价与定量评价。所谓定性评价要由专家、学者对成果按拟定的标准进行个人评价，主观色彩较浓，常常受到人情关系等因素的影响。定量评价则是将定性指标转化为数量化的评价指标，实行打分的方法，这样可抑制一些主观因素，比较公平、合理。由于社会科学成果的复杂性，仅凭专家和学者的定性评价可能谁也说服不了谁，而要完全做到精确的数量化，又是不可能的。所以在成果评价时，一般采取两者相结合的方法。在具体操作时可循着如下的思路：定量—定性—定量—最后产生评价的等级和名次。根据成果查新和评委们的判断（含有定量的成分），将申报成果大致分档（含有定性的成分），在分档的成果中再进行量化评定，决出等级和名次。其实，定性和定量两者是不可分的，过高地估计定量的作用或过度地贬低定性的作用都是不妥当的。

比较也是一种标准。学术价值也罢，社会价值也罢，在有些情况下，某项成果的水平高低很难用精确的尺度衡量出来。此时采用比较的方法是可行的。比较一般有以下几种。在同一学科、同一选题内进行比较。根据资料查新，考察某一申报成果在该领域里与其他成果比较有哪些差异，有哪些变化，有哪些发展，有哪些特色，一比较，就能大致确定该项成果水平的高低了。与国内外、省内外的同类成果相比较。看到了国内外、省内外同类的其他成果，再考察一下申报的成果，比较一下，该成果价值的大小也就得出来了。在同一届参加评选的成果中进行比较。有时候，某项成果在大的范围内一时找不到可比较的对象，那么，可以在本届申报的成果中进行比较。这种比较既可以是学术价值方面的，也可以是社会价值方面的，还可以是两者的综合考虑。有时，也可以与本地区前几届的评选成果相比。当然，比较方法也不是万能的、绝对的，而且，比较的结果也同比较者的主观意识有关。不过，掌握比较方法在有些情况下还是管用的。

（四）正确认识成果的创新价值

社会科学工作者劳动的最大特征就是创新，评价其成果的最重要标准也在于它的创新价值。正如美国社会学家、科学学创始人罗伯特·默顿在其著名的演讲《科学发现的优先权》中所说，如果已有第一个人的发现，而第二个人也得到了同样的发现，但他宣布在后，尽管他的工作完全独立于第一个人，他实际上也失去了得到承认的机会。如自1969年设立"诺贝尔经济学奖"以来，每年评一次，但只授予在经济学上有创见的经济学家。由此看来，一项成果的创新性，是衡量它的成果价值的重要标准。为此，需要对创新有一番正确的认识。

习近平总书记指出：坚持问题导向是马克思主义的鲜明特点。问题是创新的起点，也是创新的动力源。只有聆听时代的声音，回应时代的呼唤，认真研究解决重大而紧迫的问题，才能真正把握住历史脉络、找到发展规律，推动理论创新。[①]

在对知识的成果奖励时，要把握好以下几个关系。

创新与阐释的关系。阐释是对已有的东西进行说明，帮助人们了解它，认识它，相信它，要达此目的也不是一件容易的事。但它绝不是创新，不是探索未知的东西，不是创造别人未曾提出过的东西。阐释的东西也可以写成文章，也可以出书，但就其学术价值来说，远不如一篇几千字的论文。

创新与综合的关系。有的成果，从某一学科的角度来看，它并没有多少新的东西，但或者它运用多种学科的理论来研究某一问题很有新意，或者它综合了许多人的研究成果，进而提出了自己的意见，这也是一种创新。学科在不断分化，同时又在整合，这是一种趋势。说综合也是创造，并不是指把别人的东西拼凑起来就行了，那只是一种简单的重复、叠加，是劳动，但绝不是创造性的劳动。

创新与科学的关系。一项科研成果，敢于走别人没有走过的路，敢于提出别人未曾提出的东西，这些都是十分宝贵的。但是，创新必须遵循科学的原则，必须符合客观事物的规律性，而不是乱想、瞎说、蛮干。一项创新成果，只有它的科学性越强，它的学术价值才越高。

[①] 《习近平在哲学社会科学工作座谈会上的讲话》，《人民日报》2016年5月19日，第2版。

创新与实用的关系。社科成果，不论是基础理论的还是应用科学的，不论是直接的还是间接的，都是要为社会服务的，这是社会科学研究的宗旨。一项成果，尽是探讨一些虚无缥缈的问题，用一些时髦或独创的词语，研究一个针尖上能站几个天使一类的问题，与现实沾不上边，这种成果，不论研究者自己如何标榜，终究是没有用的，自然就谈不上什么创新了。

创新与发展的关系。社会科学的生命力在于它自身的不断发展。有的学科之所以会有旺盛的生命力，表现出蓬勃向上的生机，就在于它在社会需要和实践中具有广阔的前景并能够得到不断的更新和发展。一项成果，要创新必须要发展，只有发展才有学术生命力。要发展必须与守旧、保守、唯官、畏名告别，必须与改革、开放、社会实践与需要相结合。创新的成果必须以发展为标志，要发展必须以创新为基础，两者是密不可分的。

创新与超前的关系。社会科学要指导实践，但它绝不是仅仅解决眼前的、局部的实际问题，还必须揭示事物发展的方向和趋势，所以，超前研究是少不了的。所谓超前研究，就是通过对历史进程中的大量现象和规律进行总结和概括，揭示这一领域里的特殊规律，预测历史或学科发展的方向，为一个新的理论或一门新的学科的形成提供科学依据。超前研究贵在先行，重在导向，它启迪人们的思路，开拓人们的视野，其创新的含义是十分明显的。因为超前研究与现实有一定的距离，所以，要求它十分成熟、完美无缺是不实际的。即使经过实践检验，某一理论或方案是错误的或有些错误也是正常现象，因此，不可否认该项成果的创造价值。

创新与批判的关系。理论要指导实践，就要有超前性，要超越现实，而要超越现实，就要批判现实。如果对于现实的一切都原封不动地继承下来，只是颂扬现实的至善至美，那么，理论也就无法发展。因而，批判是理论的一个重要功能，也是评价社科成果创造价值的一个重要方面。理论要批判现实，就要发表一些与权威不同的意见，有的甚至是逆耳之言。评价一项成果是否具有创造价值以及创造价值的大小，不能以领导人或权威人士的意见为标准，而要从科学和实践的角度出发，对一些暂时还不清楚、不明了的东西持审慎、宽容的态度，千万不要因为评委们的一时马虎，而将一个有前途、有生命的发现扼杀在自己手中。

四　对领导和集体的激励方法

（一）对领导人的激励方法

制定单位领导行为评价量表。中国科学院心理研究所根据日本三隅教授提供的PM分析材料，结合我国国情进行某些修改，制定了一套适合我国单位领导行为的调查量表，这套量表包括10个分类量表、61项问卷调查题目和一份PM领导类型分析坐标图。

10个分类量表主要包括如下内容。

第一，领导工作绩效（简称P因素），其目的在于测量领导者为完成生产任务而展现的工作效能。主要考察领导的专业知识水平、工作的计划性以及依据工作计划、规章制度对下级实施领导的水平。第二，领导对工作集体的关怀（简称M因素），其目的在于测评领导者的工作方法和领导者与下级的关系，促进工作集体的团结，体现领导对人的关心。第三，工作激励，即由工作获得的激励程度。第四，对待遇的满意程度，包括对工资、奖励等物质待遇的满意程度。第五，单位福利条件。第六，心理保健，包括工作环境中的人际关系、职责范围，以及由此而引起的紧张或不安程度。第七，集体工作精神。第八，会议成效。第九，信息沟通，包括单位内上下级之间、同事之间的意见沟通情况。第十，绩效规范，即工作集体对工作目标设立和完成任务所形成的集体规范。

我国不少单位在使用单位领导行为评价量表，效果很好。这一经验还在国际会议上做了介绍，受到外国学者的称赞（具体内容和运用可参阅中国科学院心理学所502组编制的《PM量表指导手册》）。

根据不同的领导职务制定不同的考核内容。对单位领导干部进行考核，实行激励，最根本的目的就是提高领导者的工作效率从而提高整个单位的效率。所谓效率就是生产成果与生产耗费之间的比较，效率高也就意味着以最少的劳动费用取得最大的劳动成果。领导效率是领导绩效的核心，提高领导效率应当成为单位领导工作的中心目标，同时，它也是对领导者考核的重要内容、激励的重要依据。据此，考核时可从两方面入手，其一是工作成就，其二是取得这些成就所用的耗费。

对工作成就的考核大体包括以下内容：第一，应完成的例行工作；第二，重大贡献；第三，领导能力与领导作风；第四，领导关系与群众关系。对核领导工作耗费的考核包括以下内容：第一，重大过失；第二，成就耗费。

根据上述考核的基本内容，结合单位不同的领导岗位要求又有不同的具体考核指标。如对单位领导的考核就要包括经济发展、技术发展、单位管理、职工素质、职工福利等内容。而对党委书记的考核，除了领导考核的指标外，还有自己的考核指标，如党委自身保证监督单位贯彻执行党和国家的方针政策；保证监督单位遵纪守法；保证监督单位正确处理国家、单位和职工三者关系；支持行政指挥系统；加强党的自身建设；加强职工思想政治工作；等等。

领导绩效主要体现在计划决策、组织指挥、控制监督的质量和水平上，往往是一个长期作用的过程，而不是立竿见影的事。领导工作具有整体性、综合性，它不仅涉及工作的各个方面，而且还涉及多方面人员的相互配合；领导工作具有多变性，它常常要受单位内外部环境的影响。领导工作的上述特点决定了对领导考核、激励的复杂性。因此，需处理好以下几个关系。

处理好定性和定量的关系。从理论上说，对人们的工作表现可以进行定量评价，但实际上做到十分精确是不可能的。因为构成工作成绩的各种要素很复杂，而且各种要素又相互影响、相互制约。加之，人们的认识也是有限的，现代科学技术所提供的手段也是有限的，要想对人的一切表现都做到量化而且准确很难办到。所以，对单位领导的考核要将定性和定量（在能够量化的领域里）两种评价结合起来，根据需要各有侧重，不可顾此失彼。

处理好职、责、权三者关系。领导者的绩效是和他们所担任的职务、所负的责任，以及应有的权力相联系的。在对单位领导人实行考核、激励时，首先要明确该领导所担任的职务的要求、责任范围和所拥有的权限。如果不明确这个前提，只根据领导者的行为结果进行评价，就不可能真实、全面地反映领导者的绩效。在目前体制改革过程中，有些领导者的职、责、权并不相适应，常受到外部环境的影响而使许多措施不能真正得到实施。在这种情况下，单位领导者即使努力工作，也很难取得好成效。在对领导者实行考核和激励时，不应忽视这种复杂的情况。

区别领导者绩效的真假、虚实。在对领导者考核时常常会发现这种情况。根据总结、汇报和视察得到的材料或印象，认为某领导工作做得很不错。但经过深入调查，情况大不一样，其中包含许多虚假的成分。特别是目前不少单位执行承包制、领导负责制，有些领导为了完成承包指标和聘期目标，急功近利，只求眼前效益，而不顾单位长期稳步发展；有些工作表面上看热热闹闹，轰轰烈烈，但多为花架子，实际效果并不佳；有些厂长只求本单位利益，争取职工的支持，而损害国家利益。在对单位领导考核、激励时需注意区别。

双向激励，严格要求，推动形成能者上、优者奖、庸者下、劣者汰的用人导向和从政环境。在对单位领导者大胆奖励的同时，也要严格要求他们，因为一名单位领导者在受奖后的表现对单位职工的影响更大。这里要注意两点。一是要正确看待个人与集体、领导和群众的关系。不能因为领导自己受了奖，就把成绩只记在个人名下，忽略了同事和广大职工的作用。二是要铁面无私，大胆管理。领导者受奖了，同事们、广大职工都会表示热烈祝贺，说一些赞美甚至奉承的话。作为一名单位领导者，不能因此就放松了对单位、对领导班子和部下的管理，当老好人，看见生产技术上的问题也不敢指出，甚至违反厂规厂纪的事也不敢讲，生怕得罪人，影响下一次的选票。这种做法也是不正确的，虽可能会求得一时的和气，但最终会影响职工的素质和单位的发展，这是单位领导者受奖后要注意防止和纠正的毛病。

2015年7月19日中共中央办公厅发布《推进领导干部能上能下规定》。2020年6月29日下午，中共中央政治局就"深入学习领会和贯彻落实新时代党的组织路线"举行第二十一次集体学习。习近平在学习时强调，要深化干部制度改革，完善管思想、管工作、管作风、管纪律的从严管理机制，推动形成能者上、优者奖、庸者下、劣者汰的正确导向。①

让优秀干部脱颖而出、用好用足而且还能留得住，对我们党组织路线的健康发展意义重大。2022年8月19日中共中央政治局常委会会议修订，2022年9月8日中共中央办公厅发布《推进领导干部能上能下规定》（以下简称《规定》），《规定》以习近平新时代中国特色社会主义思想为指导，贯彻新时代党的建设总要求和新时代党的组织路线，吸收了全面从严治党的新鲜经验，健全能上能下的选人用人机制，对于推动形成能者上、优者奖、庸者下、劣者汰的用人导向和从政环境，建设忠诚干净担当的高素质执政骨干队伍，具有重要意义。中央以往提得最多的是能者上、庸者下、劣者汰，此次用人导向新增"优者奖"，透露了中央在用人方面的最新思考。习近平总书记多次强调："选什么人就是风向标，就有什么样的干部作风，乃至就有什么样的党风。"② 优秀干部就是风向标。习近平一直强调对"优秀者"给予奖励。在2019年8月的中央财经委会议上，他给东北振兴开"药方"，其中就有一味药是"优者奖"。他强调，"要加强对领导干部的正向激励，树立鲜明用人导向，让敢担当、善作为的干部有舞台、受褒奖"③。有舞台就是"能者上"，受褒奖就是"优者奖"。为了加强干部队伍建设，有效整治干部队伍中存在的昏官、懒官、庸官，经过几年的努力，党和政府逐步形成了能者上、庸者下、劣者汰的用人导向，令党风、政风为之一新。但这三者主要是从组织角度做的制度设计。此次新提出"优者奖"，进一步明确要对优秀干部给予奖励，不光是"能者上"，给位子，还要对拔尖的人才给予精神上的荣誉、物质上的褒奖。

与此同时，在修订的《规定》中也提出"对被调整的干部，应当跟踪了解其思想动态和工作状况，有针对性地做好教育管理工作。根据工作需要，对认真吸取教训、积极努力工作，德才表现和工作实绩突出且经考

---

① 《习近平在中央政治局第二十一次集体学习时强调　贯彻落实好新时代党的组织路线 不断把党建设得更加坚强有力》，《人民日报》2020年7月1日，第1版。
② 《习近平：建设宏大高素质干部队伍　确保党始终成为坚强领导核心》，《人民日报》2013年6月30日，第1版。
③ 《推动形成优势互补高质量发展的区域经济格局》，《求是》2019年第24期。

察符合任职条件的，可以进一步使用、晋升职级或者提拔职务"（《规定》第十条）。"坚持严管和厚爱结合、激励和约束并重，落实'三个区分开来'要求，正确把握政策界限，保护干部干事创业、改革创新的积极性，宽容改革探索、先行先试等工作中的失误。"（《规定》第十三条）

据媒体报道，居民张某某、程某某被公安机关行政拘留。自2023年3月以来，两人曾多次报警反映有关娱乐场所存在非法经营问题，并向纪检监察机关举报辖区派出所不出警、不作为。武汉市纪检监察机关经调查认定，两人反映的问题不属实，存在诬告陷害行为。据悉，2023年上半年，武汉市纪检监察机关共查处诬告陷害行为22起，为523名党员干部澄清正名。近年来，武汉市纪检监察机关严格落实"三个区分开来"，坚持严管厚爱并重，通过系统推进干部容错纠错，深入开展查处诬告陷害行为专项工作，扎实开展回访教育等多项举措，打好激励干部担当作为"组合拳"，持续营造为担当者担当、为负责者负责的良好环境和政治生态。①

（二）对集体的激励方法

集体作为一个激励对象，无疑要按照激励的一般规律和方法办事。但是，集体又有着它的特殊性，必须按照集体的特性实行激励。对集体也是按照劳绩标准和情意标准进行考核和激励。集体的劳绩标准不是考核某一个人，而是考核集体的平均效率，包括产品的数量、质量和创造性。情意标准主要考核集体的组织一致、协调发展、相互沟通、积极参与等情况以及创业与守业精神，培养集体职工的责任感、自豪感和集体荣誉感。具体来说，还应注意以下几点。

注意激励班组。班组是单位的基础，它是根据便于生产、便于协作、便于管理的原则，按工种或按产品、工艺、职能、班次组织起来的。所以，有人形象地把班组称为单位的"缩影"，具有"小、全、细"的特点。激励班组的意义是重大的，为达此目的需注意两点：其一是班组成员的团结性，即受奖受罚后班组成员是否协调一致，紧密配合；其二是班组的目标性，即受奖受罚后是否按单位的要求更加努力地工作。

---

① 《武汉为523名党员干部澄清正名》，《长江日报》2023年7月18日。

注意激励非正式团体。非正式团体是一种未经官方规定，以个人之间的喜好、情感为基础自然形成的无形组织，它是一种非正式的联合体。对非正式团体要做具体分析，不可一概予以否定，同时，要注意发现其长处和闪光点，予以及时奖励，使之发扬光大；发现不良苗头要及时提醒，以免酿成大祸。这样便可以使非正式组织在正式组织的外围对单位的发展起积极作用。

非正式团体的有效劳绩主要有以下几方面。

其一，非正式团体的发明创造。指单位职工在生产时间以外，或在单位内，或在单位外，由不同单位、不同职务、不同工种的人相互联系，共同发明创造，为单位、为社会做出的积极贡献。对职工的奖励不仅应表现在工作时间、正式组织内，还应表现在业余时间、非正式团体内，只要是为单位、为社会做出成绩，对贡献者都应予以奖励。

其二，非正式团体的社会服务。非正式团体中有不少是为了进行某项社会服务而组织起来的，如义务修车、义务缝纫、义务维持秩序、义务为军烈属服务等。

其三，非正式团体的兴趣爱好。新时代的职工都有广泛的兴趣爱好，除了单位组织的正规活动外，他们有时还有自己的特殊需要。只要这些兴趣爱好是正当的、有利于职工身心健康的，单位都应积极支持、鼓励。

注意纠正被扭曲了的集体荣誉感。

激励集体的一个重要作用就是培养广大职工的集体荣誉感，但是，如果实施不当则会促使职工产生扭曲的集体荣誉感。有的单位甚至与非同类产品的单位串联，互拉选票，这种选法是难以评出真正优秀的产品的，这种单位即使获得先进也不会对职工起到激励作用。

有些集体为了让自己部门、小组能在全单位夺魁，有的单位为了在本系统获奖，在撰写本单位先进材料时，不是实事求是，而是靠几个"笔杆子"关在屋里绞尽脑汁"妙笔生花"。而上级主管部门不深入实际调查，仅靠上报材料，看谁的材料有"浓度""高度""深度"，谁就能评为先进集体。集体荣誉感是一种很高尚的情感，必须通过正当的方式去培养才有意义。

(三) 自我激励的方法

说到激励，好像奖励人、惩罚人都是对别人的事情。其实，对自己的激励也是常有的事情。升了级、出了成果，自己掏钱请客庆贺一下；出了问题，自责内疚，特别是在体育训练中出了差错便加罚完成动作；这些都属于自我激励的方式。在生活中，除了需要不断地激励别人，也莫忘了激励自己——激励的法宝就在自己手中。

为此，笔者在"光明时评"写过一篇评论。

2023年是全面贯彻落实党的二十大精神的开局之年，要把宏伟蓝图变成美好现实，需要各级领导愿担当、敢担当、善担当，带领全国人民心往一处想、劲往一处使，同舟共济、众志成城，这样就没有干不成的事，迈不过的坎。习近平总书记说："过去的一年很不平凡也很不容易，我们一起努力，战胜了各种困难和挑战，各条战线都取得了新的成绩。大家都作出了贡献，每个人都了不起。"[①] 正是这些了不起的人，他们在各自的岗位上做出了自己的贡献，我们要为他们鼓掌，向他们致敬；同时，我们也是了不起的人中的一员。在此，我们也要将掌声送给自己，为了不起的我们鼓一鼓掌！

在新时代夺取新胜利的进程中，要学会采用积极有效的奖励方法促进实现团结。特别需要指出的是，奖励，不仅可以给予他人，也可以给予我们自己。鼓掌者在为他人鼓掌的同时，也需要为自己的良知和贡献鼓掌！

心理学家运用科学数据进行不同人群的对比研究后发现，自我奖励同外部奖励具有效果相同的积极成效。自我奖励也是人们获得满足感、幸福感和安全感的一种有效方式。它对人们思想的跃迁、行为的突进、力量的爆起都会产生神奇的作用。古人曰："知人者智，自知者明。胜人者有力，自胜者强。"奖励好别人是不容易的，奖励好自己就更难了，而自我奖励正是认识自己、征服自己的一种积极表现。

在迈向新时代的历史进程中，我们已经走过艰难曲折的昨天，正在经历任重道远的今天，翘首展望波澜壮阔的明天。气可鼓不可泄，力须聚不

[①] 《习近平春节前夕视频连线看望慰问基层干部群众　向全国各族人民致以新春的美好祝福》，新华网，2023年1月18日。

能散。捧出我们的真情，为做出贡献的了不起的人鼓掌！为了不起的人中的我们每一个人鼓一鼓掌！①

做好自我激励要把握好以下几点。

正确地认识自我。认识自我包括认识自己的生理机制、心理素质、智能特长、思想意识、行动特点以及与周围人和事的关系等。只有正确地认识自己、评价自己，才能确立自我激励的标准，施行激励。

正确认识自我，必须要由自我去完成。但是，这种完成的过程绝不是仅靠"三省吾身""闭门修养"就能达到的。首先，要重视别人对自己的评价。自己可以将其综合，找出共同点，作为自我评价的参照系。其次，通过评价他人来评价自己。研究别人对他们的评价，并将其综合，形成评价自己的标准。最后，通过分析自己的行动和成果来评价自己。通过对行为和成果的审视，检查它的客观效果，检查它与自己主观愿望的差距，继而评价自己驾驭客观的能力。

确立适宜的激励标准。自我激励的标准是自我确定的，但并不是降低要求、随心所欲订立的。自我激励的标准必须从自我实际和自我需要出发，这种实际和需要以正确认识自己为基础。自我激励的标准又必须从集体和社会需要出发，只有这样，自我激励的行为和成果才会符合集体和社会的要求。自我激励的标准必须把自我实际、需要与集体、社会的实际、需要结合起来综合考虑制定，既不能太低，也不能太高，既从目前状况出发，又考虑长远发展趋势。制定的标准要随着自我的认识、行为的发展成熟逐步提高，以增强引力和压力，持续不断地发掘自我的潜力。

采取灵活多样的激励形式。自我激励与外部激励相比，主动权更大，形式也更丰富。这种灵活多样的形式要考虑两个因素：其一是获奖或受罚对象"我"的需要、兴趣爱好和当时的心理状态；其二是颁奖者"我"的现实可能。既要考虑前者，尽量满足"我"的需要，又要考虑后者，从"我"的实际能力出发，使两者尽量和谐统一。如巴尔扎克和陀思妥耶夫斯基分别以咖啡和茶来作为对自己每一次写作成功的奖赏；美国小说家斯温·伦敦每写完一篇满意之作的激励则是吃一回梅糕；而席勒为鼓励

---

① 赵振宇：《嗨，向了不起的我们鼓一鼓掌！》，2023年2月10日"光明时评"。

自己写作，需要喝完半瓶香槟酒，把脚放在冷水盆里。这些不同的激励方法，都是使一定的信号在自己头脑中同激励的刺激建立稳固的联系。除此以外，也可以为自己的成功，舒展一下身体，改善一下伙食，听听音乐，哼哼小曲，写写字画，逛逛大街，或为自己买一两件自己喜爱但又一直舍不得买的物品（图书、衣物、办公用品、家具、电视音响器材等）；也可以处罚自己做一些平时不愿做的事，接受一下较差的生活环境等。激励的内容既有"保留节目"，也应时时更新，建立新的条件反射，产生新的激励功能。

提高自我激励的能力。苏霍姆林斯基认为，促进自我教育才是真正的教育。自我激励也是一种自我教育方法，要通过各种途径提高人们自我激励的能力，使自我激励成为伴随人们成长和享受终身的"真正财富"。提高自我激励能力，首先，要提高自我认识能力；其次，要培养自我控制能力，要善于克服消极的环境影响，调动自己的积极情感，为自己创造良好的心理环境；再次，要培养良好的心理性格，减缓外部造成的自我精神紧张，特别注意发挥情感的积极效能，包括情感的广度、深度和稳固性；最后，运用反馈原理，不断对自我激励的效果进行检查，对有效的激励予以肯定并坚持和发展，对无效或效果不大的激励予以否定或做某些修改。

五　广开言路、倡导竞争的激励方法

单位职工有参加单位民主管理的权利，有对单位的生产和工作提出意见和建议的权利，有向国家机关反映真实情况的权利，有对国家干部提出批评和控告的权利。评价一个单位工作的好坏，很重要的一条就是看单位有多少职工自觉地、大胆地、有效地对单位领导工作和单位的生产发展提出批评和建议；考核一个单位职工的主人翁意识强弱，就是要看这个单位职工是否能够畅所欲言，积极地参与单位和国家事务的管理。为加强单位职工的主人翁意识，更好地开展单位的工作，除建立和完善必要的法律保障和思想教育外，对进言者实行激励也是十分重要的。

创造大胆进言的良好环境。每个人、每项工作，都会因主客观因素，出现这样那样的错误，出现不同程度的缺点和过失，单位领导也不例外，而且单位领导者出现差错对单位的危害更大。所以，在单位提倡和鼓励职工对领导者多提批评意见意义很大。当然，要做到这一点也不是一件容易的事，除了单位领导者的思想觉悟外，还有必要的制度和讲究听取与接受批评意见的艺术。

第一，保障职工提意见的权利。实行领导负责制，领导对单位重大问题有决策权，但这丝毫不意味着可以取消职工的发言权，特别是不能取消职工对领导的批评权。单位要制定一定的规章和进言程序，提供适宜的场所和时间，让大家痛痛快快地讲心里话，哪怕是对领导者言辞过激或批评不那么全面，也应让大家把话讲完（当然，提意见者注意方式也是很重要的，但不能苛求）。对职工大胆揭短的精神应予以奖励，绝不允许任何人以任何借口对提意见的职工打击报复（如有违反者要给予必要的惩罚）。

第二，真心实意听取职工意见。对待广大职工的批评意见要有"闻过则喜"的精神。为了改进单位的工作，真心实意地听取各种批评建议，单位领导者必须尊重、信任职工，欢迎职工大胆进言，对进言者予以奖励。

第三，讲究接受进言的艺术。领导者听取职工批评意见要注意以下几点：其一，实事求是地看待自己，正确地评价自己的功过，对批评者持谦虚态度；其二，把自己放在提出批评的人的位置上，这叫作"心理位置互换"，这样一来好多问题就能想通了；其三，如果批评确实不当，可以用平等对话的方式，交换意见，不要将怨气闷在肚里；其四，除非必要的解释，否则不要过多地为自己辩护；其五，不要在接受批评时强装笑脸，人走后就发牢骚，否则批评者以后就不敢再提意见了；其六，在接受批评时，一旦发现自己声音变大就应马上停止说话，以免挫伤批评者的积极性；其七，征求批评者的意见，自己该如何改进，促成融洽气氛，同时也可以得到一些有益的劝告；其八，集中注意力听取批评意见，对能立即改正的问题应明确表态，不可含糊推托，一再"研究研究"。总之，讲究接受进言的艺术，不仅可以提高批评意见的质量，有利于工作改进，同时也是对广大职工积极提意见的一种鼓励。

重视合理化建议的奖励和推广。怎样才能搞好对合理化建议的奖励工作呢？一般来说，宜注意以下几点。其一，掌握评奖标准。判断一项合理化建议是否应该受奖应掌握其进步性、可行性和效益性。进步性是指建议者所提的方案、措施相对于本单位（或本系统）原有状况有所改进、完善和提高；可行性是指方案、措施在实践中可以实施；效益性是指项目实施后可以带来经济效益或社会效益。凡符合以上标准者，单位或上级主管部门皆应予以奖励。

其二，根据创造效益的不同给予不同等级的奖励。凡可以计算出经济效益的合理化建议，应根据年节约或创造价值的数额评定奖励等级。对于那些难以计算经济效益的项目，如有关管理、产品质量、安全技术、环境保护等的项目，应考虑其解决问题的重要性、应用范围、进步水平，用评分方法决定奖励等级。这些都是根据国家颁布的《合理化建议和技术改进奖励条例》所制定的，随着时间的推移，也要做某些修改和调整。有的地方根据自己的实力提前提高奖励金额也是可取的。

其三，正确对待建议未被采纳者。职工提合理化建议的过程，也是一个创造性劳动的过程，其间免不了会有人提出一些在当时情况下人们还不理解或者是不合理或不现实的建议，对此，单位领导要正确对待并教育职工正确对待自己和对待别人。在合理化建议活动开展得比较好的单位，常常可能出现就某一问题有多人提出多种建议的现象。领导者当然要集思广益，择善而从。但是那些未被采纳的建议也有积极意义：它可能是实施方案的补充，利用其有益部分可使实施方案更加完善；它可能是另一方案的雏形，如果使它完善可能会代替目前实施的方案。对不同建议的比较可以激发职工的想象力，有益于开发职工智力。

其四，注重推广运用。对于提出合理化建议的个人和集体必须予以及时奖励。任何对合理化建议奖励的拖延、怠慢或不兑现都是不妥当的。对合理化建议不仅要注重奖励，更要注重对建议项目的推广运用。如果一个职工提出一项合理化建议，受到单位嘉奖，热闹一阵子就过去了，建议未见实行，这是一种极大的浪费和对人才的压抑。人们的创造性劳动，不仅需要得到物质上的奖励，而且需要看到自己的建议在单位中得以实施，这是一种更重要、更宝贵的精神奖励。对合理化建议的推广运用，不仅是对建议者本人的激励，而且只有推广运用才能使合理化建议产生真正的、更大的效益。

其五，实行全员合理化建议制度。单位所有职工包括各级领导者都是单位的主人。为了单位的兴旺发达，大家都有责任。单位不仅要鼓励广大职工参加合理化建议活动，也应鼓励机关、科室、技术、行政、后勤和各级领导都参加。单位领导对所有提出建议的人要一视同仁，不可因建议者是负责人，是劳动模范、先进者，就重视他们的建议，奖励数额也高；而因建议者是普通职工或非本工种的职工就冷淡、轻视其建议，奖励数额也低。这种做法是不妥当的。在单位，人人都是平等的，无论是谁提出合理化建议，只要建议的效果好，就应该对其予以奖励甚至重奖。

倡导竞争的激励方法。激励能促使人们竞争，调动人们的积极性。但是，如果组织不好，也会产生消极作用，所以必须注意以下几点。

第一，注意确立正确的预期评价。竞争的组织者一要帮助参赛者正确认识自己，宁可估计稍低，不可评价过高；二要设置不同层次和等级的奖励，以满足不同水平参赛者的需要；三要注意竞争的形式和内容，尽量使大多数人都愿意参赛，有获奖的机会；四要注意比赛对手的安排，一般宜将水平相当的人员编组参赛，这样有可比性，容易形成竞争局面。

第二，注意奖励锲而不舍、败而不馁的竞争者。在竞争中，不仅要奖励优胜者，而且要奖励那些虽落后但仍顽强拼搏、奋斗到终点的勇士（包括表扬其精神，帮助其找出差距）。在竞争中只注意向获奖者奉送鲜花，而冷淡落伍者的做法是不妥当的。这样做不仅会给落伍者增加心理负担，而且会造成获奖者与未获奖者之间的矛盾，有时还会使获奖者被孤立。

第三，注意调适集体内部和集体之间的关系。在对集体竞争实行奖励时要鼓励集体之间和个人之间相互帮助，取长补短。既要奖励劳绩，也要对讲团结、有风格的先进集体和个人予以奖励，以形成良好的竞争环境，培养集体主义精神和全局观念。在安排竞赛项目的同时，要考虑集体与集体、个人与个人之间的工作联系，特别是对于那些上道工序和任务的结果直接影响下道工序任务的完成的工作，要有基本统一的考核标准，使关系较紧密的个人或集体在做出大致相同的努力时获奖概率基本相同，不至于出现太大的差距。在可能的情况下，在竞争时，尽量安排一些个人与个人、集体与集体之间相互协作、共同完成的考核项目,以加强相互联系,融洽感情,减少隔阂。

第四,严格纪律,保证竞争正常进行。竞争是一项富有挑战性和引诱性的活动,为保证其正常进行,须执行严格的纪律。对竞争中弄虚作假者、违反竞争规则者、站在小团体利益的角度袒护集体和个人者,都应按规定予以处罚,或取消获奖荣誉,或降低获奖等级,或通报批评及给予纪律、行政处分。只有参与竞争者都认识到竞争的积极性和严肃性,自觉地爱护它、维护它,才能使它发挥重要的作用。

激励的基本原则

激励是一个包括奖励和惩罚在内的系统工程，涉及的人员方方面面，激励的内容也多种多样。为了有效实施激励，建立科学有效的保障机制，应在实施激励时遵循以下几个基本原则。

一　有益性原则

激励不仅是对员工良好行为和优良成绩的一种积极肯定，更重要的是它能促使员工将这种行为保持下去并不断增强，做出更大贡献。激励的有益性必须表现在两个方面，其一是表现在激励前（主要考核激励对象的行为和成果），其二是表现在激励后（主要检查激励后的实际效果）。必须将这两者结合起来。

激励的有益性必须和社会、单位的发展相一致，这有益于提高员工思想道德和生产技术素质。从社会发展来说，一切有利于改革发展、振兴中华的积极思想、精神、行为和成果，一切有利于民族团结、社会进步、人民幸福的积极思想、精神、行为和成果，一切用诚实劳动争取美好生活的积极思想、精神、行为和成果，都应受到社会的奖励，并使其行为和成果得以坚持与发展；一切与此相悖的都要受到社会的惩罚和谴责。从发展来说，一切有利于完成生产任务和工作任务，提高产品质量，节约国家、单位资财和能源的行为，有利于工作、科研、设计、改善工作条件而取得重大成果的行为，有利于改进经营管理、保护公共财产、防止或挽救事故的行为，有利于发展和树立形象的行为（包括提出各种合理化建议和参与各项文体、服务活动）都应受到单位和社会的奖励，并使其行为得以坚持和强化，为单位和社会做出更大贡献；一切有损单位和社会利益与形象的言行都应受到惩处。

激励的有益性必须和时代的发展相一致。时代是在不断发展变化的，此时制定的激励标准到了彼时，就可能因过时而不能完全体现出时代特点。因此，必须不断修改、调整激励的标准和方法，使其保持连续不断的有益性。

激励的有益性必须体现为动机与效果的相一致。检验激励成功与否的一个重要方面，就是看实行激励的效果如何。如果我们按照激励的标准考核并实施了，但受奖单位和个人没有将其行为坚持和强化，受罚单位和个人也没有醒悟和改正，反而产生了消极影响，那么，这种激励的有益性就是不完全的。为了保证激励有较高的有益性，根据信息论的原理，必须实行"双向通信"，既要发布信息（实行激励），又要接收反馈信息（检查激励后的效果）。只有通过信息反馈才能甄别激励的有益性，只有根据反馈信息调整激励标准和方法，才能保证激励动机和效果的一致性。

二　公平效率原则

公平就是处理社会中各种利益关系；效率则是实现社会资源的有效利用。公平与效率的关系，实质上是如何从一定的生产力水平出发，充分调动各方面的积极性，以最有效地利用社会的人力、物力和财力资源。

改革开放以来，人们认识到平均主义的危害，拉开了分配差距，提高了劳动生产效率。但一味追求效率，忽视了社会公平，则会引起员工较大的心理波动，也给改革带来了困难。要摆脱两难的境地，处理好公平和效率之间的关系，应把握好以下几点。

首先，机会均等是效率的源泉。长期以来人们注意的是结果均等，忽视和忘记了机会均等，在就业、劳动、发挥才能等各方面都没有创造机会均等的环境和条件。权力、金钱、关系决定着人们在社会中的地位，劳动者不能站在同一起跑线上开展竞争。为了使激励有效，必须为人们提供平等的机会，只有这样，不同能力的劳动者才可能因自己的不同贡献而获得不同的报酬，从而使能力强、贡献大的人产生扩大收入的内在动力。

其次，以效率为目标是公平目标得以实现的重要条件。只有以效率为目标，才能享有和行使自主权；只有把利润的最大化作为追求目标，它才能充分地、有效地为不同劳动能力的员工提供平等的竞争条件；只有以效率的大小为奖励或惩罚的标准，才能促进员工更关注自己的工作，充分发挥自己的积极性、创造性。

当然，目前我国的市场经济体制还不完善，人们在劳动工具、劳动资源的占有上还不一样，受教育、就业选择的机会还不均等，这些都是需要通过改革逐步完善的。但是，就激励来说，则不必也不可能等待改革的大环境完全良好以后再来进行。在此，既要避免以牺牲效率追求公平，也要防止贫富悬殊，超过了社会容许的范围，特别是超出低收入员工的心理承受力进而产生不安定因素。激励应使有效经营和诚实劳动且成绩卓越者受到重奖，使损害单位和社会利益者受到重罚，同时防止两极化，在促使效率提高的前提下体现社会公平，这是激励应遵循的一条基本原则。

三　整体效应原则

古希腊的哲学家亚里士多德曾说过："整体大于部分之和。"人们通过丰富的社会实践深刻地认识到这一名言的正确性。一个单位、一个部门就是一个系统，是由许多小的单位或子系统组成的。为了保证该系统发挥最佳整体效应，必须要求每个单位或子系统功能良好并充分发挥作用。但仅此而已还是不够的，只有个体优良并不一定能产生最佳效果。以一架飞机为例，飞机上的许多零件本身从单个来看并不是最先进的，但其整体机能却可达到第一流的水平。美国阿波罗计划中没有日本造不出的东西，但对于整体的计划、设计和管理技术，日本却达不到美国的水平。所以，在整体中仅仅重视各个单元的作用是不够的，其重点应注意整体的效能。激励也是如此，要重视整体效应，须注意做好以下两方面工作。

第一，调节人们的攀比心理。攀比心理是指人们在社会比较中，行为主体的期望值同实际所得产生不一致而形成的攀高心理倾向。攀比，一般有两种情况，一是横向攀比，二是纵向攀比。横向攀比是指个人与个人、集体与集体之间，把自己的报偿（包括工作条件、职务待遇、劳动报酬等）与投入（包括接受教育、耗用时间和精力、工作的努力程度等）之间的比值与他人的报偿与投入之间的比值相比较。如果相等，则认为合理；如果不相等，特别是自己低于别人时，则认为不合理，从而产生不公平感。纵向攀比，是指把现在报偿和投入的比值与过去报偿和投入的比值相比较。如果现在等于或高于过去，则认为合理；如果低于过去，则认为不合理。

对攀比心理须做具体分析，不可一概而论。为了帮助员工克服消极的攀比心理，其一，要帮助人们认识到不同的劳动支出创造的价值不同，因而劳动报酬也不一样。社会分工、生产分工所形成的不同职业、不同岗位和与之适应的地位、责任、贡献和风险不同，决定了人们的收入不可能绝对相等。其二，帮助人们将感性认识上升为理性认识。人们之所以容易产生消极的攀比心理，一个很重要的原因就是对自己和他人的评价感觉不同。对自己的投入往往评价过高，对别人的投入往往评价过低，在报酬的评价上则刚好相反。为了克服消极的攀比心理，有必要将浓厚的感情色彩冲淡一些，将理性的判断成分增强一些。不传小道消息，不受小道消息影响。其三，凡是有条件的，都应当在严格质量管理和定额管理的前提下，积极推行计件工资制和定额工资制，实行科学的管理制度，并将考核、评价、激励过程公开化，以提高透明度，消除猜忌情绪。

第二，根据员工工作相互联系的疏密决定分配差距大小。平均主义、"大锅饭"为什么不能调动人们的积极性呢？问题就在于干多干少、干好干坏、干和不干都一样，人们贡献的大小与自身的利益不挂钩。要克服平均主义，打破"大锅饭"，一个重要标志就是拉开分配差距。只有拉开差距，人们才能更关心自己的工作并力争做出大的贡献，人们才能为了提高自身素质而加强知识文化学习和技术训练，才有利于人们根据自己的素质情况选择适宜的工作岗位和鼓励大家到艰苦的工作岗位上工作。

拉开差距的根据是什么呢，只能是人们的劳动及其成果。考核人们劳动成果的大小，在简单、个体的生产劳动中是很容易的。但是在复杂集约化的现代生产中，一项工作、一项成果往往凝聚着许多人长时间的劳动，要绝对准确区分每个参与者的贡献大小比较困难。所以，分配差距的大小要视人们工作相互联系的疏密而定。对于相互联系、相互配合程度较强的工作，对其参与者宜采取差距较小的分配方法，这样可以促进参与者相互团结、相互帮助，产生较好的整体效应。反之，则会产生离心力，闹不团结，影响整体效应的发挥。对于相互联系、相互配合程度较弱的工作，对其参与者宜采取差距较大的分配方法（视各人贡献大小而定），这样可以促进参与者增强竞争意识，调动其积极性。反之，则会出现平均主义、"大锅饭"，奖金虽然发了，但效率并不见提高。

四 首次激励原则

首次激励是指人们初到一个新环境后受到的第一次奖励或惩罚。随着社会活动的丰富多彩、人才流动的频繁，人们将会不断地调换自己的工作、学习、生活环境，就是在一个单位，也会因工作需要而调换工种和工作岗位。搞好首次激励对管理员工和调动员工积极性是十分重要的。下面主要谈谈首次奖励的作用。

可以消除人们的畏惧心理。人们初到一个新环境，总会因对周围的人和环境陌生而产生畏惧心理，这种心理对于帮助人们迅速适应新环境、调动积极性是不利的，有时甚至会影响人的终身。实行首次奖励，能够帮助人们较快熟悉新环境，消除陌生感和畏惧心理，奖励成功有时甚至会引起人生的重大转折或影响其今后的努力方向。不少有名的科学家、作家、演员、运动员，就是因为他们的某一行为或成果受到师长和友人的首次嘉奖而成材出名的。

可以提高领导工作效率。一个单位来了一个新同志，领导最关心的就是该同志能够马上胜任工作，干出成绩来。而作为新同志最关心的就是该单位的领导能相信自己，使自己的才能得到最大限度的发挥。实行首次奖励，消除了新同志的畏惧心理，密切了其与领导者的关系，新同志在领导的鼓励、信任下，便能自觉地、创造性地执行领导决策，较快打开局面。这对提高领导工作效率无疑是大有好处的。

可以融洽同志间的关系。实行首次奖励，树立新同志的良好形象，有助于同志们对新同志增进了解和信任。新同志受到首次奖励后,也会感觉到集体的温暖,而这正是新同志焕发活力的基础。首次奖励为什么能产生上述积极作用呢?这要从心理学的角度来说明了。

第一,首次奖励能给人留下良好的第一印象。第二,首次奖励能帮助人们多看到对方的长处。第三,首次奖励能增强双方的期待效应。期待效应也称罗森塔尔效应,它是以心理学家罗森塔尔的名字命名的,该效应是指教师在心里对每个学生抱有的期待会影响教育的结果。实行首次奖励,传递了这种相互期待的信息,既调动了新来者的积极性,又增强了领导和同志们对新来者的信任感,使相互关系变得融洽。

首次奖励的作用是十分明显的,但怎样才能做好这一工作呢?一般来说要注意以下几点:首先要尽量多地掌握新来者的情况;其次要循序渐进,先求正确,再求迅速;最后要从小处入手,激发活力。新来者初到一个地方,最需要周围人,特别是领导者的关心和温暖。领导者应尽量增加和新来者的接触次数与深度,特别是要把对新来者的赞赏用语言和表情表示出来,不能只在心里说好。当然,表扬的分寸还是要掌握的。

首次激励除了首次奖励外,还包括首次惩罚。实施首次惩罚对人们特别是年轻人和新来者的影响特别重大,有时甚至会左右人的一生,所以,实施时要十分慎重。一般来说,对年轻人和新来的员工,如果不是重大的差错,不要使用惩罚特别是不要使用严格的惩罚;惩罚时一定要将事实和原因弄清楚;惩罚的结果一定要有利于受罚者改过自新,有利于大家受到教育,并帮助和团结受罚者一起进步。

五 物质和精神相结合原则

为了有效地执行物质和精神相结合的原则,有必要认识物质激励、精神激励的重要作用以及两者的关系。

我们现在还处在社会主义初级阶段,执行的是"按劳分配"原则,对大多数人来说,劳动还是人们谋生的手段和需要。据此,必须执行物质奖励或惩罚。首先,物质利益能够满足人们在劳动基金方面的需要,为他们在社会劳动中各尽所能提供物质保证。其次,物质激励是"按劳分配"

的一种体现。最后，实行物质奖励、满足人们的物质利益需要也是社会发展的重要途径。不论从国外还是我国社会发展的历史来看，单位要发展，社会要发展，必须提出和满足员工与人民所期望得到的物质利益目标。在国家制定的经济计划和发展目标中，都有一项指标是提高和满足广大人民群众物质利益的。没有物质利益的满足，没有物质奖励，在短时间内对少数人来说或许是可行的，但在长时期，对多数人来说却是不可行的。

随着物质生产的发展，人们的物质生活日益改善，人们对精神利益的追求和需要也越来越迫切。精神激励对员工来说作用很大。首先，精神激励能促使员工不断发展完善自己。其次，精神激励能够产生强烈而持久的动机效应。最后，精神激励有利于强化精神，培养一代新人。人们的生存和发展有赖于良好的精神指导，实行精神激励，宣传了好人好事，表彰了先进个人和集体，树立了好榜样，为广大员工提供了学习、赶超的目标，有利于培养有理想、有道德、有文化、有纪律的新一代。

物质激励是从物质利益的关心方面调动劳动者的积极性，精神激励则是从提高员工思想政治觉悟和道德情感方面调动员工的积极性。物质激励和精神激励两者是密切关联的，物质激励本身就体现着精神激励的因素，而精神激励也必须以物质激励为基础或借用一定的物质形式。但是，两者又是有区别的，各有自己的特点和侧重面，不可混为一谈。一方面，物质激励是按劳分配的体现，是精神激励的基础。精神激励的依据是什么，它为什么能调动员工的积极性，归结到一点就是它符合社会主义的经济制度，体现着按劳分配原则，如果没有物质激励，既不能体现按劳分配的社会主义的经济制度，又将影响或失去精神激励的有效性。另一方面，精神激励又是物质奖励的保证。要实行物质激励必须打破平均主义，按劳绩考核授奖或处罚，要达此目的，除了必要的思想教育外，还须在精神鼓励的作用下，引导人们正确认识现行的经济政策，努力从改变自己的工作状态出发。同时，物质激励量的多少也不是容易做到绝对准确的，这就要求员工正确对待物质利益，相互谦让，团结和睦。这一切都离不开精神激励。

六　民主公开原则

民主参与管理是国家宪法、单位规定赋予公民、员工的权利，任何人不得以任何形式侵犯或剥夺，特别是与员工利益相关的奖惩、分配制度，更少不了员工的民主参与。管理是一种双向的活动，它既包括管理者对生产者的组织和指挥，也包括生产者对管理者的监督和对管理活动的参与。员工在激励过程中，既是激励的对象，也是激励的主人，要监督、参与激励活动，即对激励标准的制定、激励标准的考核、激励的实施等重大活动进行监督和参与。

执行民主参与、公开透明原则要注意以下几点。

忌包办代替，宜发动群众。激励涉及全体员工，虽然激励工作中的一些具体组织管理工作应由少数专门人员负责办理，但激励中的重要环节不能由少数人包办代替，而是要发动群众，这样才能评出真正的先进者和调动员工积极性。当然，员工参与激励工作，也会因各人的思想认识、关系疏密不同，提出一些不同或错误的意见，领导有责任进行正确的帮助和引导。但是当群众还未觉悟或还未统一认识时，切不可采取高压、包办的方式。

充分发挥基层的自主权。实行领导负责制和各级领导岗位责任制，增强了各级领导的自主权，这对于他们有效地管理、组织生产是大有好处的。因此，不能削弱或剥夺基层领导的自主权，其中包括对激励工作的自主权，这样也不妥当。在激励工作中，应充分发挥基层领导的自主权，对其间发现的问题可予以帮助教育，促其改进和纠正，而不宜越俎代庖。

发动群众评比，激励兑现公开透明。激励是一项群众活动，不仅要让激励标准为群众所了解掌握，而且还要让群众直接参与对本单位先进个人、先进集体和先进事例的评选活动。这样，广大员工不仅从条文上明白了奖励的内容，而且可以在实践中加深对奖励先进的认识，在评先进的活动中可以找到自己和先进者的差距或感受到其他员工对自己的鼓励。发动群众评比先进，奖励颁发公开透明，有利于克服各种弊端，可以消除各种神秘感和猜疑心理，全面展示先进者的好思想、好方法，检阅成果，鼓舞员工士气，培养广大员工关心、热爱、献身集体的主人翁精神。对于员工的处罚，一般情况下也宜公开透明。这样可以教育鞭策大家，使大家更好地遵守规章制度，维护形象。

七 处理好激励中的奖惩关系

为了正确地运用激励，使其在社会调控中发挥更积极的作用，组织者在实施激励时应注意以下几方面的问题。

有益性是激励的出发点和归宿。激励的有益性包括两层意思：对应该接受赏罚者必须予以赏罚；赏罚后应产生积极的效益，即受赏罚者和其所在集体的行为得到兴奋或抑制。为保证激励的有益性，激励目标的制定和实施必须和社会发展的要求相一致，和人民的要求相一致。

激励的有益性还要求各项具体的赏罚条例必须和国家的根本大法相一致。激励的有益性还要求激励目标的制定和实施与时代发展的要求相一致。

注意激励的两极。激励的一极是奖励，另一极则是惩罚；在奖励中，一极是物质奖励，另一极则是精神奖励；在惩罚中，一极是经济制裁或刑事制裁，另一极则是思想教育和批评说服。在激励的实施过程中，需要考虑将两者有机地结合起来。

第一，赏罚要对应。当我们考虑对某一行为的"正向"予以奖励时，也要同时考虑对其"负向"如何处罚，不可顾此失彼。第二，物质奖励和精神奖励相辅相成。要处理好国家、集体和个人三者的关系，处理好长远和眼前、整体和局部的利益关系，引导人们从关心个人到关心他人、集体、国家，发扬团结协作精神。物质奖励和精神奖励既有联系又有区别，在奖励时要有机地结合起来。在现阶段，既不能只给予物质奖励，使人们忘记大目标；又不能超越历史阶段，只进行精神奖励。要在不断满足人们物质需要（包括奖励的内容和形式）的基础上，不断提高人们的思想觉悟，对于社会先进分子则应有更高要求。第三，经济制裁和批评教育相互结合。经济制裁能使人们在经济利益受损的刺激下提高思想觉悟；批评教育则是直接帮助人们提高思想认识，转变其行为。只有两者结合，才能深刻教育本人，警戒大家，达到惩罚的目的。第四，动机和效果相一致。这是检验激励效果的一个重要方面。根据信息论的原理，有必要实行"双向通信"，即既要发布信息（予以激励），又要接收反馈信息（检查激励后的效果）。只有通过反馈的方法才能甄别激励是否产生效益和效益的大小，只有根据反馈信息调整激励标准和完善激励方法，才能保证激励动机和效果的一致性。第五，强化优点和削弱缺点。虽然奖励和惩罚都是激励实施中不可缺少的手段，对人们的成长和发展都有积极作用，但是，从理论和实践的意义上来说，从两者相比较的意义上来说，奖励的效果要比惩罚的效果好。善于发现和强化工作对象的长处和优点，善于把工作对象身上的消极因素转变为积极因素，是我们科学掌握激励理论和方法的有力证明。

时代呼唤，促进激励理论新发展

一　建立和完善一整套奖励法规

时代在发展，社会在进步，我国的激励理论和实践也在与时俱进，不断发展和完善。党的十八大以来，党中央、国务院高度重视对涉及国家层面奖励问题的研究，制定和完善了一系列法规文件，开展多个全国性的表彰活动。

党的十八大提出建立国家荣誉制度。为此，党中央确定了"1+1+3"的党和国家功勋荣誉表彰制度建设方案，即党中央制定一个指导性文件，全国人大常委会制定一部法律，有关方面分别制定党内、国家、军队3个功勋荣誉表彰条例。中共中央印发了《关于建立健全党和国家功勋荣誉表彰制度的意见》，全国人大常委会颁布了《中华人民共和国国家勋章和国家荣誉称号法》。

2017年8月8日，中共中央国务院印发《国家功勋荣誉表彰条例》。该表彰条例指出，"为了健全党和国家功勋荣誉表彰制度，褒奖在中国特色社会主义伟大事业中作出突出贡献的个人和集体，培育和弘扬社会主义核心价值观，增强中国特色社会主义伟大事业凝聚力和感召力，根据《中共中央关于建立健全党和国家功勋荣誉表彰制度的意见》、《中华人民共和国国家勋章和国家荣誉称号法》等，制定本条例"。功勋荣誉表彰奖励工作应当遵循以下原则：其一，体现先进性、代表性和时代性；其二，以德为先、注重实绩、群众公认；其三，公开、公平、公正；其四，依法依规、坚持标准、从严掌握；其五，精神激励和物质奖励相结合，以精神激励为主。

国家勋章包括"共和国勋章"和"友谊勋章"。"共和国勋章"授予在中国特色社会主义建设和保卫国家中作出巨大贡献、建立卓越功勋，道德品质高尚，群众公认的杰出人士。"友谊勋章"授予在中国社会主义现代化建设和促进中外交流合作、维护世界和平中作出杰出贡献的外国人（第六条）。

国家荣誉称号授予在经济、社会、国防、外交、教育、科技、文化、卫生、体育等各领域各行业作出重大贡献、享有崇高声誉，道德品质高尚，群众公认的杰出人士（第七条）。

党中央设立"七一勋章"和荣誉称号，中央军委设立"八一勋章"和荣誉称号，分别按照《中国共产党党内功勋荣誉表彰条例》、《军队功勋荣誉表彰条例》有关规定执行（第十四条）。

设立党、国家、军队功勋簿。"共和国勋章"、"七一勋章"、"八一勋章"、"友谊勋章"和国家荣誉称号获得者，党、国家、军队根据需要设立的其他勋章获得者，党中央、国务院、中央军委单独或者联合授予荣誉称号的个人和集体及其功绩应当记载于功勋簿（第三十六条）。

功勋荣誉表彰奖励获得者按照规定享有相应待遇（第三十七条）。

功勋荣誉表彰奖励获得者应当珍视并保持荣誉，模范遵守法律法规，全心全意为人民服务，自觉维护声誉（第三十九条）。

在我国建立统一的功勋荣誉表彰体系之前，各类评比和奖励的奖项多、代表性差、影响力弱，并且缺乏权威性、庄严性、科学性和规范性。中国特色功勋荣誉表彰体系的确立，不仅体现了奖励制度的严肃性，还是推进国家治理能力现代化的必然要求。党和国家功勋荣誉表彰制度体系的"四梁八柱"已经搭建形成，统一、规范、权威的中国特色功勋荣誉表彰制度已经确立。社会组织表彰奖励在功勋荣誉表彰制度中如何定位，如何管理还需明确、规范。当前社会组织表彰奖励管理中还存在申报主体、审核程序、总量控制等难点问题，提出建议对策，以期完善社会组织表彰奖励制度，促进社会组织规范、有序地开展表彰奖励活动。

2020年10月28日，第三次修订后的《国家科学技术奖励条例》（以下简称《奖励条例》）公布，并从2020年12月1日起实施。《奖励条例》是1999年5月23日中华人民共和国国务院令第265号发布实施的。新修订的《奖励条例》总则指出，"为了奖励在科学技术进步活动中做出突出贡献的个人、组织，调动科学技术工作者的积极性和创造性，建设创新型国家和世界科技强国，根据《中华人民共和国科学技术进步法》，制定本条例"。国家科学技术奖包括：国家最高科学技术奖；国家自然科学奖；国家技术发明奖；国家科学技术进步奖；中华人民共和国国际科学技术合作奖。

《奖励条例》指出，国家科学技术奖励工作坚持中国共产党领导，实施创新驱动发展战略，贯彻尊重劳动、尊重知识、尊重人才、尊重创造的方针，培育和践行社会主义核心价值观（第四条）。国家维护国家科学技术奖的公正性、严肃性、权威性和荣誉性，将国家科学技术奖授予追求真理、潜心研究、学有所长、研有所专、敢于超越、勇攀高峰的科技工作者（第五条）。

《奖励条例》已完成第三次修订。作为科技奖励制度一系列改革中的重要一环，新版条例力图通过调整"指挥棒"，以更加透明、严谨的制度设计，进一步激励自主创新、激发人才活力、营造良好创新环境，同时避免过度的功利导向，引导科技工作者回归科研初心。10月28日，新华社以"更透明、强监督、去功利"为题，在采访有关方面负责人后做出了新的解读。

第一，"推荐"变"提名"，程序透明成刚性要求。新版条例的一个亮点，是落实了科技奖励由"推荐制"调整为"提名制"的改革要求。后者也是国际通行做法。自中央全面深化改革领导小组2017年审议通过《关于深化科技奖励制度改革的方案》，次年，国家科技奖励即变"主动自荐"为"被动他荐"。此次条例修订，将这一改革举措上升到法规层面。科技部有关负责人介绍，改革报奖方式，实行由专家、学者、组织机构、相关部门等提名的制度，在坚持政府主导的基础上充分发挥专家、学者作用，强化奖励的学术性。作为程序保障，新版条例还对评审过程透明做出刚性要求。明确评审活动坚持公开、公平、公正的原则，评审办法、奖励总数、奖励结果等信息应当向社会公布。

第二，建诚信档案，加大监督惩戒力度。个别科研人员、机构有违反伦理道德或者科研不端等行为，隔几年避过风头后，又出现在科技奖励参评名单中——这样的情形曾被舆论质疑。新版条例注重科技奖励诚信体系建设，要求国家科学技术奖在提名阶段即对上述个人或组织"一票否决"，并建立对提名专家、学者、组织机构和评审委员、评审专家、候选者的科研诚信严重失信行为数据库。对科研不端"一票否决"、对跑奖要奖"零容忍"、对违规人员持续追责，这样的监督惩戒力度将让国家科技奖励更公正、更权威，也进一步为科研人员营造风清气正的学术环境，引导他们专注研究、发挥潜能。

第三，强化荣誉性，回归奖励"初心"。一段时间里，国家科技奖励与学科评估、人才评价、学位点设置甚至院士评选挂钩，导致一些科研人员对奖项趋之若鹜。新版条例明确规定，禁止使用国家科学技术奖名义牟取不正当利益。新条例强化科技奖励的荣誉性，将国家科学技术奖授予追求真理、潜心研究、学有所长、研有所专、敢于超越、勇攀高峰的科技工作者。未来，中国科协将根据新版条例的要求，履行好学术共同体作用，促进科技奖项回归荣誉本身。新版《国家科学技术奖励条例》之后，实施细则等一系列配套文件也将陆续出台，下一步还将规范各类科技评奖，减少奖励数量，提高奖励质量。[①]

2020年12月21日《人民日报》报道，教育部日前印发《关于正确认识和规范使用高校人才称号的若干意见》（以下简称《意见》），扭转了高校"唯帽子"倾向，提出不给人才贴"永久牌"标签、完善人才称号退出机制、培养支持各类人才等意见，深化人才发展体制机制改革，推进人才称号回归学术性、荣誉性本质，激发各类人才创新创造活力。

报道指出，近年来，教育系统以实施人才计划为牵引，吸引和集聚了大批高层次优秀人才，带动高校人才队伍建设取得显著成效。但由于人才

---

① 《更透明、强监督、去功利——解读新版〈国家科学技术奖励条例〉三大看点》，新华社百家号，http：baijiahao.baidu.com/s？id=1681799219609260068&wfr=spider&for=pc，最后访问日期：2023年12月5日。

评价制度还不够完善、改革举措落实还不到位,"唯帽子"的问题依然存在,亟须通过深化体制机制改革予以克服。一是不给人才贴"永久牌"标签;二是扭转过于看重人才称号的倾向;三是激发各类人才创新创造活力。

为规范高校人才招聘和引进工作,《意见》提出多方面举措。

《意见》要求高校精准提出人才招聘和引进岗位需求,不将人才称号作为硬性指标,不针对人才称号获得者发布"明码标价"的招聘广告;提出要统筹用好国内外人才资源,不将国(境)外学习或工作经历作为人才招聘引进的限制性条件;强调严格依照法律政策规定和合同约定招揽和引进人才,不得招揽在支持期内的高层次人才,禁止采取"不要人事档案、不要流动手续"或另建人事档案的违规做法招揽和引进全职人才。同时明确人才成果归属问题,要求严格按照署名单位认定、不随人走。

《意见》还明确,发达地区不得片面通过高薪酬高待遇竞价抢挖人才,特别是从中西部、东北地区挖人才。要合理发挥市场机制作用,探索建立高层次人才流动的前期培养投入补偿机制。鼓励中西部、东北地区高校人才称号获得者与学校签订长期服务合同,为实施国家和区域发展战略贡献力量。

除了制定上述国家和部委机关层面的奖励科研成果和人才导向的法规文件外,近年来,中央也先后召开各种会议,对各方面的优秀个人和集体予以奖励。

2018年12月18日,中央召开庆祝改革开放40周年大会,表彰各行各业涌现出来的100位杰出人物。

2020年9月8日,在过去8个多月时间里,中国经历了一场惊心动魄的抗疫大战,经受了一场艰苦卓绝的历史大考。全国抗击新冠疫情表彰大会在人民大会堂召开,国家勋章和国家荣誉称号获得者,全国抗击新冠肺炎疫情先进个人和先进集体代表2000余名受到表彰。

2020年10月17日,全国脱贫攻坚表彰大会在京举行。国务院授予丁建华等25名同志"2020年全国脱贫攻坚奖奋进奖"称号,授予王小权等24名同志"2020年全国脱贫攻坚奖贡献奖"称号,授予马明哲等25名同志"2020年全国脱贫攻坚奖奉献奖"称号,授予马树友等25名同志

"2020年全国脱贫攻坚奖创新奖"称号等。

2021年6月29日，中共中央在人民大会堂举行"七一勋章"颁授仪式，习近平总书记向29名功勋党员颁授勋章。习近平强调，一百年来，一代又一代中国共产党人，为赢得民族独立和人民解放、实现国家富强和人民幸福，前仆后继、浴血奋战、艰苦奋斗、无私奉献，谱写了气吞山河的英雄壮歌。[①] 至此，我国五大最高荣誉奖项全部颁齐。

为了更好地适应形势需要，我国的激励理论研究还需要广泛、持续、不断地深入推进。

二 建立中国特色的奖励学

任何一门学科的提出和建立，都不是凭空产生的，它必须有自己赖以生存和发展的客观条件和环境，它必须是对历史经验和人们社会实践的总结，它必须有自己建立的理论基础和发展方向。

科研经费保障能调动科研人员的积极性和创造性，但是通过深入研究，笔者认为目前有些单位的科研经费管理机制不够完善，效果是不好的。经费管理涉及对老师及研究人员的劳动、考核、评价、晋升等方面的问题，是一个系统工程。当前，主要存在以下问题：经费划拨不到位，考核评价不科学，对后期成果的资助没有按现行经费政策去处理等。笔者将上述想法向《湖北日报》编辑部汇报后，他们立即安排与笔者商谈。2016年6月21日，《湖北日报》在一版头条的位置加上"编者按"，以《科研管理需要思想解放》为题，将笔者撰写的文章以"读者来信"的形式摘编刊发。

《湖北日报》编辑部：科研经费的管理要与时俱进、改革完善。当前的科研经费管理存在一些问题。如对于来自企业、社会团体、个人等所谓横向课题经费和学校发放给老师的个人奖金、津贴等费用，不能套用国家课题经费管理模式。目前的做法，不仅增加了老师的精神负担和实际工作量，增加了学生们帮忙报账的辛苦，也增加了财务人员的编制和工作量。

---

① 习近平：《在"七一勋章"颁授仪式上的讲话》，人民出版社，2021，第2页。

同时，也使老师们的科研积极性受到影响。

后来，笔者在多个座谈会、调研会上发表上述意见，向新华社、《光明日报》等媒体反映此事。2016年6月7日《人民日报》发表评论《让经费为人的创造性活动服务》指出，科研经费的管理必须按科研自身的规律办事。首先，科技创新是高级脑力劳动，最关键、最核心的因素是人，而不是仪器设备；如果离开了有创造力的人，再先进的仪器设备也是毫无用处的废铜烂铁。因此科研经费支出应多考虑人的因素。其次，科技创新属于智力探险，具有极大的不可预见性和不确定性，许多时候走哪条路、怎么走都不清楚，很难提前几年把做多少试验、用多少试管"计划"得一清二楚，经费使用应该留有一定的灵活空间。再次，不同类别的科研项目有自己的特殊性，理论推演、野外考察、实验室研究、技术开发……都有各自的特点，在经费安排和使用上不宜一刀切，应分类考量、区别对待。

上面说的仅是有关科技奖励中的经费管理问题，其他方面存在的问题也不少。笔者以为，当前提出建立中国版本的奖励学是适时和必要的。这是因为第一，历史的经验需要科学的总结。在漫长的历史进程中，先辈在奖励方面的大量实践和理论，形成了一笔价值连城的精神遗产。为了让这批宝贵的精神财富适应于当代中国的国情，从经验上升为科学，有必要专门建立一门新学科——奖励学。

历史的发展向我们揭示了这样一种趋势，系统的组织者和领导者由关心物到关心人，由惩罚人到奖励人，由物质奖励到精神奖励，由满足人的低层次精神需要到满足人的高层次精神需要。研究人、重视人、奖励人、调动人的积极性，是历史发展赋予理论工作者、组织者和领导者的重任。我们应站在前人的肩上学习、继承、借鉴丰富的历史经验，创立有时代特色、民族特色的社会主义奖励科学。

第二，新技术革命提出了迫切的要求。正在世界范围内兴起的新技术革命，对我国经济的发展是一种机遇和挑战。要把握良机接受挑战，关键之一是重视对人力资源的开发和运用。正因如此，党中央提出"尊重知识，尊重人才"。这是十分正确的。我们应该从世界发展、经济社会的发展和人才培养出发，用心研究，制定我国奖励人才的政策。因此，建立奖励学十分必要，它为国家制定有关政策提供理论根据。

第三，改革和发展需要重视提高人的素质。当前经济、政治体制改革和社会发展中的一项很重要的内容就是提高人的素质。随着改革的深入，人们的价值观在发生变化。开拓创新、勇于进取的精神取代了安贫乐道、因循守旧的处世伦理，标新立异、勇担风险的精神取代了笃信教条、平安至上的保身哲学。一种以振兴中华为己任的新型价值观正在形成。奖励是一个伴随人们而行的长久课题。2020年6月29日，习近平在中央政治局第二十一次集体学习时强调，要深化干部制度改革，完善管思想、管工作、管作风、管纪律的从严管理机制，推动形成能者上、优者奖、庸者下、劣者汰的正确导向。① 中央以往提得最多的是能者上、庸者下、劣者汰，此次用人导向新增"优者奖"，透露了中央在用人方面的最新思考。这也是新形势下奖励学需要研究的新课题。

在伦理观上，改革需要人们以勤劳致富的新思想取代"为富不仁""商贾为贱"的旧观念。人们通过勤劳和智慧去大胆地追求物质利益（同时也为社会创造更多物质财富）的行为，受到社会的赞赏和支持。树立新的义利统一观，积极主动地去思考和评价现代化科学技术发展所带来的道德问题，是改革中的一个新课题。

在时间效益观上，改革需要人们珍惜时间，讲求效率。"时间就是金钱，效率就是生命"正在成为人们工作、生活、娱乐以及社会活动中的行为准则和习惯。

在知识观上，随着"信息骤增"频率加快，改革不仅要求人们知识的广博性，还要求人们知识的新颖性。只有这样，才可能加快人们科学文化、技术技能素质的提升速度。

以上种种变化和将要发生的变化是与改革的实践和发展相吻合的。要达此目的，当然要多方面进行努力。但是，奖励作为对人们行为的一种信息反馈，是对人们的一种道德评价，是一种良好的教育方法，是调动人们的积极性、创造性、主动性，开发人力资源的有效方法和手段，对于提高

---

① 《习近平在中央政治局第二十一次集体学习时强调　贯彻落实好新时代党的组织路线不断把党建设得更加坚强有力》，《人民日报》2020年7月1日，第1版。

人的各方面素质关系重大。凡是有人的地方都需要管理，要管理就少不了奖励（也包括惩罚）。所以，根据改革的需要、时代的发展，研究、创立适用于中国国情的奖励学是十分重要的。

第四，现实中存在的问题需要做理论说明。在我国的现实生活中，出于种种原因，奖励实践中出现了不少问题。如现在不少单位都在执行奖励，但对奖励的作用认识不足，以为多发奖金就是搞好了奖励，就能调动职工的积极性。一旦奖励中出现了问题，他们又惧怕使用奖励，凡是评先进、树典型的活动都不搞。有的单位在物质奖励上继续吃"大锅饭"，搞平均分配。有的单位重视了精神奖励，但又把它简单化了，以为精神奖励就是奖旗、奖杯、大红喜报。因此，应当怎样制定科学的奖励标准，奖励先进和发挥最佳整体效益的关系如何处理，领导者该不该受奖以及如何考核评价领导者的成绩，对他们实行奖励，还有奖励的时机，奖励中的美感问题，物质奖励和精神奖励的关系问题等，都是亟待从理论上研究和解决的现实问题。

第五，建立奖励学有其理论基础。随着我国改革的深入，经济建设和精神文明建设的发展，社会科学愈加繁荣。许多理论工作者撰写了政治思想工作、组织人事管理、领导科学等方面的著作和论文，其中都有一些章节谈到奖励问题，我国不少报刊发表了有关宣传、研究奖励问题的文章，不少理论工作者从政治、经济、道德、管理等不同方面进行奖励学专著的撰写工作。不少大学、党校、工会、企业领导干部培训班开设了奖励学专题讲座等。大批的理论工作者，从不同的角度，运用不同学科的理论围绕奖励问题进行了广泛的研究，说明这一学科建立的客观必要性和理论可行性。

（一）奖励学研究的对象、特征和方法

研究对象和任务。奖励学是研究在人的行为过程中为什么要实行奖励，奖励与人的生理、心理、行动的关系以及奖励在具体操作过程中表现出来的特性及其规律，从而提出奖励规范的一门学科。该学科要研究的是，奖励为什么能满足人们的需要，培养坚强的意志，调动积极的情感，形成良好的道德品质，发挥聪明才智和创造力等，以及如何根据不同的时空、不同的对象，采取不同的方式来组织、实施奖励以达到这些目的。

奖励学的基本特征。奖励学作为一门独立的学科，不仅有着一般学科所具有的共性，而且有着本学科自己的特征。

实践性。奖励学是一门实践性很强的应用学科。这种实践性表现在，奖励学是应社会实践的需要而产生的，它必须对奖励实践中存在的问题予以科学的理论说明，帮助人们解决奖励实践中存在的问题。

综合性。奖励学是多种学科理论综合融通的知识总汇。它需要用心理学来说明奖励与需要、动机、情感、意志等方面的关系；用伦理学来说明奖励与道德评价的关系；用社会学来说明奖励在社会控制和人的行为调节中的作用；用教育学来说明奖励是一种特殊的教育方式；用美学来说明人们对奖励美的向往和追求；用经济学来说明奖励中的数量分析、奖金分配；等等。这种综合性，既包括社会科学内各学科间的综合，也包括社会科学与自然科学两大科学部类的综合，是用多种学科的基本原理，融会贯通地集中说明奖励问题，以形成自己的学科特征。

发展性。奖励学的发展性是由它研究的对象——人，以及与人息息相关的社会的不断运动变化决定的。从人类发展史来看，人的自身能力的发展在不断增强，人的各种要求在不断提高；从世界管理史来看，根据人的这种变化，奖励理论和方法也在发展和改进。所以，在研究奖励学时，必须尊重事实，尊重科学，解放思想，敢于创造，勇于革新。根据这种发展性，要有远见、预见，善于发现新问题，研究新情况，总结新经验，只有这样才能推动奖励理论发展，获得新真理。

民族性。中国式的奖励学不仅有着奖励学的一般特点，而且具有中华民族的特殊性。这种民族性包含两个层次，其一是中国全体人民的共同特性，其二是中国各民族的不同特性。根据不同地域、不同民族的文化水平、传统习惯、生理和心理状况制定适用于不同民族的奖励方法是十分重要的。只有这样才能调动各族人民的积极性，形成全国各族人民的平等、团结、互助关系，把全国各族人民的事情办好。

(二) 奖励学的学科体系

奖励学可以分为基础科学和实用技术两大类。在基础科学中，包括：奖励史（中国奖励史，外国奖励史）；奖励基础理论，即奖励的含义和作用，奖励学的研究对象和特征，奖励学与其他学科的关系，心理学、教育学、伦理学、社会学、美学、管理科学理论在奖励中的运用等；奖励学的研究方法，根据不同年龄、区域、职业而形成的各种分类奖励学，如儿童奖励学、青年奖励学、特种人员奖励学、家庭奖励学、学校奖励学、企业奖励学、科研奖励学、军事奖励学、社会奖励学等。

实用技术包括：奖励实施过程，即奖励标准的制定、方案的实施、效果的检查、机构的设置等；奖励原则，即民主公开原则、群众参与原则、物质奖励和精神奖励相结合原则等；不同奖励方法的运用；奖励艺术，即奖励的运用技巧、语言艺术等。

四论　程序科学论：
　　　大力推进程序化建设

程序科学概述

一 什么是程序

全面建设社会主义现代化国家、全面推进中华民族伟大复兴，是摆在全国人民面前的一项艰巨任务。为完成此任务，需要从多方面努力，但有一条是必须强调的，那就是在处理人与自然、人与社会、人与人、人与自我及各种不同文明的关系上，需保持一种和谐有序的运动状态。程序论的提出和发展是一个历史过程。本论注意到这一发展变化，特别注重介绍党的十八大以来的新变化。

所谓和谐，是指相互联系的诸要素配合默契、恰当和匀称，由此形成一个平稳、互助和共生的互动态势。和谐有利于消除隔阂和矛盾，减少不必要的碰撞和争斗，把损失减少到最轻和最低；和谐有利于系统诸要素相互配合，相互支持，产生最大和最佳的整体效益。

为了保证现代社会全面可持续地发展，必须处理好人与自然、人与社会、人与人、人与自我及各种不同文明的诸多关系。在这些关系中，任何一种关系处理不好，都会影响社会的整体发展，造成社会的失调、失衡和失控，甚至失误，带来或大或小的震荡、动荡和缺损。和谐是一个永恒运动、变化、升华的过程。在这个过程中，要不断地克服旧矛盾，协调新关系，使和谐的诸多表现，如和缓、和衷、和气、和平、和顺、和善、和睦、汇合、联合、融合、合作、合好等，不断地进入一个新的层次、新的状态和新的境界。也只有这样，才能全面有效地推进人与社会、人与自然的全面进步和繁荣。这对于实现全面建成小康社会，开创中国特色社会主义事业新局面的伟大目标是至关重要的。

为了实现国际或一个地区、一个单位、一个部门，甚至一个家庭的和谐，必须实行有序的组织和管理。所谓有序，就是要设置保证系统正常运作的科学程序。只有程序设置科学，才能保证实现最后的和谐结果。那么，什么是程序呢？

在如今这个高科技发展的时代，对"程序"用得最多的就是计算机领域。

《国外新概念词典》的解释是：程序是计算机的专门用语，意思是"计划"，即对电子计算机要执行的工作内容和顺序给予明确的规定并用计算机语言书写出来。由于电子计算机执行着各种不同的工作，故而需要使用者按照各种用途自己编写各种不同的程序。用某种程序语言来编写程序，称为编码。在编写程序时难免会有差错因而需要检查和修改，这个工作称为调试。调试可以采取人们在办公桌上复核审查程序的方式，也可以采取将程序放到电子计算机里执行以查找错误的方式。使用电子计算机来处理数据，这种程序称为处理程序，又称为应用程序或用户程序。[1] 现在，程序的概念已经大量地用于更加广泛的自然科学和社会科学领域。

《辞海》上对程序的解释是：按时间先后或依次安排的工作步骤。也有人将程序理解为"人们为完成某项任务或达到某个目标而预先设定好的方式、方法和步骤"[2]。

从1994年起，笔者便开始了对程序问题的关注和研究。经过多年的探索，笔者对"程序"的理解也是逐步深入和提高的。下面谈谈笔者对程序的理解。

什么叫程序？所谓程，讲的是规章、制度或形式；序，讲的是区分或排列位置。程序是指事物运动的某种次序、过程或环节，含有某种秩序或

---

[1] 林青华：《国外新概念词典》，花城出版社，1992。
[2] 张庆福、冯军：《现代行政程序在法治行政中的作用》，《法学研究》1996年第4期，第115~124页。

顺序的意思。程序一词有两用，作名词时，讲的是事物运动的排列顺序，表现为一种相对静止状态；作动词时，讲的是为达到某种状态而进行的运动过程。这种过程包括按时间要求（如先来后到）或年龄要求（如尊老爱幼）或紧张程度（如轻重缓急）或量度需要（如大小多少）等依次排列的工作或运动步骤。

在大千世界里，不论是自然的运动，社会的运动，还是人类的思维运动，无处不存在程序——春夏秋冬，大自然安排的四季给人和大地不同的感受：盎然春意，炙热酷暑，金秋送爽，凛冽寒风。如果四季有序交替，风调雨顺，则人和大地悠然自得。德国哲学家莱布尼茨说过这样的话，天底下没有两片相同的树叶，表明了世界的多样性。树叶从本质上来说都是相同的，为什么会有那么多变化呢？答案就在于各种各样的树叶在颜色、形状、大小、质地上的程序排列不同。

大自然和人类社会是由不同的程序体系将各种因素组合在一起形成的。人的存在就是认识它，适应它，把握它，驾驭它。美术家把玩的是赤橙黄绿青蓝紫；音乐家吟唱的是1、2、3、4、5、6、7（哆、来、咪、发、梭、拉、西）；家庭主妇（也包括主男）操持的是柴米油盐酱醋茶；政治家考虑的是民主、自由、战争、和平、改革、发展。高明的美术家能描绘彩练当空舞；出色的音乐家能谱写华章唱千古；称职的主妇（主男）们能调出酸辣苦甜使家庭温馨；成功的政治家能力挽狂澜、运筹帷幄、富国强民。这一切都离不开程序，离不开对各种不同事物程序的认识、运用和调适。孙膑懂得程序的运用，只在马匹出场的先后次序上做了一点调整就使田忌战胜了齐王；宋代的丁渭懂得程序安排，设计了挖沟（取土）—引水入沟（运输）—填沟（处理垃圾）这样一个"一举而三役济"的施工程序，使抢修皇宫的工程不仅"省费以亿万计"，还大大缩短了工期。我们在日常生活、学习、劳动中，或是在工业、农业以及各行各业的工作过程中，无一不想节省时间、提高效益。我国现代著名数学家华罗庚先生写了《统筹方法》一书，专门解决少费时、少费事、多干活、干好活的问题。统筹方法是一种安排工作进程的数学方法，主要是通过设置科学合理的工作程序来提高工作效率。当今网络时代，无数编程高手，更是让人们的思维时间和空间大大向前拓展！

世界上的事是复杂的，不同的事物有不同的程序要求。

我们现在常讲的决策程序，就包括发现问题、确定目标、价值准则、拟订方案、分析评估、方案选择、试验实证、普遍实施等 8 个程序阶段，还有调查研究等一系列的决策技术内容。这样的程序要求是为了保证决策的科学性。

20 世纪 80 年代初期，我国不少地方提出"三不决策"，即不认真调查研究不决策，不经过专家论证不决策，不制订两个以上的可行性方案不决策。这个决策程序的基本原则延续至今，其目的就是保证领导拍板的正确性。重视决策民主化、科学化是我们党在十一届三中全会以来的一个新的有力的表现，与此同时我们党也注意了程序的科学化。中央在制定大政方针前都要邀请各民主党派中央领导人参加各种民主协商会、座谈会、情况通报会。调查研究、征求意见在先，集体讨论、修改定论在后，定量数据在先，定性评判在后，议论纷纷在先，择善而从在后。正是这样的程序安排，进一步保证了我们党和国家政策的最优化水准。

2002 年 11 月 8 日，在党的十六大报告中，第一次使用"建设社会主义政治文明"的提法，并特别强调要着重加强制度建设，实现社会主义民主政治的制度化、规范化和程序化。而在党的十五大报告中论及这一问题时的提法是："逐步实现社会主义民主的制度化、法律化。"党的十六大报告将"法律化"改为"规范化"，使我国的民主政治建设更具有广泛性。而"程序化"的增加，则说明我们党在民主政治建设中，不仅注意结果，更关注运动的过程，而且，只有关注过程的科学性，才能保证结果的科学性。

为了实现社会主义民主政治的程序化，在党的十六大报告关于政治建设和政治体制改革的论述中，多处提到有关"程序化"的问题。如在"坚持和完善社会主义民主制度"中，提出"健全民主制度，丰富民主形式，扩大公民有序的政治参与，保证人民依法实行民主选举、民主决策、民主管理和民主监督，享有广泛的权利和自由，尊重和保障人权"；在"改革和完善决策机制"中，提出"各级决策机关都要完善重大决策的规则和程序，建立社情民意反映制度，建立与群众利益密切相关的重大事项社会公示制度和社会听证制度，完善专家咨询制度，实行决策的论证制和责任制,防止决策的随意性"。

2012年11月,党的十八大报告在谈到全面建成小康社会时,特别强调,要加快推进社会主义民主政治制度化、规范化、程序化,从各层次各领域扩大公民有序政治参与,实现国家各项工作法治化。

2014年10月,党的十八届四中全会《中共中央关于全面推进依法治国若干重大问题的决定》(以下简称《决定》)首次提出"制度化、规范化、程序化是社会主义民主政治的根本保障"。并指出:"善于使党的主张通过法定程序成为国家意志,善于使党组织推荐的人选通过法定程序成为国家政权机关的领导人员。"《决定》第三部分"深入推进依法行政,加快建设法治政府"特别强调:"健全依法决策机制。把公众参与、专家论证、风险评估、合法性审查、集体讨论决定确定为重大行政决策法定程序,确保决策制度科学、程序正当、过程公开、责任明确。建立行政机关内部重大决策合法性审查机制,未经合法性审查或经审查不合法的,不得提交讨论。"

2017年10月,党的十九大报告继续提出"推进社会主义民主政治制度化、规范化、程序化,保证人民依法通过各种途径和形式管理国家事务,管理经济文化事业,管理社会事务,巩固和发展生动活泼、安定团结的政治局面"。报告中还提出:"扩大人民有序政治参与,保证人民依法实行民主选举、民主协商、民主决策、民主管理、民主监督。"(此处在党的十八大报告基础上增加了"民主协商"字样)"有事好商量,众人的事情由众人商量,是人民民主的真谛。""加强协商民主制度建设,形成完整的制度程序和参与实践,保证人民在日常政治生活中有广泛持续深入参与的权利。""用制度体系保证人民当家作主。"

2022年10月,党的二十大报告提出要"发展全过程人民民主,保障人民当家作主",要全面发展协商民主,"加强制度化、规范化、程序化等功能建设,提高深度协商互动、意见充分表达、广泛凝聚共识水平,完善人民政协民主监督和委员联系界别群众制度机制。"[1]

---

[1] 习近平:《高举中国特色社会主义伟大旗帜 为全面建设社会主义现代化国家而团结奋斗——在中国共产党第二十次全国代表大会上的报告》,人民出版社,2022,第38~39页。

二　程序存在于万物之中

物质是在一定的时间和空间里运行的，而这种运行都是遵循一定程序的。不论是自然界的物质运动，还是社会领域的政治、经济和文化活动，它们都按照各自的程序要求展开活动：符合程序的运动是和谐的，否则便会产生矛盾、冲突和裂变，产生自然灾害和社会危机。了解这些程序，对于我们认识、适应和设置程序是有好处的。

（一）自然因程序而变

大自然有时变幻莫测，但是，只要我们努力地去寻找去探求，总是可以找出一些规律性程序的。一年365天分为四季——春夏秋冬。四季里春暖夏热秋凉冬冷，如果没有大的特殊的变化，这些过程都是年复一年、日复一日交替更迭。正是在这样的条件下，人类才得以生存和繁衍。为了更便于人们耕作和收获，我们的祖先还将一年四季分为二十四节气。世世代代，祖祖辈辈，我们的先人就是遵循这样的自然程序耕耘和收获。如果大自然的程序发生了突变，在生产力低下、科学技术落后的时代，人们只有背井离乡、流离失所，严重时还会出现大批人畜死亡的情景。为了适应大自然的变化程序，特别是为了防止随时有可能出现的无序灾害现象，我们的先人做出了令世人称赞的不朽业绩。自然，还有更多的科学家在宇宙空间研究预测未来的地球情况，帮助人类更好地与其和平共处。

大自然的变化都是有序可循的，即使是一些突发的偶然的自然奇观，从历史的长河来说，也都是符合自然规律的；有的现象虽然现在还没有被人类认识，但是随着科学技术的发展，这些突发的现象终究会被人们掌握。人们掌握的正是这种自然的变化程序。

由于这些不同的变化，大自然对人的要求也不一样，人们只有遵循这样的规律，按照大自然的变化的程序去生活和调适，才会有利于身体健康，防止疾病。

（二）社会依程序而动

人类社会是一个循序渐进、由低级到高级、不断发展和完善的复杂的运动系统。但是，不论是该系统的结构，还是该系统的运动，都有规律可循，这些规律都是以一定的程序表现出来的。

人类社会由社会经济系统、社会政治系统和社会意识系统组成。

所谓社会经济系统，说的是由人的劳动而产生、由生产力发展而引起的生产关系的总和。在这个系统里，生产力反映的是在生产过程中发生的人与自然的关系，它表示人们改造和利用自然的能力，也就是人与自然之间实现物质变换的能力。生产力的要素中包括具有一定劳动技能的劳动者、劳动资料和劳动对象。其中，劳动资料尤其劳动工具是反映当时劳动生产力水平的标志，劳动者是生产力中能动的要素，而劳动对象是人们在劳动过程中使用的一定的加工物，既包括没有经过加工的自然物，也包括经过一定加工的自然物。在生产力的要素中，作为劳动者的人是主观的、能动的、最活跃的因素，起着决定性的作用。在人与自然的变换过程中，一方面人按照客观规律去适应、改造和利用着大自然，所到之处无不留下人们劳动的印记；另一方面外部的自然力又被同化为人的体力，自然规律被同化为人的智力。

社会的经济系统决定着社会的政治系统和意识系统，经济系统是后两者实现的基础。

社会的经济系统、政治系统和意识系统所反映的就是我们常说的物质文明、政治文明和精神文明。在人类社会的发展进程中，需要认识和把握它们各自的特性，同时又要协调它们之间的相互关系。党的十六大第一次将"政治文明建设"写进了党的报告，而国家的根本大法宪法又第一次提出"推动物质文明、政治文明和精神文明协调发展"，具有伟大的时代意义。

所谓协调发展，就是指"三大文明"的发展处于和谐、平衡的状态。人们统筹兼顾，使它们互相促进、互相补充，彼此呼应、并驾齐驱。这种协调发展的要求，是由它们本身存在内在相互联系的特性决定的。"三大文明"的协调发展，将极大地促使我国更快地实现《宪法》序言所规定的战略目标，即"把我国建设成为富强、民主、文明的社会主义国家"。[①]

在人类社会的发展进程中，不论是社会系统，还是社会规律以及不同

---

① 许崇德：《我国宪法推进三大文明协调发展》，《新视野》2004年第2期，第36~38页。

社会系统的相互关系，无一不存在变化多端但又有规律可循的运动程序。

在整个社会大系统中，经济、政治和文化的协调发展保证着系统的正常运转和可持续发展。很长一段时间里，我们强调的是"两手抓"，即一手抓物质文明，一手抓精神文明，取得了一些成绩，促进了社会的发展。但是，作为一个正常的社会系统来说，离开或轻视了政治文明的建设，无论从哪个方面来说，都是不完善的。从程序论的轻重缓急程序要求来看，政治文明建设实际行动中的某种缺损和薄弱，与政治文明建设目的的重要性和紧迫性是相悖而行的，也就是说它违反了程序论中以紧迫性决定位置和作用的基本要求。我们现在强调加强政治文明建设，把它写进了党的报告和国家宪法，不仅从实体上保证了它的重要性，而且在程序上制定了相关法律和条文，从程序上保证它的落实和实现。中央提出的科学发展观及制定相关政策，不仅提出了实体的要求，也提出了程序的要求。从某种意义上说，如果没有或轻视了运动过程中的程序，到头来任何良好的愿望都会落空。

（三）人的思维程序

人们是依靠大脑的支配去感知和认识世界的。但是，不同的人对同一种事物却有着不同的感受和体验。心理学家通过长期的研究，揭开了大脑系统的秘密。

研究发现，人们大脑的两半球的功能是不一样的。

大脑左半球具有以下智力支配能力：

第一，数学；第二，语言；第三，逻辑；第四，分析；第五，书写；第六，其他类似的支配能力。

大脑右半球则具有截然不同的支配能力：

第一，想象；第二，颜色；第三，音乐；第四，节奏；第五，无拘束地"胡思乱想"；第六，其他类似的支配能力。

研究还发现，如果一个人在使用他大脑的一个半球方面或多或少地受过专门训练，那么，他在使用另一半球时，将相对地表现出无能，不但在一般情况下如此，而且在那些特别需要用到同另一个半球很有关系的支配能力的情况下，也是如此。如果对两半球中的"弱者"予以刺激，鼓励它去同强的一面积极配合，结果将使大脑的总的能力和效率大幅度提高。

也就是说，一个半球加上一个半球，不是一倍的效益，而是可能产生五倍到十倍的效益。①

人的大脑两半球分别对身体对侧的感觉和运动负责，而且运动区和体觉区的上部支配身体的下部，而运动区和体觉区的下部则支配身体的上部。例如，当大脑左半球的后中央回（即体觉区）上部受损伤时，人的右足就失去感觉；而当左半球的后中央回下部受损伤时，失去感觉的却是人的右臂或颈项、颜面等的右侧部分。同理，右半球的前中央回（即运动区）上部受到损伤，就会引起左足的瘫痪，而它的下部受到损伤，则会引起左臂或颜面左侧的瘫痪。②

人们凭借大脑对各种各样的问题进行思维，以求对其实现感知、认识和把握。心理学的研究告诉我们，人们在解决问题的思维过程中，都遵循着这样的思维程序，即发现和提出问题、分析和研究问题、提出假设、检验假设等过程。

三 非程序化的危害及对策

习近平总书记在哲学社会科学工作座谈会上强调："坚持问题导向是马克思主义的鲜明特点。问题是创新的起点，也是创新的动力源。只有聆听时代的声音，回应时代的呼唤，认真研究解决重大而紧迫的问题，才能真正把握住历史脉络、找到发展规律，推动理论创新。"③ 我们研究程序理论，也需要遵循"问题导向"这一基本原则。

（一）非程序化的种种表现

目前，社会进程中非程序化的机制和行动严重地影响我国的社会发展，主要表现如下。

第一，非程序化机制无法保证决策的民主基础和科学性。党的十八大报告提出："坚持科学决策、民主决策、依法决策，健全决策机制和程

---

① 〔英〕布赞：《充分发挥你的大脑的潜力》，科学出版社，1985，第10页。
② 杨清：《心理学概论》，吉林人民出版社，1981，第59页。
③ 《习近平在哲学社会科学工作座谈会上的讲话》，《人民日报》2016年5月19日，第2版。

序，发挥思想库作用，建立健全决策问责和纠错制度。"民主集中制是我国根本政治制度的优势所在，但是，由于一些政府部门程序意识淡薄，决策之前往往忽略民主讨论，忽略信息搜集和科学论证的过程，导致领导"拍脑袋"式的决策。在决策过程中，政府不注意信息公开，或者有意隐瞒重要决策信息，缺少专家咨询和论证程序，没有听证制度和论证制度的保证，使公共决策缺少必要科学依据，其最终导致的决策失败则会使政府丧失公信力。2014年11月6日，国务院法制办副主任袁曙宏透露正在制定重大行政决策程序条例，并强调重大行政决策造成重大损失的，不管被调走还是退休，都要终身追究责任。袁曙宏说，这是为了防止行政决策中的"三拍"现象，即拍脑袋决策、拍胸脯决策、决策错了后拍屁股走人。

第二，非程序化决策造成各级政府部门之间政令不统一。政令上下一致反映了国家管理机制的纵向关系，是党和国家的方针、政策能层层贯彻以至成为基层和群众具体实践的根本保障。但是，如果领导决策和制定政策不遵循一定的法律程序，政令的统一就会受到破坏，就会出现层层打折扣和对某项精神"有的重视，有的轻视，有的无视"的状况，甚至还会造成整体或某些局部性的错误。

第三，非程序化造成立法、司法和行政不能有效配合和相互制约，影响法治的权威性。党的十八大报告指出，要确保决策权、执行权、监督权既相互制约又相互协调，确保国家机关按照法定权限和程序行使权力。非程序化会造成决策、执行和监督之间关系的混乱，从而影响法治的权威。在目前的行政体系中，一些行政领导人破坏行政程序，干预司法审判，造成一些案件的审判工作无法正常开展，是民主政治建设中一个重要的问题。为此，2015年3月30日，中办、国办正式下发《领导干部干预司法活动、插手具体案件处理的记录、通报和责任追究规定》，提出，领导干部违法干预司法活动，可以给予纪律处分，构成犯罪的可以追究刑责。这个文件的制定，其实质就是用程序化保证司法的独立性。

第四，非程序化加大行政的成本，耗费人力、物力和财力。当前，国家的一些重大项目，特别是耗资巨大、影响深远、技术复杂的重大项目必须要有科学决策。但是，非程序化的决策带来的危害会极大地增加这些重大的项目成本。比如，2013年11月，新华社记者在河南省新野县采访发现，短短三年多的时间，新野县因重复建设毁掉的新建项目就多达五个，总造价超亿元。新野县2007年规划投入千万元建设占地1085亩的城北公园，六年之后城北公园也仅建起了一角，之后原本"铺了路栽了树，挖了湖修了桥，还有凉亭、公厕、假山和景观灯"的公园一角也被毁掉。当地群众对政府的巨额浪费怨声载道。究其原因，大致可被归为规划短视、监管缺失与行政决策程序化观念淡薄。体制的非程序化，必然导致决策的非科学化并带来某种破坏性。重大工程要成为民心工程，则必须先是符合科学程序的工程，其他的行政决策也该如此。

第五，非程序化给权力"寻租"留下空间，产生腐败。目前一些政府部门腐败现象严重，甚至在一些地方发展成为窝案、串案，领导专权和决策随意给国家和人民财产造成巨大的损失。据悉，这些贪腐官员的落马与制度的程序漏洞关系密切，这种前"腐"后继的窝案层出不穷的原因就在于在高度集中的权力的运作中，监督程序被排除在外。监督本身就是民主程序的一环，又以知情为前提。公民的知情权、表达权、参与权、监督权都必须有制度保证，才能够落到实处，才能够避免民主政治建设受到损害。民主政治的制度化，应该是保证民主政治过程的规范化和程序化。

马克思曾深刻指出："问题就是时代的口号，是它表现自己精神状态的最实际的呼声。"[①] 随着我国民主政治进程的加快，加强程序化建设已经提上我国民主政治建设的议事日程。实践表明，在"依法治国"的社会主义民主政治建设中，"依程序行事"应当成为一条重要准则。社会主义民主强调人民当家作主，在人民当家作主的过程中，必须强调"有序的政治参与"。只有公众依程序而知情，依程序进行表达、监督、选举、决策等，整个社会才会有序运行，社会主义政治的优越性方可体现。

(二) 加强程序化建设的积极意义

坚持和发展中国特色社会主义，统筹推进"五位一体"总体布局，协调推进"四个全面"战略布局，实现"两个一百年"奋斗目标、实现中华民族伟大复兴的中国梦，这是摆在全党上下、全国人民面前的宏伟蓝

[①] 《马克思恩格斯全集》第四十卷，人民出版社，1982，第289页。

图和艰巨任务。加强和推进程序化建设，具有特别重要的意义。

第一，程序化建设有利于完善社会主义民主政治。民主制度的程序化是现代社会政治发展的客观要求，也是现代民主的一个基本特征。社会主义政治文明的核心在于人民当家作主，使人民真正参与到国家的管理中来，使构成社会的绝大多数人的意志上升为国家意志。而人人直接参与其中不具备现实可能性，因此，保障人民的选举权、知情（信息公开）权、表达权、监督权、决策权，通过一定程序使人民群众参与公共事务的管理和决策，对于民主政治建设至关重要。而公民权利的保障、多数人的意志上升为国家意志必须通过法定程序，才能得到表现和承认；如果决策和选择出现错误，也只能通过预定的程序加以纠正。

第二，程序化建设是规范民主制度、保障公民权利的客观要求。民主的本质就是人民当家作主，我国宪法规定："中华人民共和国的一切权力属于人民。""人民依照法律规定，通过各种途径和形式，管理国家事务，管理经济和文化事业，管理社会事务。"新中国成立以来，尤其是改革开放40多年来，我国民主政治建设取得的进步有目共睹。但是我国的民主政治建设更注重实体民主建设，而对程序民主建设重视不够。比如在信息公开和公民知情权方面，由于对公务员信息的不知情，对公共事务的不知情，公民无法对公共事务做出恰当准确的判断，无法对公务人员及政策制定和执行做出积极有效的监督。政府作为独立于公民社会的社会实体，本应该负有对公民公开政府信息的义务，但是，目前公民对自己的知情权缺少更加有效的实现渠道。加强政府行为的程序化建设，可以保证政府信息公开畅通便捷，使公民的知情权得到保障。

第三，程序化建设有利于降低决策成本、提高管理效益。设置程序的目的，一方面是保证民主政治的科学性；另一方面就是降低民主管理过程的损耗，提高管理效率。程序的设置是为了保证系统科学高效的运转，排除一切人为因素的非法干扰，能给人们提供一种快捷、便利、低投入、高产出的运行模式。加强程序化建设，可以促进和保障政府的"透明、高效、廉洁"。而只有在这个前提下，才能真正实现权力在公众监督下运行，法律规范约束政府行为，才能防止公务人员的懒政、不作为和腐败。因此，可以说行政行为程序化是保证行政科学高效的重要条件。

第四，程序规范方能保证民主政治的实现过程科学。多数人的意志要通过程序才能表现和承认，民主是在自由平等的基础上，按照多数人的意志，依照一定的规则进行决定的制度。人民当家作主是社会主义民主政治的本质要求，但不可能完全按照人民中的每一个人的意志来管理国家和社会事务，只能按照人民中多数人的意志对国家和社会生活中的重大事项进行决定。任何组织和个人都不允许有超越宪法和法律的特权。人民在当家作主的过程中，也必须是"有序的政治参与"，而不是随心所欲，更不是无政府主义。

程序的不科学或人们不按科学的程序办事而带来损失和造成不好影响的事在我们的政治、经济、文化生活中时有发生。而且，如果程序设计得不科学，越是参与性强、透明度高，其造成的不良影响范围就越广；如果程序安排得不科学，越是动用了法治的力量，越有强制性的害处，因为不科学行为可以在法治的保护下大摇大摆地引人们入歧途。

程序的运行及功能

人的运动就是为了探索规律，遵循规律，按照规律确定的运动程序来适应大自然的运动变化，达到一种人与自然的和谐状态；人们的社会实践活动就是为了不断地制定一些行动程序，来调适和规范自己的行动，以适应社会规律的需要。一切自然科学和社会科学的知识都是人们认识、制定和遵守程序的基础。人们认识、制定和遵守程序的运动，将是一个长期的、循序渐进的、不断升华完善的过程。程序一旦存在或设置，都有一个启动、运行和结束的运动过程。在这个运动过程中，它不断地表现和展示自己的各种功能。

一 人与外部世界的互动程序

除了人自身的大脑思维有特定的运动程序外，人与外部世界包括人与自然、人与社会、人与人及各文明之间的运动和冲突，都有一种程序在其中。人们正是因为遵循和制定相应的运动程序，才能化解各种矛盾和冲突，达到一种天下大同的境界。这也正是人作为有主观意识的人在客观世界的存在中发挥其主观能动性的有意义和有价值的表现。

人类社会的发展是一个相互影响、相互促进和相互联系的历史进程。我们虽然已经进入21世纪，但后冷战时期的影响仍然会对新的世纪发生作用，主要有以下内容。一是冷战时期军事、政治、制度的两极对抗，转变为多极冲突；两极的军事竞赛，转变为多极的经济竞争；强调两极对抗、斗争的文化，变异为多元文化方式的自由选择。二是对遭受20世纪两次世界大战全面对抗和冷战苦难的人们来说，他们从心底里企盼21世纪是一个和平、安全、发展、文明的世纪，这是人心所向，不可逆转。三是由于现代高科技的发展，信息高速公路和全球互联网络飞速发展，地球的物理时空被信息时空代替，"地球村意识"越来越强化。21世纪是文化冲突与文化融合的世纪，即文化"融突"的和合世纪，亦可谓文明"融突"的和合世纪。①

人与外部世界的互动是一个大的运动系统，在这个大的系统里，包括系统的有序性和运动的有序性。所谓系统的有序性，是指系统内各个组成部分有规则地呈现着某种确定的整齐关系；而运动的有序性则指系统各要素呈现着确定的有规则的运动状态。所谓有序，是指系统各要素的某种关系或某种运动按一定规律、一定程序、一定方向取值的确定程度。如果所有要素按照上述要求取值且全部确定，为最有序；反之，如果取值极不确定，则为最无序。譬如一个团体操，各人都按确定的动作运动，按体操表演的程序配合默契、协调一致，即为最有序；如果有人任意行动，其有序性就下降。任意活动的人越多，超越规则违反程序的动作越频繁，团体操就越不整齐，即越无序。程序在这里起着规范和保证系统运作和谐有序的作用。

自然和社会的运动是一种有序和无序的矛盾统一体，比如水晶就是二氧化硅的有序系统，而不规则的白色石英块、沙砾就是二氧化硅的无序系统。这种有序和无序的根源就在于二氧化硅在不同物质中的排列程序不同。当然，系统的有序和无序也是相对的，而且可以相互转化。比如一个养蜂专业户联合体（按一定规范程序建立的联合体），只要一建立，就比个体经营时显得有序，但与经过一段时间的组织建设和协调发展之后的联合体相比又显得无序一些。如果指导思想不端正，经营不善或内部扯皮，还可能再度解散，即从有序走向无序。系统论认为，一个封闭系统，按照热力学第二定律，随着时间的推移，由于内部增熵的不可避免性，必然会由有序走向无序。但对于一个非封闭的开放系统来说，其由于与外界环境

---

① 张立文：《中国和合文化导论》，中共中央学校出版社，2001，第9页。

不断进行着物质、能量和信息交换，即不断从外界输入负熵，故而可以克服内部的增熵，使系统保持稳定，并从无序走向有序，从一般有序走向高度有序。按照比利时科学家普利高津建立的耗散结构理论，一个远离平衡态的开放系统（不管是力学的、物理学的、化学的、生物学的系统还是社会系统），当系统中的某个参量的变化达到一定临界值时，通过涨落发生突变，即非平衡相变，就有可能从原来的混浊无序状态转变为一种时间、空间或功能有序的状态。而且系统在一定条件下产生的这种自组织现象，是在其内部要素的相互作用下自行产生的。这种理论为生物的进化（由低级到高级）、社会的发展（由必然王国到自由王国）提供了一种理论解释。普利高津还进一步指出，就宇宙总体而言，它是一个开放系统，而不是一个孤立系统，它不会变得越来越单一，越来越无序，最后至于平衡，万类共灭。他依据分支的理论指出，宇宙的发展绝不会只有一个方向；它会变得日益复杂和丰富多彩，形成各种新的有序系统，时间不可逆，历史是永远发展的。系统论认为，正是这种自组织趋势和功能，使系统不断有效地克服了内外因素的干扰和波动所造成的稳定性破坏，促使系统不断趋向有序化，表现出一种内在的目的性，从而使争论许久的关于神秘的目的性问题得以解释。正因为社会是一个复杂的大系统，众多的要素之间存在许多非线性的相互作用，所以，社会系统要向有序化迈进，就必须打破闭关锁国、故步自封、保守僵化的格局，在开放中革新，在革新中前进。在人与外部世界的互动中，遵循一定的规律和程序。[①]

在人与外部世界的互动中，有一个人—机系统。这个系统由人和他所控制的各种机器构成，它是系统工程的研究对象之一。人—机系统的研究，是将人作为主体，详细分析人和机器的相互作用。系统在设计时，将人视作一种单通道的、传输容量受限制的信息处理环节，并根据具体情况确定哪些作用必须由人完成，哪些作用又由机器自动化实现。在人—机系统中，为了使人和机器协调地工作，还须有下列配备。其一，显示设备，供人观察和监视系统工作之用，并以适合的形式显示必要的信息，以供分析、判断和处理。其二，输入和操纵设备，以便人对机器进行控制。以人

[①] 郝志功：《现代科学技术简明教程》，湖北科学技术出版社，1986，第49页。

与汽车的关系为例，在这个人—机系统中有下列一些变量。第一是控制变量，如汽车的加速、刹车、方向盘、排挡等，这些因素是驾驶员自己可以控制的。第二是输入变量，如汽车运行中的道路和天气，这些因素是不受驾驶员控制的。但是，驾驶员可以去应付和适应它。第三是状态变量，如汽车油箱的容量、发动机的温度、轮胎的压力等。这些变量在某种条件下是有特殊意义的。如果驾驶员要跑远程，油箱中的油量多少将是重要信息；如果车主要卖掉车，那么，生锈量的多少将会成为汽车工作状态的一种表征。第四是输出变量，如汽车飞驶引起的阵风以及在下雨的日子里汽车行驶时溅起的水珠等。第五是信息变量，如驾驶员要知道汽车在公路上的位置、交通状况和交通信号等。在这个人—机系统中，人是第一要素，它决定整个系统的运动和方向。其他各变量要素按照一定的程序相互制约、相互促进，而驾驶员起着驾驭和调适这些要素的作用。①

程序不仅表现在人—机系统中，而且表现在人与社会的互动之中。

人作为高级有机体，其神经活动包括两个过程：同阳性反射（能唤起某种效应器活动的反射）有关的中枢神经过程——兴奋过程；同阴性反射（能制止某种效应器活动的反射）有关的中枢神经过程——抑制过程。一般来说，人的行为受到社会的奖励或好评可以引起人们的中枢神经兴奋，唤起某种效应器活动；而受到社会的惩罚或批评则可以引起人们的中枢神经抑制，制止某种效应器活动。

人是一个呈金字塔形的组织系统，它是由不同水平层次的子系统组成的。这个系统由调节系统、传输系统、接收系统、执行系统与人体内、外部环境系统相耦合。在这个相互耦合的庞大系统里，大脑是一个调节器，它实现反映现实的机能和调节各种复杂活动的作用。大脑通过散布在全身的感觉器官不断接收人体内、外部的刺激信息，经过信息通道（中枢神经和外围神经系统），对此信息进行分析、处理，形成决策，再经过信息通道传输到各个运动效应器（主要是肌肉和腺体），引起机体运动，产生行为。外部社会通过一定的信息作用于人体并实施某种控制，人们通过对这些信息的分析和判断做出反应。它们在这里都必须遵循一定的运动程

---

① 〔荷〕A.F.G.汉肯：《控制论与社会》，商务印书馆，1984，第10页。

序，其运作模式如图2、图3、图4所示。

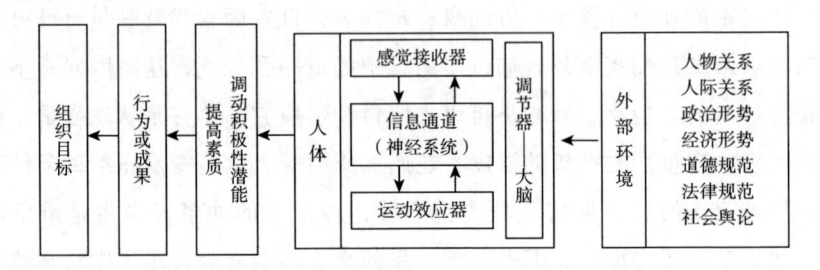

图 2　人与社会的互动模式

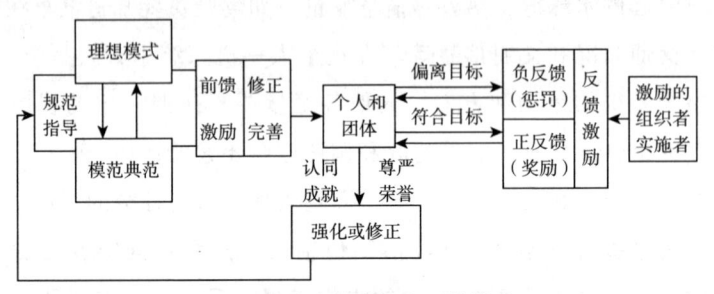

图 3　互动中的前馈和反馈模式

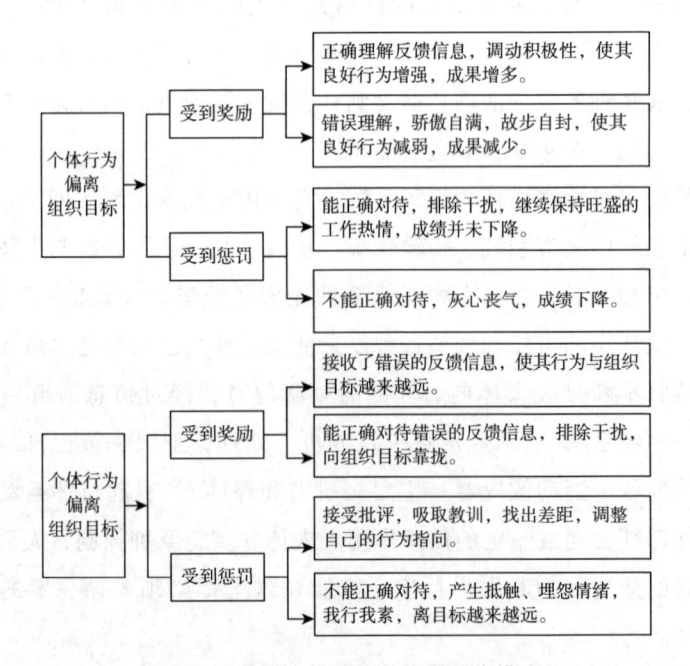

图 4　人与社会互动中的不同反应模式

人与社会的互动过程是十分复杂的。这是因为，人的行为是由动机产生的，而同一动机可能产生不同的行为结果，同一种行为可能由不同的动机产生；良好的动机可能产生不良的行为，不良的动机也可能产生偶发、虚假的良好行为。而且，对于人的行为，社会的评价也并非一致，人们对社会评价信息的理解也各不相同。于是，在人与社会的互动调节之间便出现了错综复杂的情况。

通过图2、图3、图4可以看到，要使人们能够正确接收和理解社会信息并做出积极反应，个体的意识和行为是十分重要的，而这些意识和行为都必须按照一定的程序运动。

第一，要有灵敏的感受器。感受器灵敏，才能有效地接收外部各种信息，发现本系统与他系统、主体与客体之间存在的矛盾，将一切从外部世界感知的动态和情况及时反映到大脑决策机关。

第二，要有高效能的分析系统。感受器的灵敏可以保证大量的外部信息迅速传入大脑。但是，这些外部信息有不少是杂乱无章、虚实参半的。到底哪一种信息是正确的，哪一种信息是虚假的，必须经过分析系统的判断。一个高效能的分析系统，具有良好的抗干扰能力，能过滤和加工感受到的各种信息，做到"去粗取精，去伪存真，由此及彼，由表及里"，防止反馈失调的出现。

第三，培养强有力的意志行动。信息的接收、分析、处理、决策，最后要由行动来表现。在现实生活中，常常有这种情况出现，人们已经感受到了外部对自己的表扬或批评信息，在思想上也认识到该怎么办，但就是迟迟没有行动或行动得不那么坚决。到头来，控制和调节的作用没有或没有完全发挥。所以，在提高认识的前提下，要不断鼓励和强化人们的正确行为并使之习惯化。[①]

二　程序的运行

（一）程序启动

程序包括自然程序、社会程序及人体的生理和思维程序，它们因各自

[①] 赵振宇：《神奇的杠杆——激励理论与方法》，湖北人民出版社，2001，第62~63页。

程序的不同内容而表现出不同的启动方式。在自然界的程序里，不论是春夏秋冬，还是雹霜雨雪，都是遵循地球在太阳系中的运行规律而启动、运行和结束的。它是一个连绵不断、周而复始、相互交错的运动过程。虽然日历上标明每一个季节的起始日期，但这一天并没有给人们什么特殊的感觉，人们是在不知不觉中过完上一个季节，进入下一个季节的。对于每一个气候的变化也是这样，有时它并没有给人们什么特殊的感觉，人们是在这个气候和另一个气候的交错中度过身边的每一个气候的。虽然季节或气候包括其他自然现象的变化并不都是按着时刻表准确运行的，但对于每一次季节的到来或降雨降雪过程来说，它都必须依赖于一次外界的天气变化，正是由于这一天或这一次天气的变化，人们才说"春天来了"或"下大雪了"。外界的天气变化是大自然程序启动的原因。

在生命有机体里，各种生理调节程序如代谢活动程序、机能调节程序和机体反射程序等，其启动一般是由环境变化产生的刺激作用促成的。机体的各种感受器和受体是生理程序的启动装置，内外环境的各种物理、化学和生物因素作用于相应的感受器和受体，从而引起感受器和受体的反应，这种反应也就激活相应的生理程序。人的意识活动也是由脑的各种程序过程构成的，其程序启动除了源于内外环境各种客观事物的刺激外，更主要的则是源于语言文字的阅读，人也正是通过不断的语言文字阅读来使意识程序得以自主启动并连续进行的。对于计算机程序的启动来说，虽然其方式不止一种，但至少在目前主要还是人的操作，其中最为普遍的又是键盘操作，各种计算机程序的运行都依赖于与其相应的特殊的键盘操作所产生的启动作用。计算机程序的运行虽然也是在机内自动进行的，但离开了人相应的启动操作，也是运行不起来的，从这一点看，计算机程序系统又是一个人—机统一的系统。①

社会程序虽然是由人们设置的，但也必须遵循一定的社会规律。人们遵循和按照某一程序运动，是由于人们的某种需要。而这种需要又是因一定运动目标而产生的。所以，社会程序的启动是出于人的需要，围绕一定的目标而开始的。

---

① 杨玉辉：《关于程序的理论探讨》，《科学技术与辩证法》2002 年第 5 期，第 30~34 页。

下面主要讲述社会程序的运行。

(二) 程序运行

程序的运行是程序发挥作用的展示过程,在这个过程中,程序通过运动传递信息,规范行动,保障利益,提高效率。这个过程呈现出程序的作用与反作用、控制与反控制状况。程序是保证我们实现目标而必不可少的一种有效手段和过程,程序以规范化的行为标准作用于行为主体,要求人们遵照执行。在不断提高行为主体素质、加强程序意义的宣传中,程序在逐步发挥它的强制作用。与此同时,与程序要求相反或相悖的意识和行为也会在某些人的思想和行动中表现出来,他们不愿意或不可能完全按照程序的要求办事,有的甚至逆程序要求而动。程序的运行是在一种此起彼伏、此消彼长、作用与反作用、控制与反控制的波浪式运动中进行的。

在社会程序的运行中,它经历了由习俗程序、道德程序、制度程序到法律程序的发展过程。

所谓习俗,是人们在长期的生活接触中自然形成的大家都能接受和遵循的一种习惯、风尚。在这些习俗中,有一些规范人们行动的习俗程序,比如一些少数民族地区的礼仪程序、婚嫁程序、劳动程序和进餐程序等。在长期的共同社会接触中,人们都自觉地按照这些程序劳动和生活。正如英国哲学家培根所说:"人们通常依照他们的欲望来感受,依其习惯的东西和吸收的见解来谈论和思想,而一般来说,他们都是依照习惯来行动的。"[1] 如果在相互的接触中发生了矛盾,"一切争端和纠纷,都由当事人的全体即氏族或部落来解决,或者由各个氏族相互解决;血族复仇仅仅当作一种极端的很少应用的手段……一切问题,都由当事人自己解决,在大多数情况下,历来的习俗就把一切调整好了"。对于习俗程序,如有违反,就要受到大家庭的谴责,严重的还会受到重罚甚至处以极刑。这里虽然没有成文条例,但是,经过千百年的沿袭,大家都自觉地照此办理,特别是在边远地区和少数民族地区。

道德程序反映的是在人们的社会生活中,以真善美和假恶丑等标准来

---

[1] 〔美〕R.E. 安德森、I. 卡特:《社会环境中的人类行为》,王吉胜等译,国际文化出版公司,1988,第59页。

衡量和规范人们行为的一种程序。习俗反映的人们的生活习惯和风尚，一般来说，没有高下之分。而道德是以人的行为的高尚和低贱、正义和邪恶、公正和偏私、诚信和欺诈等标准来规范人们的行为举止。凡是符合道德的行为便受到人们的称赞，如坚守正义、救助贫困、尊老爱幼、与人为善。按照这些标准制定的程序，规范着人们的行为，促使人们在道德的轨道上前行。道德程序随着时代的发展而变化，正如恩格斯所言："善恶观念从一个民族到另一个民族、从一个时代到另一个时代变更得这样厉害，以致它们常常是互相直接矛盾的。"① 在这种变化的时代，道德程序也要适应该变化，不断更新自己的内容，在促成人们的道德行为过程中发挥更积极的作用。

制度程序是以一定文字条令的发布规范和控制人们的行为。它在习俗的基础上发展起来，将道德的或其他要求的内容以文字表述的形式反映出来。随着社会化大生产的出现，社会组织越来越大，组织分工越细，人们之间的相互关系也越复杂，在这种情况下仅靠风俗习惯和道德标准来要求人们，显然是不够了。于是条例式的文本便出现了，它以明白无误的信息告知人们哪些是对的、该鼓励的，哪些是错的、需反对的，甚至是要受到惩罚的。人们按照制度要求，做出自己的行动。

法律程序是程序运行中的最高阶段，它是依照国家意志管理社会事务和公民的一种有效手段。制度程序是以一定的行政和经济手段来保证其实施的，虽然也有一定的强制性，但相较于国家法律则较弱；而法律程序则是以国家机器（如军队、警察、监狱等）为强制性的手段保证，一切国家机关和公民都必须依法行事。法律程序要求人们有依照法律规定而享受的权利，同时，也必须按法律要求履行自己应尽的义务，两个方面不可偏废。②

（三）程序终止

程序在系统运动中是周而复始、连续不断的，只要系统运动存在，程序就永远发生作用。这是对于程序这种手段的总体而言。对于某一个具体

---

① 《马克思恩格斯文集》第九卷，人民出版社，2009，第98页。
② 邢建国等：《秩序论》，人民出版社，1993，第10~15页。

事物的运动过程来说，程序也是有终止的。比如，自然界的季节和天气程序，当这个季节和天气结束后，在这个季节和天气中发生作用的程序也就完成了它的使命，结束了。在社会领域也是这样，比如要提拔干部，当被提拔的干部产生后，在这个运动中的谈话、考核、公示、审查、复议、表决等程序也就终止了，结束了。到要提拔下一位干部时，这些程序再次予以启动。

程序的终止可以分为自然终止和人为终止。自然终止是程序按的正常运行结果，当运行结束，程序也就终止了。如大自然节令的变化，随着时间的推移，它随着变化的结束而终止。又如社会系统中的正常运作，它随着该工作的结束而终止。

人为终止是因运动主体的需要而采取的，由外力作用使正常运动的程序提前终止。如自然界，人们采取人工造雨的方式，改变了正常的天气情况，使局部地区降雨，缓解农田久旱无雨的状况。由于实施了人工降雨的程序，原来的自然程序也就被终止了。在人的生命孕育诞生的过程中，有时因为外部因素的阻止或内部身体的不适应，采取中止怀孕即人工流产的程序。如此原来的怀孕程序也就被终止了。在社会领域，也常有人为终止程序的事。如提拔干部，在前期的谈话和考核中就发现了严重问题，后面的公示、复议、表决等程序也就不需要实施了。这些干预都是正常的、有益的，在需要的情况下，程序应该终止。另外一种人为终止需要引起我们的注意。因程序的正常运行会触动或影响某些集团、部门或个人的利益，于是有权者利用自己的权力终止程序，如终止自然生态环境的正常程序和终止实现社会正义与公正的有关程序。这种干预是需要警惕和防止的。

三 程序的功能

在社会领域，程序通过它的运行传递信息，规范行动，保障利益，提高效率。一般来说，程序有以下几方面功能。

（一）预告与提示功能

程序一旦设置，就以规范化的条文向社会传递着一种信息，对人们的行为起着告知和提示的作用。首先，它能将人们遵循的行为规范公布于众,为社会广泛知晓。没有行动的程序,只有行动的目标,哪怕这种目标再远大,人们也不知道行动的步骤,到头来,实现目标也只能是一句空话。程序确立了,就等于告知大众,有了一种行进的正确轨道,它将产生"有法可依"的积极效应。

其次,它能普及知识。一般来说,一个程序的确立特别是一个重大程序、科学程序的确立,都是经过一些人的共同努力,反复研究,在前人摸索的基础上,对理论与实践的结合。在制定的过程中,在实施的过程中,一切参与者都会感知程序的科学力量和法治力量。特别是在某一项重大事务和工作的宣传教育中,让人们知晓程序的设置及其过程,也是一种知识的普及,这种普及使人们能更深切地感知科学、法治和管理等方面的知识。

程序设置能吸引人们的广泛参与。不论是哪一种程序,都是领导者或组织者为实现某种目标而采取的一种手段,是一种过程。这个过程需要众多系统成员的参与。明白的程序,科学的程序,一旦公布,就能吸引人们参与其中,领悟它,实行它,由此产生系统的凝聚力,形成一种团结向上的精神。这对于保证系统高效运转,是大有好处的。

程序设置能帮助监督实施。程序是一种过程,是有制度保证的行动过程。这个过程由于公开了,由于有公众参与了,故而其运动的各个环节是否规范、产生的效果是否良好可以得到监督。有了监督,就可以及早发现问题,发现了问题就可以及早纠正,这样的损失较小。而一个行动没有程序,它的实施随意性较大,无人监督产生的危害性也大。

为了更好地发挥程序的预告和提示功能,不论中央、地方和单位,在制定有关规定和法律时,都要配套颁布相应的程序条例,并要加强对这些程序的报道和宣传。在宣传中,要以具体的案例说明程序的重要性和实施方法,让人们在学习和领悟中,加深对程序的理解,以便促进他们在之后的参与中更好地执行它。

(二)规范与保障功能

程序一旦设置,就以严格的条文形式要求所有参与行动者都必须按此规定的步骤行动,不得有违。这种规范的程序可以克服人们的随意性,特别是防止有权者滥用职权胡作非为或越俎代庖。这种程序的规范性有利于保障参与者的利益,促使社会活动正常进行。

程序在运行中,不仅能够以其正义性保障大多数人的正当利益,同时也可以消除和吸收少数人的不满。因为,人们判断一个行动、一件事情是否正义、公平,不仅需要结果,而且需要其参与过程中的感受。程序的这种功能对于高速社会的各种关系是有好处的。

程序的规范和保障功能表现在个人、组织和国家三个层次上。在个人层次上发生的社会控制是通过人们的社会互动活动实现的。它意味着人们在自己的社会活动中都必须依据某种规则和程序来控制和调整自己的行为,避免与他人处于摩擦、冲突和敌对状态,同时也意味着人们在社会活动中成为他人社会行动的观察者、评价者和监督者,促使社会成员相互沟通、理解与和谐。

在组织层次上,企业、机关、学校等通过自己制定的相关制度和程序对其成员进行控制和调整。凡属于某个组织中人,都必须按照该组织的规定行动,违者要接受该组织的处罚。只有这样才能保证组织系统的正常运转。

在国家层次上,制度和程序对全社会成员实施控制,因而它处于主导和核心地位,对社会的存在和发展发挥极大的影响作用。

人作为社会的人,总是要进行有目的、有意识的活动。人们总是根据自身利益选择自己的社会行动,只有通过社会控制,才能保证人们的社会行动符合社会的整体利益,形成社会赖以存在和发展的社会秩序。[①]

(三) 降耗与增效功能

设置程序的目的,一是保证系统的科学性,二是降低损耗,提高效率。科学的程序在其运行中发挥着这样的功能。

程序为什么能降耗增效呢?这是因为,一般来说,程序的设置是为了保证系统的科学高效运转,排除一切人为因素的干预,它能给人们提供一种快捷、便利、少投入、多产出的运行模式。在社会活动中,是没有人会去设置那些限制自己手脚、吃力不讨好的程序的。程序一旦设置,就要保证它的严肃性,一切相关人士和组织都须按程序的要求办事。

---

① 邢建国等:《秩序论》,人民出版社,1993,第331页。

程序在其运行中常常表现出"双刃剑"特征，它既可用来促进程序目标的实现，提高效率；又可起到阻碍程序目标实现的作用，增加损耗。如当利益或资源较少时，当事人为了保障和获取更多利益或资源，便设置程序壁垒作为分配利益、配置资源的手段。由于有了这个程序壁垒，其他人若要通过程序壁垒获取利益就必须付出较高的代价，这样就可以缩小和限制竞争者范围，为当事者利益或资源的配置创造条件。自然，这个利益和资源的保障是要有利于集体和国家的。

与此同时，程序的设置在某些心怀叵测者那里却成了追求个人利益、压制公民权利的手段。如他们常常设置一些看似合理，但只有他们自己能够实现的程序，从而保证了个人的私利。有时候，程序设定者为了推卸责任，将自己应尽的职责转化为他人的程序义务，从而形成了程序壁垒。如本应由管理机关内部协调的事项却不合理地要求相对人分头申请，结果申办一个项目需要在五花八门的批文上盖数十个公章，事情还不一定能够办成。[①] 这是我们需要在程序的设置和监督上注意的。

在程序的运行中，我们还要防止一种情况，就是将程序变成了例行化的公事，反而降低了办事效率。

英国伦敦商学院战略和国际管理学专家萨尔曾分析过世界一些大公司变糟的原因。他指出，一种最普遍、最令人困惑的现象是成功的公司面对其环境的巨大变化往往不能做出有效的反应。为什么好公司会变糟？萨尔认为，最主要的原因是行为惯性，一种沿袭以往行为模式的组织趋势——即使目前环境已发生重大变化。

他研究了行为惯性的四大特征，其中有一条就是：程序变成例行公事。

当一家公司决定推出一点新的东西时，其员工通常会设法以种种不同的方式来付诸实施。但是，自他们发现有一种方法特别适宜之后，他们便会极力设法使这种方法转化为固定的程序，并停止寻找其他可资选择的方法。确定一种统一的程序，可以解放员工的时间与精力，使其投身于其他

[①] 张庆福、冯军：《现代行政程序在法治行政中的作用》，《法学研究》1996年第4期，第115~124页。

工作。一旦员工拥有了按程序行事的经验，生产率便会有所提高。

然而，恰恰就像战略架构一样，被确定的程序往往过于相信自己的生命力。这种程序不再是达到目的的手段，而是成了目的本身。员工按程序办事，并不是因为这样做能提高效率，而是因为程序是众所周知的，做起来也轻松自在。当一种程序演变成一种例行公事时，就会妨碍员工去思索新的工作方法。可资选择的程序再也不在思考范围之内，更不用说去尝试了。

设置程序是为了保证工作和系统运转正常，但是，在特殊情况下应该先执行哪个程序才最有效，却不是每一个人都能理解和做到的。上海有一家棉花仓库起火烧了35个小时，经过500多名消防战士的全力扑救，大火才被扑灭。火为什么烧得这样大？据说是报警时间耽误了24分钟。有了火灾，第一任务就是报告119，而棉花仓库的值班人却颠倒了先报警后请示的程序，结果增加了灭火的难度，造成了更大的损失。[1]

正确认识和发挥程序的积极正面功能，克服它的消极负面影响，是我们在设置和监督程序时的重要原则。

---

[1] 言微：《救火为何要先请示》，《新民晚报》2000年12月3日。

程序设置的基本原则

程序越来越多地受到人们的重视，发挥着积极作用。同时，程序在设置和使用中，也时常被一些心怀叵测者所曲解和歪用。

要使程序积极有效地发挥作用，必须加强对程序设置的研究。一般来说，程序设置应遵循科学原则、法治原则、公开原则、效益原则和参与原则。

一　科学原则

所谓科学原则，讲的是在程序的设置中必须符合事物发展的基本规律，反映事物的本质特征，有利于程序设置后的工作效率的提高，这是一个完整的考核体系。

在讲到程序设置的科学性问题时，人们时常举出美国学者罗尔斯在其著作《正义论》中所讲的分配蛋糕的例子。分配蛋糕一般有两种方法。一种是由母亲来分。但若母亲先分给长子，次子就会认为分配不公；反之，先分给次子，长子也会认为分配不公。母亲无论怎样公平，都会基于人性本能的主观袒护而失去公正。另一种是假定由其中一人来分，但分者须最后去取，母亲监督。这样安排就迫使蛋糕分配者必须平等地分蛋糕，否则，最后拿蛋糕的人就不可能得到他可能得到的尽可能平等的一份了。

这个例子常作为科学程序的典范。实际上，对蛋糕分配过程和参与者做深入研究，其中还是有许多复杂情况的。

第一,在这个典例中,蛋糕分配公正的指标是大家得到的一样多。一般来说,这是不错的。但是,类似蛋糕的分配(包括不同职业、不同工种劳动者的劳动分配)并不都是这样。如由于参与者的不同身份、年龄和需要,有时需要拉开档次进行分配,这样才是公正的,也是科学的。如对老弱病残者或特殊人群,他们或许在蛋糕分配时应该或可以多得一点,而其他人如极端富有者或因某种情况不宜吃蛋糕者,他们则应该或可以少分配一点或者完全不需要。按照参加分配者的实际情况进行分割,设立这样的程序才是科学的。

第二,采取了上述方法也未必能够达到科学的分配结果。这是因为分配本身就是一件不容易的事:它需要有对平均、公正概念的认识,只有分割时大家每人都能得到一样多的蛋糕,才是公平和公正的;要有科学、精确的分配工具进行分割,才能达到公平和公正的目的;有没有这样的工具或会不会使用这样的工具,都是影响科学结果的基本条件。

第三,拿取蛋糕者不一定都希望得到一样多。参与者有的虽然身体较弱,论理是应该多分配一点,但是,他认为这个蛋糕得来不容易,应该让身强力壮者多分配一点,他们吃好了可以出去多挣一点钱养家;而身强力壮者却认为自己身体好少吃一点无所谓,所以,虽然他们可以先拿,他们也不会去拿那块大的。在这种情况下,罗尔斯的那个分配程序也就没有什么意义了。

第四,需要说明的是,对于公平,一个很重要的指标是人们的感觉。对一种东西的分配,人们不仅有对具体物质数量多少的要求。如果他看到了分配之间有很大的差异,就会认为是不公平的。有时候他的这种不公平感是针对某一位分配人,如分蛋糕故事中的切蛋糕者,如果他对分配者本身有成见,尽管分配或许是公平的,但他总会有一种不公平的感觉。在这种情况下,谁来主持分配倒成了问题的关键。所以,程序设置的科学化是一个复杂的系统工程,需要统筹考虑多方面因素。

程序设置的科学原则,就是要求程序的设置符合客观实际的规律性。程序是内在规律的外部表现,它必须真实地反映内在规律的本质要求,只有这样,按此程序进行的组织活动才是有效的。事物发展的过程是十分复杂的,在这个过程中,程序的制定者必须把握程序设置的价值前提,依据目标要求找出其中的主要矛盾，根据总目标的要求制定相应的程序。

程序设置的科学原则，就是要求程序的设置有利于组织活动的开展和运行。作为一种手段的程序，其设立绝不是为了做样子给人看，而是为了有利于我们的事业发展。所以，检验一个程序是否科学，关键要看它是否符合程序设置的事实前提，是否真正有利于组织系统的高效运动。如果我们虽设置了程序，这些程序也很规范，但执行起来却麻烦得很，而且设置这种程序要很大的投入，从投入和产出的比例来看，效率很低，从科学的角度来说，这样的程序就是不适宜的。

程序设置的科学原则，就是要调动人们的积极性，最大限度地发挥人们的主观能动性。我们的一切工作，一切工作程序的设立，最终目的都是调动人们的积极性，发挥其聪明才智。如果一种程序看起来很漂亮，但执行起来却处处限制了人们的手脚，压制了人们的创造性，这样的程序也是不科学的。人是世界上最宝贵的东西，我们所设置的一切程序都要从有利于人的成长出发，要保障人的权利，保障人的尊严，促使人全面、可持续地发展。

重视和加强程序的科学化，已经和必将促进我们各方面的工作向着有序高效的目标发展。

二　法治原则

所谓程序设置的法治原则，说的是一切程序的设置都要符合和遵守国家的根本大法和有关法律，这些程序包括立法程序、执法程序和守法程序，同时，程序的运行也需要法律的保证。

公元前399年，70岁的大思想家苏格拉底因被三个雅典人控告犯有渎神和腐化、误导青年两大罪名而被法庭审判。审判是在控告者和答辩者同时登场辩论、对抗并由501位法官公开听辩、公开投票表决定罪的情况下进行的。当法官以281票宣布苏格拉底有罪并处以死刑时，苏格拉底在有机会能够逃脱的情况下，依然选择了死亡。他的理由如下。第一，谁都不能以判决不公为由对抗法律，否则即为人们破坏法律打开了豁口。因此即使判决不公也要执行。第二，个人与国家间有契约关系，判决即代表着国家的意志，作为缔约人必须履约，否则就是不道德的。苏格拉底以自己的生命向世人宣告：只要程序是公正的，哪怕实体结果不公正，也要接受它。因为司法公正肇始于程序公正。实体不正义的矫正也必须是在公正的程序中进行。苏格拉底死后14年，起诉者被认为是诬告和捏造罪名，因而也被判处死刑，这为苏格拉底平了反。① 苏格拉底虽然被诬告判处了死刑，但他以遵守法律的判决来表明自己对程序法治性的恪守。

决策不仅要求科学，而且要求合法。这种合法性包括两方面内容，一是决策内容的合法，即一项决策是否在法律允许的权限范围内，是否违反法律的规定；二是决策程序的合法，即决策过程中是否履行了公示（广大公众评议或由他们的代表审议）、听证（允许利害关系人做合法性反对）、审查和批准程序。如地方政府对重大事项的决策，既应当向上级政府和中央政府报批，又应当向本级人大报告，由其讨论决定。有的还需交给广大民众讨论，听听他们的意见。但是，现在的状况是对上报告的多，报本级人大讨论的少，拿出来交给老百姓议论的就更少了。

加强法治建设是我国的一项重要任务，为了规范立法活动，健全国家立法制度，2000年3月15日，经第九届全国人民代表大会第三次会议通过，颁布了《中华人民共和国立法法》（以下简称《立法法》）。2015年3月15日第十二届全国人民代表大会第三次会议《关于修改〈中华人民共和国立法法〉的决定》修正。

该法不仅确定了各项立法权限，还制定了立法程序，如全国人民代表大会立法程序和全国人民代表大会常务委员会立法程序，国务院依据宪法和法律制定行政法规及相关程序，各省市自治区依法制定地方性法规、条例及决定程序，国务院各部委等机关制定法规、决定、命令及相关程序，等等。该法的制定，从源头上避免了"乱立法""争立法"，法治标准不统一，法规规章条款相互"打架"，部门、地方利益的不恰当保护等问题的发生，为我国实施依法治国方略打下了一个好的基础。

该法第一条："为了规范立法活动，健全国家立法制度，提高立法质量，完善中国特色社会主义法律体系，发挥立法的引领和推动作用，保障

---

① 徐显明：《何谓司法公正》，《文史哲》1999年第6期，第87~96页。

和发展社会主义民主，全面推进依法治国，建设社会主义法治国家，根据宪法，制定本法。"

第四条："立法应当依照法定的权限和秩序，从国家整体利益出发，维护社会主义法制的统一和尊严。"

第五条："立法应当体现人民的意志，发扬社会主义民主，坚持立法公开，保障人民通过多种途径参与立法活动。"

第六条："立法应当从实际出发，适应经济社会发展和全面深化改革的要求，科学合理地规定公民、法人和其他组织的权利与义务、国家机关的权力与责任。"

《立法法》从国家的性质、利益、提高工作效率出发，充分体现人民的意志，保障公民参与立法活动。该法应当成为我们制定一切相关法规的程序依据。

其一，有法可依，先立法后行动。全国抗击"非典"，是将"非典"先纳入有关法律，再依照有关法律程序进行工作。我们的社会是一个逐渐步入法治的社会，不论是哪级政府和组织，对人民大众有利的事，也必须依法行事。如果还没有相关法律，就要先制定法律再行动，逐步使我们的一切工作都做到有法可依。

其二，一切可行法律都要为大众所知晓。改革开放以来，我们国家制定了不少的法律和法规，但是，在不少地方还存在有法不依的情况。为什么呢，就是有关法律虽然已经制定，但还不为大众所知晓。所以，必须加强对已有法律和法规的宣传普及教育工作，包括对广大公民和领导机关、管理部门人员的教育，使大家都能知晓法规，按法规办事。

其三，违法必究，监督落实。从人治到法治是一个长期的过程。在这个过程中，既包括对依法办事者的肯定和鼓励，也包括对有法不依和亵渎法律者的批评和惩处。奖励和惩罚是一个社会进行科学管理的有效杠杆，我们的社会只有对那些违法者执行严格的纪律，才可能保证大多数人的利益不受侵犯。在这个过程中，要充分发挥组织监督、民主监督和舆论监督的作用，特别是对领导机关和权力部门的监督作用。不仅要监督运动的结果，而且要监督运动的过程，只有运动程序是科学的，才有可能保证其结果是有效的。

从整个社会秩序的角度来看,风俗习惯、道德准则、规章制度和法律规范与人们的行为调节是密切相关的。在这四种调节形态中,法律规范是最为发达的形式。它是统治阶级意志的体现,它是巩固和促进社会进步的重要工具,它是维护社会秩序的强制手段。法治精神应该体现在我们的一切工作之中。当前,各级领导部门、各级执法机关都在强调依法办事,其中一项重要内容就是办事程序、议事程序和决策程序的合法化。在我们强调决策科学化的同时,应特别强调决策的合法化,它将会使我们各个地区、各个单位、各个部门的工作搞得更好,因为,法律的强制性能使科学的旗帜举得更高。

三 公开原则

所谓程序公开原则,说的是系统的决策者要将运动过程的情况向公众开放,公众有权且应更方便地了解系统的运动过程。程序公开与民主和正义是紧密联系在一起的,正如英国一句古老的谚语所说:"正义不但要被伸张,而且必须眼见着被伸张。"这也像列宁所言:"没有公开性而谈民主是很可笑的。"[1]

"公示制"是近几年出现的新名词,它反映了我们国家在民主进程中的前进步伐。现在有不少地方选拔领导干部,在群众推荐、组织考察以后,还张榜告示,以听取更多人的意见。组织部门根据听取的意见来决定该同志是否任命;有的科学成果评奖采取公示制,即将申报作品项目和内容提要在专门性的杂志或新闻媒体上公示,如在三个月内没有异议,才决定是否授奖和授予何种奖励。上海大学为防止学术腐败,公开发行博士生论文,让社会各界均可以参与评审;武汉市媒体公布了关于选拔各类专家的新程序。一是选拔全过程将通过媒体和有关网站向社会公示,二是受理市级学术团体的推荐和个人自荐。媒体向社会公开各类专家人选的选拔范围、对象、条件、名额、程序和监督办法,而且把经过组织审核、专家评议入围的人选名单公示15天,建立接待制度,广泛接受社会监督。由于

---

[1] 《列宁全集》第六卷,人民出版社,2013,第131页。

公开了选拔、评奖、申报等工作程序，有的人被群众举报证实有问题而被拉了下来，有的自我推荐确实有水平而当上了专家。

政务公开，加强机制的程序化建设是新一届政府的重要任务。党的十九大报告指出："扩大人民有序政治参与，保证人民依法实行民主选举、民主协商、民主决策、民主管理、民主监督；维护国家法制统一、尊严、权威，加强人权法治保障，保证人民依法享有广泛权利和自由。巩固基层政权，完善基层民主制度，保障人民知情权、参与权、表达权、监督权。健全依法决策机制，构建决策科学、执行坚决、监督有力的权力运行机制。各级领导干部要增强民主意识，发扬民主作风，接受人民监督，当好人民公仆。"

2008年5月1日《中华人民共和国政府信息公开条例》发布，经过十多年的实施和重新修订，2019年5月15日新《中华人民共和国信息公开条例》实行。2019年9月1日，经国务院征求意见、修改公布的《重大行政决策程序暂行条例》开始实行。该条例分6章、共44条，对重大行政决策事项范围、重大行政决策的做出和调整程序、重大行政决策责任追究等方面做出了具体规定。该条例其中特别有一条是"为提高公众参与实效，征求意见稿明确了向社会公开征求意见和举行听证会等的基本要求"。公民参与管理国家事务是公民的权利和义务，它不仅仅是一种形式，一个过程，同时也应该表现出一种结果。公民的参与，只有以能够让他们看得见的形式表现出来，才是真正的民主。也只有这样，才能最终保障和调动公民参与政务及一切社会活动的积极性。

政府信息的公开内容主要包括本行政区域的社会经济发展战略、发展计划、工作目标及完成情况；事关全局的重大决策；规章、规范性文件及其他政策措施；政府的机构设置、职能和设定依据；政府行政审批项目；当地重大突发事件的处理情况；承诺办理的事项及其完成情况等事权方面的政府信息。还包括有关财权方面的政府信息，有关人事权方面的政府信息，有关行政行为的依据、程序、时限等内容。

"公开、公平、公正"是人们孜孜以求的民主权利，它体现在人们的政治生活、经济生活、文化生活和其他一切日常生活中。而"公开"，则是人们实现民主权利的首要前提。人们不仅要求公开结果，而且要求公开过程，即对实现结果的每个程序都需要有所了解。电视大奖赛就是公开了评奖程序，观众才知道那位选手唱的歌是新歌还是老歌，从中发现了一些问题向监审组提出质疑；正是因为有了领导干部提拔前的公示，才能广泛听取意见，对不合格者不予提拔，有的还要进行惩处。对有些问题予以转告，也有利于领导干部的改进和提高。所有这一切都有利于我们的社会系统正常运转。

程序公开化的积极意义表现在以下方面。

第一，它是对人们公民权利的一种维护和尊重。我们常讲要建立一个民主法治国家，它的一个重要含义就是人民有知情权，即对一些关乎国家大计事务的知晓，对影响自己生活（生活的内容是多方面的）事务的了解。知情权是公民权中的一项重要内容，一个"民可使由之，不可使知之"的国家是不能称为民主法治国家的。所以，程序公开化，从某种意义上来说是对人权的维护和尊重。除了那些涉及国家和集体机密、个人隐私和某些特殊的程序不能公开外，公民有权了解他们应该知道和希望知道的活动程序。

在当今行政主导性社会中，保障公民知情权的最重要环节即行政信息的公开或曰政务公开，对此政府理应承担最主要的信息义务。政府除了有提供信息的义务外，还有管理信息、加工信息、扩散信息等的义务。因此行政行为过程外相对人知情的法律保障主要体现为行政信息公开制度。政府除了主动公开信息以外，还负有应相对人请求而公开信息的义务。这些是行政行为过程外的公民知情权的保障。除此之外，还有行政过程内的相对人知情权的保障，即阅览卷宗制度、听证制度、告知与教示制度、说明理由制度等。知情权、信息自由和信息公开这三者，是密切相关的。[1] 知情越细越广，表明我们国家的民主程度越高，这是一件好事情。同时，知情是公民参与管理国家和大众事务的首要前提，只有知情了，才能参与管理、参与讨论，这是他们主人翁地位的充分体现。一项事务，只有大家都知道了，都来参与了，这项事务才能办得更好。公民的这种知情权和参与

---

[1] 郭殊：《如何保障公民的知情权》，http://news.sina.com.cn/c/2005-11-24/17097530127s.shtml，最后访问日期：2023年12月5日。

权有的是通过大众传媒直接实现的,有的则是通过人民代表或其他形式来代替行使的。不论哪一种,公民都不仅需要了解结果,同时还要了解结果产生的过程。

第二,程序公开有利于维护政府和组织的形象,维护社会的稳定。在政府领导人民的建设进程中,有许多不确定的因素会影响政府的形象。一个良好的政府形象对于凝聚人心,调动民众的积极性是大有好处的。特别是对突发事件、危急事件的程序公开,既是一个成熟政府的有力表现,也有利于树立和维护政府的良好形象。及时、准确地公开危机管理中的信息,有利于取得公众对政府的理解、配合和支持,帮助政府更加顺利地处理危机事件,增强人们对政府的信心。"信息保密限制了公民和政府的关系。如果不能获取有关政府政策和政府行为的信息,公民对政府能力的信心和对民选代表执行法令的信心就会改变。"①

第三,程序公开化,可以接受社会和公民的监督。我们一切决策或活动程序的设立,都是为了使其更加科学有效。而程序公开了,大家知道了,就可以从不同的方面对其程序的正误和优劣提出建议或意见。这对于改进和完善决策或活动是大有好处的。尽管有的决策系统自己设立了纠偏程序,可以在系统发生偏差时自动纠偏,但是,这种纠偏程序有时也会发生故障,就如火箭系统一样,除了设有自动纠偏程序外,还有特殊的人工制动程序来处理火箭升空时发生的意外情况。程序公开了,大家会议论纷纷,这是一件好事情。畅所欲言总比万马齐暗好,接受监督总比一意孤行好,而这些结果实现的前提就是程序公开化。

程序公开化,可以防止暗箱操作带来的消极作用。因为不公开,不仅使我们的决策得不到监督,而且会使某些人在暗箱操作中非法获得自己的好处,给人民的事业造成危害。程序公开以制度化的形式出现,可以将这种消极因素降到最低限度,防微杜渐,将一切违法乱纪行为消灭在萌芽状态,而不必等到最后的结果,那样损失就大了。

第四,程序公开化可以宣传大政方针,普及科学文化知识,令人体验

---

① 朱立言、陈宏彩:《论危机管理中的行政信息公开》,《新视野》2003年第4期,第29~31页。

到法治的正义和崇高。随着人们对程序科学化的重视，程序在其中的作用越来越突出了。而程序的设置，本身就是一个科学的过程——它反映了决策者和组织者的思想和思路，它以一些必需的方针政策和科学文化知识为基础。对程序实行公开化，实际上就是将党和政府及决策者、组织者的方针政策告诉大众，使大众明白这个决策是如何做出来的，它的政策依据是什么；同时，程序又是一个科学的体系，将其公开，又可以让人们感受一次科学文化知识的教育——这一切，对于帮助大众领会和实行决策都是大有好处的。同时，程序公开也是对参与者的一种法治教育。如现在司法过程中推行的庭审公开、审判公开、证据公开、质证公开、抗辩公开、合议公开、判决公开等，就是为了让社会成员在参与司法活动中，不仅监督司法过程，纠其偏差，而且在参与中体验到个人必须服从法律程序的要求，体验到法律在伸张正义中的公平、公正的崇高意义。这种意义可以引申到我们其他的工作和活动中。

四 效益原则

所谓效益原则，说的是在一定的时间和空间内，用最少的投入去获得最大的收益。在法治社会里，这种投入和产出必须符合法律和道德的要求。

为了保证和促使社会及系统正常运转，我们需要制定与之相适应的各种程序。程序的制定有效地保证和促成了这种社会活动，这是程序设置的积极一面。但同时，在实际生活中，有些程序也在悄悄地发生变化，成为桎梏人们的消极因素。

程序的制定是为了保证实体的公正，但在实际运用中，程序公正并不必然导致审判公正。上海的一位法官指出，公正的程序也会造成实际上的审判不公正，如证据规则。由于证据要有合法的来源，而通过合法途径很难或不可能找到证据时，就势必造成法院立案的困难，无法举证的一方要承担败诉结果，而事实上被告确实做了其所被指控的犯罪行为，这样，公正的程序必然造成实际审判的不公正。这就涉及程序公正与实体公正的关系了。[1]

随着社会的发展和进步，越来越多的组织和活动需要设置程序；程序在社会、系统中越来越多地发挥着积极作用。这些都是不争的事实。问题是，程序在承担手段和目的的角色时，也带来了或多或少的问题。我们如何设置程序，怎样才能保证程序发挥其最大效益？这就是程序的效益原则所要解决的问题。

第一，处理好程序与效率的关系。我们知道，为了保证社会和系统的正常运转，我们需要程序，需要设置科学的程序，只有这样，才能保证其在有序的轨道上运行。我们的社会和系统只有在有序的轨道上运行，才是正常、有效的。所以，从程序设置的本意来说，程序是有利于社会运转的。但是，在我们的实际生活中，常常会发生这样的情况，一个原本很简单的事情，由于执行了程序，而这个程序又十分复杂，反而使能够很快解决的问题变得烦琐起来，效率变低了。在不少邮电所就会遇到这样的事。原来是手工签字领取汇款单，核实一下身份证就行了，很便捷。现在呢，如果停了电或电脑出现故障，就根本别想取回钱；如果汇款单上姓名有差错哪怕是多了一笔或少了一笔，取款人凭单位证明和个人身份证均无效，因为电脑程序不承认，需要退回原汇款单位，说明情况，重新填写再汇寄。这样来回折腾，比原来手工操作的效率低多了。

程序是人设置的，设置程序是为了更好地、更有效地为人服务，而不是相反。在我们的现实生活中，常常会在程序和效益之间发生这样或那样的矛盾。没有程序，大家觉得不科学，没有效率，需要设置程序；有了程序，有时候又限制了人们的手脚，大家觉得不方便，特殊情况下还会造成对人的生命或财产的损害。这就是我们需要讨论和解决的问题。一般来说，程序的设置是有利于社会和系统运转的，特别是设置科学有效的程序，更有利于我们的社会和系统提高效益；同时也要注意废除那些不科学或烦琐的程序，不能因此而限制了人们的手脚；还要注意应对程序认识和执行不到位而产生的负面作用，提高执行人的素质；在强调程序的一律性

---

[1] 高其才、王晨光、冯泽周：《程序、法官与审判公正——上海等地法官访谈综述》，《法学》2000年第8期，第6~13页。

时，也必须告知程序的执行者，在需要处理特殊情况时，应启动特殊情况下的特殊程序或采取程序变换。为此，执行者要承担相应的责任，有关部门也要为他们免去或减轻某些责任。这是一个需要研究、需要突破的复杂问题，但不论如何，程序的设置与实施终究要有利于人与社会的和谐发展和进步。

第二，加强对程序设置的成本核算。要设置和实施一个程序，需要投入一定的人员和财力，完全不考虑投入大小的程序是不科学的。现在由于程序设置的重要性，越来越多的国家特别是美国，为确保行政管理的高效能，在一些比较重要的决策程序中都规定了成本—效益分析程序。[①] 成本核算在这里有两层含义，其一是任何一个程序的设置，都要考虑它的投入是多少，做到程序的设置者心中有数。在一般情况下，在大致相同的程序效果前提下，争取采用投入最少的方案。其二，程序的投入要与实体的获取数额有一定的比较。

在程序设置的投入中，我们不仅要知道投入的绝对数，更要知道程序设置的投入与实体获取效果的比例是多少。现代社会不仅是一个法治的社会，同时也是一个经济的社会，程序的设置也需要在合乎法律的前提下，用比较精确的数据来计量、来考虑。

第三，在比较中选择最佳方案。比较既是决策过程中的一种选择方法，同时也是程序设置的一种有效的选择方法。在程序设置中，比较一般应包括以下几个内容。一是要求有两个及以上的程序方案。俗话说，不怕不识货，只怕货比货。这里的首要前提就是要有可比之货，也就是说要有两个及以上的货才能进行比较。在程序设置中，特别是一些涉及重大事务的程序，一般要提出两个及以上的程序方案供讨论选择。二是选择那些投入少、效益好的程序。因为有多个程序，就会有多种关系，多种利益集团。如何才能做到集思广益，择善而从，这里也有一个甄别和确定的标准及程序。那种有利于社会，有利于集体，有利于个人发展的程序才是我们可以和应该选择的程序，其他一切非效益因素都应排除在外。

---

① 张庆福、冯军：《现代行政程序在法治行政中的作用》，《法学研究》1996年第4期，第115~124页。

三是选择那些负面效果最小的程序。凡事都有两面性，程序也不例外。程序在发挥它的积极作用时，有时也可能会产生或大或小的负面影响，作用于社会和系统。此刻，设置者应权衡利弊，选择那些负面作用力较轻、损害面较小的程序，同时要考虑发挥它积极的作用面来抑制和减轻它的消极面。

五　参与原则

程序设置的参与原则说的是保障公民在社会、政治、经济、文化等领域里以主人公的角色参与其间的各项活动，真实表达自己的意愿并能影响各项活动的进程和结果。

确定科学程序，保证听证科学有效，须注意以下几方面的问题。

第一，确定听证代表的遴选程序、数量和标准透明。什么人可以参加听证会，谁来决定，用什么标准决定，是保证听证会公正的关键。但是目前许多听证会既不公布真正的遴选标准，也不接受公众监督。个别部门利用遴选代表的机会，选择意见一边倒的代表，于是一些听证会被异化为"合理性证明会"，听证会成为实现部门利益的手段。

第二，保证听证过程信息对称。普通人代表往往因处于信息劣势地位而无法与从业者就实质问题展开针锋相对的辩论。一方面，普通人代表缺乏足够的时间掌握与听证有关的信息。另一方面，对于涉及特定行业的听证，不熟悉行业特点的代表根本无法在短时间内从外行转到内行，因而也发表不出多少具有说服力的实质性意见。只有改进上述现状，保证公众陈述人获取的信息快捷、易懂，才能保证听证会的有效性。

第三，制定听证代表意见的回应制度。不是说听证会上的每个意见都要采纳，但不采纳也要回应，要给出理由。不管是在听证代表范围内公布，还是在媒体上公布，意见和回应都要公开。公众可以从公布的理由中评价相关行为的合法性和正当性。

第四，制定统一的听证程序。没有程序保障的权利，就不是一项真正的权利。我们虽然确立了听证制度，但是没有规定听证的具体程序。由于没有统一的程序和规则可供遵循，各部门、各地区完全凭借自己的理解进行听证，表现出极大的随意性，极不规范和统一，某些听证会越开越像"茶话会""研讨会"。[1]

例如价格听证会。真正的价格听证会，不应仅是政府部门自主决策的披露或公示，而应该是价格决策机构、生产者和消费者等不同利益主体，对有关政策的制定合理性的证明与反驳过程。它应以程序的透明公开、结果的公正合理，全面体现各利益主体的意见。目前我国的价格听证会没有价格决策权，只是解释价格形成及构成，告诉公众价格是根据哪些成本和因素制定的，然后听取大家的意见。

价格听证会首先应对"涨不涨"这个环节听证，只有在抗辩的前提下，通过了"涨"的听证，相关部门才应该去研究"涨多少"。政府部门公示的材料至少应该提前半年向公众公开，让非专业的公众有足够的时间了解那些复杂的成本问题和财务报表。能作为听证代表参加听证会的公众毕竟很少，所以应该通过各种渠道公布听证材料，让更多的公众可以通过提交书面材料的方式参与听证。

听证会的一些代表没有真正代表消费者的利益质疑涨价的原因及合理性。作为一个理性的消费者，没人愿意为自己所得到的商品或服务支付额外的费用。因此，消费者代表应该想尽办法维护消费者群体的利益。但在目前的价格听证会上，出现了消费者非常理解涨价、体贴政府和生产者的有趣现象。这是不正常的。[2]

人民的参与，不仅是一种形式，一个过程，它同时也应该表现出一种结果。人民的参与，只有以能够让他们看得见的形式表现出来，才是真正的民主。也只有这样，才能最终保障和调动人民参与政务及一切社会活动的积极性。从党的十三大报告提出的"重大情况让人民知道，重大问题经人民讨论"，至今天日益朝着"重大情况向人民报告，重大问题由人民决定"演进，反映着时代的进步。[3]

---

[1] 谭雄伟：《现行听证制度的三大缺陷》，http://zqb.cyol.com/content/2006-04/01/content_1349173.htm，最后访问日期：2023年12月5日。

[2] 刘世昕：《听证会：应从公示走向抗辩》，http://news.sohu.com/20040714/n220989828.shtml，最后访问日期：2023年12月5日。

[3] 赵振宇：《现代新闻评论》（第三版），武汉大学出版社，2017，第1页。

加快推进程序化建设

一 建立和完善程序化的实现途径

(一) 更新观念,加强学习、借鉴和创造

2021年7月1日,庆祝中国共产党成立100周年大会在北京天安门广场隆重举行。习近平总书记代表党和人民向中国和世界庄严宣告:

> 经过全党全国各族人民持续奋斗,我们实现了第一个百年奋斗目标,在中华大地上全面建成了小康社会,历史性地解决了绝对贫困问题,正在意气风发向着全面建成社会主义现代化强国的第二个百年奋斗目标迈进。①

为了这一天的到来,2017年,党的十九大报告在论述新时代中国特色社会主义思想和基本方略时指出,必须坚持和完善中国特色社会主义制度,不断推进国家治理体系和治理能力现代化,坚决破除一切不合时宜的思想观念和体制机制弊端,突破利益固化的藩篱,吸收人类文明有益成果,构建系统完备、科学规范、运行有效的制度体系,充分发挥我国社会主义制度优越性。必须坚持中国特色社会主义政治发展道路,坚持和完善

---

① 习近平:《在庆祝中国共产党成立100周年大会上的讲话》,《人民日报》2021年7月2日,第2版。

人民代表大会制度、中国共产党领导的多党合作和政治协商制度、民族区域自治制度、基层群众自治制度，巩固和发展最广泛的爱国统一战线，发展社会主义协商民主，健全民主制度，丰富民主形式，拓宽民主渠道，保证人民当家作主落实到国家政治生活和社会生活之中。

2017年3月7日，习近平总书记在参加十二届全国人大五次会议辽宁代表团审议时指出："每一位人大代表都要站稳政治立场，增强政治观念、法治观念、群众观念，发挥来自人民、植根人民的特点，接地气、察民情、聚民智，努力做到民有所呼、我有所应。"① 有事好商量，众人的事情由众人商量，是人民民主的真谛。

2019年9月20日，习近平总书记在中央政协工作会议暨庆祝中国人民政治协商会议成立70周年大会上指出："实现民主政治的形式是丰富多彩的，不能拘泥于刻板的模式。实践充分证明，中国式民主在中国行得通、很管用。新形势下，我们必须把人民政协制度坚持好、把人民政协事业发展好，增强开展统一战线工作的责任担当，把更多的人团结在党的周围。"②

法律是治国之重器，法治是国家治理体系和治理能力的重要依托。政治文明程序化的建设是一个系统工程，涉及方方面面，上上下下，回望过去，展望未来，面向世界的现代化。政治文明程序化的建设又是一件十分紧迫的大事，万万不可大意和松懈。为此，我们须从以下几方面努力。

确立不同政治制度下国家和地区的政治文明程序可以相互比较的新观念。从政治文明的基本指标来看，虽然人们的认识还没有达到完全的统一，但从总体上看，它作为人们改造社会所取得的政治成果，应该包括政治意识、政治行为、政治制度和政治组织四个方面。并且，每一个方面又各自存在一系列先后相继的具体特征，共同构成政治文明进化的一个完整链条。就拿政治制度文明来说，人类社会经历了从君主制到君主立宪制再到民主共和制这样一个完整的进化过程，在政治意识、行为、制度、组织

---

① 《习近平李克强俞正声刘云山王岐山分别参加全国人大会议一些代表团审议》，《人民日报》2017年3月8日，第1版。
② 《在中央政协工作会议暨庆祝中国人民政治协商会议成立70周年大会上的讲话》，《人民日报》2019年9月21日，第2版。

等方面也是一样。这样将不同政治制度以其在四个方面甚至更多领域所体现出来的特征进行对比，便不难得出特定政治文明是先进还是落后的客观结论。其实，在这些不同的政治制度进化的过程中，政治文明程序化也相应地实现了进步，得到了完善。因此，政治文明程序化只有在相互比较的体系下才能显示出其进步或落后。

确立不同政治制度下国家和地区的政治文明程序可以相互借鉴的新观念。不论在政治文明的层面上看，还是在政治文明程序化的层面上看，它们既可以相互比较，也可以相互借鉴。邓小平同志曾经指出："社会主义要赢得与资本主义相比较的优势，就必须大胆吸收和借鉴人类社会创造的一切文明成果，吸收和借鉴当今世界各国包括资本主义发达国家的一切反映现代社会化生产规律的先进经营方式、管理方法。"[1] 所谓人类社会的一切文明成果，当然也应包括政治文明成果，包括政治文明程序化的成果。我们在程序建设的实践中，要坚持从我国国情出发，总结自己的实践经验，同时借鉴人类政治文明的有益成果，但绝不照搬西方政治制度的模式。可以说，政治文明程序化框架的初步确立为我们借鉴西方政治文明中的有益成果打下了基础，对社会主义政治文明发展必将起到积极的作用。

确立政治文明程序化可以共创共享的新观念。不同种族、不同国家、不同发展程度的人们的政治活动对推进政治文明的程序化进程都起到了重要作用。不仅资本主义国家政治活动以其所创造的代议制民主、政党政治等在历史上推进了人类政治文明程序化的发展，社会主义国家的政治活动所创造的人民民主、多党合作和政治协商制度、民族区域自治制度等也为推进人类政治文明程序化做出了巨大贡献，同样，许多第三世界国家也以其富有民族特色的政治活动为人类政治文明程序化进程增添了不少光彩。因此，在不断地借鉴国外的成功经验的基础上，应善于总结自己政治活动的经验，使其升华为符合本国本民族政治活动规律的意识、行为、制度、组织，推动本国本民族政治文明的进步，并丰富人类政治文明的内涵。

确立新的政治文明程序化的创新观念。人类政治文明同物质文明、精神文明一样，不是一成不变的，在本身呈现出明显的发展阶段性的同时，

---

[1] 《改革开放三十年重要文献选编》（上），中央文献出版社，2008，第635页。

其自身也通过不断吸取各国各民族政治活动的经验、规律而不断地进行自我更新、自我完善。在政治文明发展的进程中，政治文明程序化的演进也是一个不断创新的过程，它使人类政治文明一步步从奴隶社会、封建社会的君主制走向了资本主义社会和社会主义社会的民主制，从早期的城邦民主制经过近代民主制走到了今天的现代民主制。这种创新从人类社会发展的宏观视角来说体现为政治意识、行为、制度、组织文明的演进，从特定国家的特定民族这样的中观层面看，也表现为这些国家和民族在政治意识、行为、制度、组织方面的创新和进步。当然，这种创新也可以体现在更为微观的层面上，比如公民个人民主法治意识的增强，一个单位、一个部门民主风气的养成等，这些都是人类政治文明程序化演进的过程中不可或缺的重要组成部分。

总而言之，政治文明程序化体制、框架的初步确立，为人们正确认识和把握政治活动的规律提供了新的视角和方法。与此同时，我们也应该逐步转变传统的政治思维方式，只有这样，我们才能更好、更快地把我国建设成富强、民主、文明的社会主义现代化强国。

（二）加快程序立法，注重公开和公平

在对待程序的问题上，"重实体，轻程序"是人所共知的积弊，实体立法与程序立法之间的失衡性以及程序立法的失当性是一个突出的问题。在过去几十年间，我国立法中单纯就程序问题所创制的法律、法规和规章数量很少，在立法总量中的比重很低。内容上，程序立法未能及时反映实体立法或者实体权利变化的要求。程序立法的失当性则体现为程序规则的质量不高，缺乏科学性和可操作性，规范力和制约力皆十分有限。执法中忽视程序更是屡见不鲜。程序规则在法律体系中的欠缺，导致建立一个有效的法治秩序尚有很长一段路要走。如果我们要实现有节度的自由、有组织的民主、有保障的人权、有制约的权威、有进取的保守这样一种社会状态的话，那么程序可以作为其制度化的最重要的基石。中国的法治建设需要经历一个"程序化法治"阶段。

第一，程序立法的必要性。改革开放以来，我国程序规范建设初步建立了体系，但仍嫌不够完备。《刑事诉讼法》、《民事诉讼法》和《行政诉讼法》先后出台，构筑了司法权运作的基本程序规范体系，相比之下，行政权运作的程序规范建设明显滞后。1996年颁行的《行政处罚法》,是我国第一部专门规范行政行为的行政程序法律,此后,虽然在一些实体法律如《价格法》《消防法》《土地管理法》中对一些行政行为的程序做了规定,但很不系统,有时还彼此矛盾。程序立法已经迫在眉睫。

第二,当下的程序制度还缺乏统一性。在此阶段,有关程序立法效力等级偏低,一般由各部门、各地区各自规定本部门、本地区的各种行政、立法和司法程序。专门的程序立法皆为部门规章,即使是法律、法规中有关程序的立法也往往以特定领域为基础。因而程序的立法带有较明显的部门和地方特点,这使得各种处置程序之间缺乏协调和统一,从而导致公民、组织难以了解和掌握处置程序。处置作为一种极重要又经常使用的执法手段,必然有共同的程序原则,共同的程序要求,因而不但有必要而且已有可能做出统一的规定。

第三,程序设置缺乏对公民权利的保护机制。程序设置在一定程度上存在提高效率与保护公民权利之间的冲突和矛盾,如何协调二者的关系十分重要。但在我国程序立法发展的早期,立法将天平过多地偏向了行政机关一边,行政程序设置更侧重于从便利行政机关的角度出发,把行政程序差不多演化成单纯的行政机关的工作程序,尚未或者很少引入对公民权益保护的程序条款。大多数程序缺乏透明度,缺乏参与机制,没有赋予公民充分的申辩和陈述的权利。这是我国程序发展早期非常突出的问题,亟待改进。

在程序立法方面普遍缺乏对程序违法法律责任的规定。法学是责任之学。法律责任是任何法律中必不可少的内容之一,没有法律后果和法律责任规定的立法必然使其作用大打折扣。而在我国早期的程序及其他程序立法中很少涉及违反程序规定的法律责任,这极易造成对程序规定的忽视,使行政程序成为可有可无的附属物,不利于我国程序法地位的确立和作用的发挥。①

现代化带给人类的不仅是蒸汽机和大都市,它还深刻影响了人类的政治制度。在西方国家现代化进程中,国家权力结构随着公共事务的日益增

---

① 杨伟东、张艳蕊:《我国行政处罚程序立法的发展及其启示》,《河南大学学报》(社会科学版)1999年第1期,第3~5页。

加悄然发生了改变,行政权力的扩张成为共同的发展趋势,国家结构由议会主导逐渐向行政主导转变。面对日益扩张的行政权力,如何保护公民的权利一方面免受行政权侵犯之苦,另一方面免遭行政不作为之怠,成为这些国家行政法所面临的新课题。传统的实体规制与司法的事后审查由于自身缺陷已难以满足现实之需,新的规范机制应运而生,并逐渐替代实体规制和司法审查,成为最重要的行政权力规范机制,这个新的规范机制就是:通过对行政权力的运行过程进行正当程序控制来确保行政权力的公正、高效行使。如果说19世纪是刑法、民法法典化的世纪,20世纪则是行政程序法典化的世纪。

在我国,行政程序法典的欠缺,导致难以树立行政执法人员和公众的正当行政程序观念;现行行政程序规则由于多由部门自行设定,内容带有很强的管理法色彩,立法质量不高;于相对人而言,影响其权益的行政行为均应有一定之规可循。[1]

可以说,制定行政程序法是中国民主法治建设的重要步骤,对于发展民主政治、保护公民权利、遏制腐败现象、克服官僚主义、提高行政效率、建立健全社会主义市场经济体制、建设社会主义法治国家都具有十分重要的意义,特别是对于推进政府依法行政,建设法治政府具有重要意义。[2]

(三) 程序立法的原则

程序立法所面临的问题很多,其中最主要的问题是程序立法的基本原则。程序立法的基本原则是指贯穿在程序法律始终的、统率和支配程序法律规范的"精神内核"。一个国家和地区的程序立法也许可以做到不以成文程序法典来直接规定或体现其原则,但它不可能做到回避程序法的基本原则而直接确立程序法的规范。中国当然也不会例外。当前,我国制定程序法必然面临一些亟待解决的问题,比如程序立法的基本原则是什么,中国大陆程序法的基本原则将通过什么方式表现出来等。而这两个问题又是

---

[1] 王万华:《论我国尽早制定行政程序法典的必要性与可行性》,《中国法学》2005年第3期,第56~64页。
[2] 马怀德:《行政程序法的价值及立法意义》,《政法论坛》2004年第5期,第4~10页。

密不可分的。

中国也在加紧推进行政程序法立法进程,这表明中国在程序立法上趋向走法典化之路。鉴于此,中国程序法基本原则的表达方式只能是法典式和条文直接表达式。至于中国程序法基本原则的具体内容,应确定为:程序法定原则、程序公开原则、程序公平原则。

程序法定原则。程序法定原则是指用以规范行为主体的程序必须通过立法程序使其法律化,行为主体行使权力所遵循的程序必须由法律加以明确规定。如果说实体法是对主体进行法律授权的话,那么,程序法则是对主体行使权力的过程设置的一种程序制约机制。

一般来说,行为主体拥有的实体法上的权利与程序法上的义务成正比,与程序法上的权利成反比。在实体法律关系中,主体与相对人的法律地位是不平等的,主体处于有权支配相对人的法律地位,在行使权力时极容易侵犯相对人的合法权益。立法机关的性质决定了其无法有效地控制权力的滥用。行为主体的自律能力究竟能够在多大程度上解决违法行使权力的问题,非常令人怀疑。于是,通过司法审查权监控主体行使权力成了实现法治的方略之一。然而,通过司法审查权对权力进行法律控制,事实上并没有彻底解决实际问题。这种事后法律控制虽然可以对权力的违法行使进行一定的补救,但它难以对权力的违法行使进行预防性的控制。于是,人们开始在权力行使之初和过程中寻找法律控制的基点。人们发现,在控制权力方面,实体法律一旦授予权力机关权利,其本身是无法控制权力不被违法行使的。因为,权力机关行使权力时,只要具备实体法律的依据,它就会被认为有了合法行使权力的前提和基础。所以,通过健全规范权力的法律程序,在权力行使始初和过程中控制其行为结果趋于合理性,可能是一种比较有效的法律控制方法。于是,作为控制权力的新手段,法律程序机制开始为人们所关注。

程序公开原则。程序公开原则是指用以规范权力的程序,除涉及国家机密、商业秘密或者个人隐私外,应当一律向相对人和社会公开。相对人因此可以通过参与权力程序维护自己的合法权益。社会民众因此可以通过公开的程序,监督权力主体依法行使权力。程序公开的实质是现代民主政治向权力提出的公开行使的要求。我们知道,传统的民主制度中并不欠缺参与机制，但这种参与机制只限于通过选举议会组成人员和国家元首来实现其民主参与的目的，从而完成民主的社会实践。这种民主实践在议会主权强盛的年代被认为是一种最好的民主政治。但是，20世纪以后，各国普遍出现了议会大权旁落和权力扩张的社会变迁结果，国家权力重心也由议会转到了政府。此时，人们普遍认为原有的民主政治还可以控制议会，但已无法通过议会有效地控制政府，有时议会反而被政府所控制。人们普遍感到传统民主政治已产生了危机。于是，通过扩大民主政治中的参与机制来摆脱民主制度困境的方略，为许多国家所采纳。因此，在程序立法中确立程序公开原则，是现代民主政治发展的基本要求。这一原则的法治意义是将权力运作的基本过程公开于社会，接受社会的监督，防止权力被滥用。

随着各国诉讼程序的发展，诉讼程序的公开越来越普遍，透明度也越来越高，公开的范围不仅涉及审判阶段，而且发展到审前程序阶段，如刑事诉讼的侦查活动和民事诉讼的审前程序。程序公开的对象包括对利害关系人的公开和对社会的公开。如果说对利害关系人的公开体现了诉讼民主、程序公正的要求，其对社会公开的价值就很值得怀疑。相反，从程序公开的历史、程序的目的，无罪推定原则、比例原则，犯罪嫌疑人和被告人的隐私权、社会大众的知情权，人本精神和尊严价值理论等诸多角度看，程序公开应当是只对利害关系人的公开。

程序公平原则。程序公平是指权力主体必须在程序公平的约束下，正当地行使权力，尤其是行使权力自由裁量权。行为主体公平行使权力，对于行为主体来说，是树立其权威的源泉。对于相对人和社会来说，它是信服权力行为的基础，也是权力行为具有执行力量的保证。由于权力自由裁量权本质上是一种"自由"的权力，权力本身的扩张性和操纵权力的人的自身不可克服的弱点容易导致自由裁量权被不正当地使用。在这里，权力合法性原则在防止自由裁量权滥用上已经无能为力，且实体法也不能发挥多大的作用。因此，必须借助程序法的功能，并将程序公平原则作为权力行为合法性原则的补充，确保权力主体公平、正当地行使自由裁量权。[1]

---

[1] 胡建森、章剑生：《论行政程序立法与行政程序法的基本原则》，《浙江社会科学》1997年第6期，第63~69页。

程序立法是近几年来各国行政法的发展趋势，虽然有些国家没有制定统一的程序法，但在部门法中分门别类地制定了若干程序规则，与此同时发展了普通法的程序原则，澳大利亚就是其中一例，我国非普通法国家，自无通过法院创立程序规则的必要，完全可以通过立法达到这一目的。程序立法方式取决于立法机关对行政机关活动的监督范围和行政机关对程序的需求。如果立法机关试图对所有行政活动都加以严密监督，那么在一部统一的程序法典中规定所有程序要求是不现实的。经验告诉我们，必须采用分散立法与统一原则相结合的方式。即部门法规定各自适用的程序规则，统一法规定最低或最基本的要求。这样，既可以照顾到行政机关各自的特殊性，又可以保证基本程序得到遵守。[①]

（四）程序立法的目标

程序立法的目标就是要在行政、司法过程中尽可能广泛地听取包括利害关系人在内的各方面的意见，防止行政、司法的独断专横，求得行政、司法的民主和效率的统一，求得公民权利的切实保障，所以法律通过规定程序以规范行政、司法权力运行的轨迹。国外程序立法一直存在效率和公正之争。大陆法系受传统的集体主义思想影响，其程序法倾向于效率模式，侧重于通过程序为权力机关职权的行使提供便利，更合理、高效地进行管理活动，提高其管理效率。而英美法系受个人主义法律传统的影响，强调自然公正原则，倾向于公正模式，侧重于通过程序促使权力行为公开化、民主化，防止权力机关在管理中滥用权力，保障各项活动的公正性。诚然，在程序立法中，公正和效率的矛盾是客观存在的，它们的冲突也不能完全避免，既有可能因注重效率而损害公正，也有可能因注重公正而损害效率。但是，公正与效率在程序中都是不可或缺的部分，没有效率的程序和没有公正的程序同样是令人难以想象的。这样就不能把效率和公正绝对对立起来，不能为了一面而绝对放弃另一面。

其实二者也是有内在统一性的，也是可以融合协调的，将其分割是不符合客观实际的。公正和效率是对立统一的，二者不可偏废，即应以最便

[①] 马怀德：《澳大利亚行政法中的程序公平原则——兼论对中国行政程序立法的启示》，《比较法研究》1998年第2期，第3~5页。

捷省力的立法程序和立法技术达到基本的立法民主要求、科学质量和公正要求，找到最佳结合点。这样的程序立法目标模式既不是完全的效率模式，也不是完全的公正模式，而是一种介于二者之间的中间模式。政策的制定、法律的出台必须要反映客观实际，这就有必要把公正和效率有机结合起来，在它们之间寻找一个最佳的临界结合点。这反映在制度上就是体现"自然公正"的听证制度和体现效率的时效制度及自由裁量制度。

听证制度源于古典自然法学派的自然公正思想，无论是法官判案还是行政裁决，只要是对当事人不利的决定，就必须听取当事人的意见，当事人不能蒙受不利影响而没有陈述自己主张的权利。我国《立法法》中规定，法规在起草过程中，应当广泛听取有关机关、组织和公民的意见。听取意见可以采取座谈会、论证会、听证会等多种形式。在座谈会、论证会和听证会这三种形式中，听证会无疑是最好的一种。立法实行听证制度，听取公民意见，恰恰能保证利害关系人的最大限度参与，使广大公民能够参政议政。听证制度体现了一切权力属于人民的民主思想，也是公民参加国家管理的重要途径。在立法工作中引入听证制度，可以把民主和效率统一起来，使制定出台的法律能尽可能地发挥其作用。

听证制度能够有效地保证立法的公正性，但现代社会瞬息万变，立法工作也不能无期限地拖延下去，这就需要时效制度和自由裁量制度。时效制度直接指向权力活动的效率目标，其意义在于规定权力行为持续的最长时间范围而确定一个活动"可接受"的效率。它可以规定整个权力过程可持续的最长时间，以防止权力主体办事拖拉、效率低下。我国《立法法》规定人大立法要实行"三审制"原则，避免了"要么草率通过，要么久拖不决"的弊病，体现了既要民主，又要效率的原则。

（五）加快程序立法

改革开放以来，我们国家程序立法的工作已经前进了一大步，但是，相对于新时代的发展来说，我们还应做更多的工作。

第一，借鉴和吸收国外先进的程序立法经验。在我国传统法律重实体轻程序的背景下，要发展有关程序的法律制度，就不能不利用外国的有用资源。在西方尤其是具有程序立法优势的英美法系国家，有关程序的价值、观念和法律源远流长，从世界上首部程序法颁布算起，西方程序立法已有了 100 余年的历史，形成了一套比较合理、科学的程序制度和较系统的程序思想体系，积累了不少成功的立法经验。我们应积极借鉴外国的成功做法和进步的程序思想。以美国为例，美国国会的监督权主要来源于宪法赋予国会的立法权。经过 200 多年的发展，国会监督已经表现出不可低估的效力。首先，国会通过财政监督程序，加强了对征税、举债、预算、决算的监督，勒紧了国家财政的钱袋，纠正了国家机关，特别是政府部门、公共机构花钱的种种偏差；其次，国会通过国政监督程序，加强了对公共政策执行和国家公职人员职务行为的监督，制止国家行政机关在施政中违背国会意志、违反法律；最后，通过人事监督程序，加强了对总统、副总统、法官，以及其他联邦高级官员的控制，形成了对所有公职人员激浊扬清的威慑力量。总之，国会通过监督成功地抑制了总统行政权的膨胀，捍卫了三权制衡的体系，加强了对行政机构的控制并使其更加有效率地运转。另外，国会行使监督职权，还有利于更加广泛地了解法律及其在实施过程中存在的不足，使立法更有针对性。

第二，重视对公民权益的保护。程序若沦为方便行政机关和司法机关执法的工具，仅被作为提高行政和司法效率的手段，其往往会成为行政和司法机关专横的借口，最多不过实现了程序一半的功能和作用。程序的重要意义和价值就是公正和民主，实现对公民权益的保障作用。现在，人们已经逐步改变了认为程序法、诉讼法依附于实体法的落后观念，认为程序法、诉讼法有自己独立的价值——程序自身的公正与民主，但此种观念有待深化。在行政领域中，行政机关权力因素突出，公民、组织往往处于劣势，所以，在程序立法中写入更多的权利保障条款便极为重要。今后的程序立法应不断发扬光大。这个方面，我们国家已经迈出了第一步，"孙志刚事件"是 2003 年一个重大事件，它直接导致了不合时宜的《城市流浪乞讨人员收容遣送办法》的废止，新的《城市生活无着的流浪乞讨人员救助管理办法（草案）》的出台。新办法严格规定了救助的范围、原则、程序，防止了此类事件的再度发生，保护了公民的权利，是我国维护公民权利道路上的里程碑，没有程序化的立法建设，公民权的实现永远是句空话。

第三，应尽快制定我国统一各种领域的程序法。程序法是否可以有与刑法典、民法典一样的程序法典，是世界各国争论已久的问题。但就行政程序的法典化和统一立法而言，世界上已有许多成功的先例。比如，我国《行政处罚法》可以说是我国在行政处置程序方面统一立法较为成功的尝试。为了尽快结束我国各种领域程序立法散乱、各自为政的不统一局面，制定我国统一的行政、立法和司法领域程序法已十分必要。但制定一部统一的程序法远不像想象的那样简单，它涉及采用何种结构和体例，如何处理实体与程序、程序法典与特别法、我国已有程序的现状与立法需求的关系等一系列矛盾和问题，远比某一领域里的程序立法复杂和难办。《行政处罚法》的确立仅仅是我国统一行政程序立法的开始，与统一的行政程序法还相去甚远。因而，我国统一的程序立法尚未实现，我们尚需不断努力。[1]

（六）加强程序化建设的主要措施

继续巩固和完善人民代表大会制度与多党合作政治协商制度。这是我国的基本政治制度，是建设社会主义民主政治的重要方面。要进一步强化人大代表、政协委员和各民主党派的监督作用，不断提高民主实践的水平，提高人民群众的民主意识，调动他们参政议政的积极性。

进一步推广和完善政务公开制度，建设"阳光政府"和"透明政府"。在具体操作上，要将政府各职能部门的办事程序、办事规则和办事结果公开，并逐步推行承诺制和问责制。在制定关系到群众切身利益的政策时，要认真进行民意咨询，同时建立相关的听证制度。目前已实行的公务员考试招聘制度和任前公示制度要进一步完善，并继续推行领导干部财产申报和收入公开制度，使掌握权力的人被置于社会的有效监督之下。

在社会主义民主政治的制度建设中，要特别重视程序的研究和设计。在民主政治中，程序正义和程序优先是最重要的原则。究竟什么样的程序最合理、最科学，不仅需要实践的摸索，而且需要深入研究和精心设计。在这方面，需要投入成本，不能靠拍脑袋做决定。

---

[1] 杨伟东、张艳蕊：《我国行政处罚程序立法的发展及其启示》，《河南大学学报》（社会科学版）1999年第1期，第3~5页。

进一步拓宽政府与民众对话的渠道，开设更多、更方便的民意表达平台。要充分利用大众传媒，一方面公布党和政府的方针、政策和决定，另一方面反映群众的呼声。过去行之有效的市长专线，人大代表和政协委员的"直通快车"，以及领导者与群众面对面讨论问题、价格听证会等，都应该继续坚持下去，并不断提高质量。要定期委托专业部门对特定问题进行民意调查，随时掌握社会思想动态，把握当代中国社会前进的脉搏，以便及时调整政策和部署，推进现代化建设。

总之，建设社会主义政治文明，是党的愿望，人民的愿望，也是社会主义现代化建设的重要目标。可以说，没有社会主义政治文明，也就没有社会主义现代化。创新是一个民族进步的灵魂，是一个国家兴旺发达的不竭动力，也是一个政党永葆生机的源泉。建立社会主义现代国家制度正是我国进行经济体制改革、政治体制改革、文化体制改革的集中体现，是社会主义政治文明的重要内容和目标，是21世纪中华民族伟大复兴所需要的一项伟大的制度创新。

2021年新年伊始，习近平总书记在中央党校就我国进入新发展阶段、贯彻新发展理论、构建新发展格局，向全国省部级主要领导干部讲了新年"第一课"。习近平指出，当今世界正经历百年未有之大变局，但时与势在我们一边，这是我们定力和底气所在，也是我们的决心和信心所在。他提出，全党必须继续谦虚谨慎、艰苦奋斗，调动一切可以调动的积极因素，团结一切可以团结的力量，全力办好自己的事，锲而不舍实现我们的既定目标。[①] 面向未来，我们需要更加坚守科学精神，把握大势，抢抓时机，把我国程序制度建设做得更科学，更完善。

二 面对现实需要回答的问题

（一）完善学术争鸣程序

学术争鸣是保证学术发展和繁荣的一个重要条件，而要达此目的，除

[①] 《习近平在省部级主要领导干部学习贯彻党的十九届五中全会精神专题研讨班开班式上发表重要讲话强调 深入学习坚决贯彻党的十九届五中全会精神 确保全面建设社会主义现代化国家开好局》，《人民日报》2021年1月12日，第1版。

了人们经常强调的要解放思想、转变观念外，很重要的一条就是大凡召开学术研究讨论一类的会议都要设置保证学术争鸣的必要程序。

开理论学术研讨会与开行政管理部门的任务布置会是不同的，尽管后者也需要讨论，集思广益，但它毕竟是以明确上级精神，抓好贯彻落实为宗旨的；而理论学术研讨会则不同，很多会议的举办不是为了"统一"，而是为了"交流"，为了让更多的思想、观点、方案、方法展现出来，开阔人们的视野，活跃人们的思想。人们在切磋、商讨、争鸣中或分清是非，或找出短长，或明晰思路，很多情况下是不分伯仲、没有输赢的。当然也不排除在某种范围、某种程度上对某一问题、某一看法形成某种共识。这都是很正常的现象，或者说，这样才算开了一次像样的理论学术研讨会。

畅所欲言、各抒己见，应该是理论学术研讨会的第一要旨。对于"畅所欲言、各抒己见"人们并不生疏，但真正实行起来的却并不多。其一，在会议的程序上没有这样的可能。说是学术讨论，往往是发言者上台照本宣科将文稿念一遍了事。虽然也有"不当之处，请大家批评指正"的话语，但没有安排"批评指正"的程序，叫大家如何发表不同意见？其二，更为重要的一点是，常有人把理论学术研讨和行政任务落实混为一谈，把学术思想和道德品格混为一谈。在这样的会议上，我们经常可以看到：只有一花独放，没有百家争鸣；只有批评者，没有反批评者；只有一致认为，没有不同意见。这种会议与其说是研讨会不如说是动员会、部署会、落实会。笔者以为，如果没有多种意见，没有不同意见，没有不同意见的交流与碰撞，从严格意义上讲，这就不算一次成功的理论学术研讨会。

要改变此现状，首先要改革会议程序，限制发言者的时间，设立评论者的位置。前不久，华中科技大学开了一场全国性的新闻学术研讨会，就设立了这样的程序：大会不设主席台，只有主持人和发言席；发言者每位不超过20分钟，并有10分钟时间接受提问；每半天的会议中间设有15分钟的茶歇——会议安排的茶点和休息时间。此刻，代表们既可以休息一下，也可以喝着咖啡、饮料向发言人继续提问或相互间开展讨论；茶歇过后更换新主持人。我们不是经常在喊与国际接轨吗，在开会的问题上倒是可以更多地向别人学习。我们已经加入了WTO，只是希望我们有更多的会议向国际化的方向迈进，步伐再快一点。此外，是转变人们的开会观念。研讨理论学术问题与解决思想品德修养问题不同。在学术问题上要求人家"有则改之，无则加勉""一致认为，全体通过"只会堵塞言路，压抑人们探求真理的积极性，从而也就阻碍了人们对真理的发现和发展。学术研究有一条规律，就是真理越辩越明，是非越争越清。真理不会因为谁的地位高、知名度高，谁先发制人，就扑向谁的怀抱；同样，错误也不会因为反批评者的出现而使其扩大和蔓延。批评者不一定都掌握了真理，反批评也未必都是坚持错误。只有既允许批评，又允许对批评的反批评，才可能产生"碰撞"，产生"共振"：碰撞出新的思想或思想的火花，共振出新的信息或信息流。这对于发现真理、坚持真理、发展真理，对于认识错误、修正错误、繁荣科学是大有好处的。

顺便说一句，在改革会议的过程中，改革会议的报道也是十分重要的。新闻舆论具有很强的社会导向作用。报道什么，不报道什么，如何报道，实际上也反映了报道者的思想倾向。在大众传媒上，我们经常可以读到听到看到这样的语句："与会者畅所欲言""大家一致认为"等等。大家接触多了，也就习以为常了，认为是很自然和很真实的事。实际上，恰恰相反，我们的媒体做了不符合事实的报道，欺骗了受众。因为，在很多会议上并不是"畅所欲言"，更没有"一致认为"，而且，即使有了"畅所欲言"也未必都是"一致认为"，这两者不是因果关系。新闻记者是历史的记录者，真实是历史的价值所在。为此，我们的某些记者不是也该改变一下关于学术会议报道的观念程序和写作程序吗？[①]

（二）用公正程序保证民众利益

据报载，武汉市政府近期出台《经济适用住房实行公开登记及摇号销售试行办法》（以下简称《办法》），改变以往实施的"先来后到"的销售方式，体现机会均等，此法在全国尚属首见（见《长江日报》2005年11月29日报道）。

目前实行的《办法》规定，开发商在取得经济适用房预售许可证后，

---

① 赵振宇：《完善学术争鸣程序》，《光明日报》2002年2月28日。

必须提前将可供选择的住房、登记时间、地点等信息登报，并在市房地产市场信息网上公告，让需要购房选房的用户一目了然。摇号选在项目辖区内适宜的场所实施，由公证人员现场公证。同时，还邀请5~10名购买人代表参与监督，这些人在自愿报名者中随机产生。

"先来后到"是自古以来人们从事经济活动或其他有关活动的一种常用的游戏规则，不论是到商店购物、到车站购票，还是到餐馆进餐、到游乐场所参观，人们大都能够遵循这一规则行动。这一规则保护了先来者的利益，给后来者以某种提示，显示了社会的某种公平，一般来说大家都能接受。正因如此，武汉市在经济适用房的购买和挑选中一直实行这种方法。但是，社会是在不断发展变化的，人们的需求也是因不同的对象而有轻重缓急之别的。像购买住房特别是有优惠条件的高价物品，仅靠"先来后到"这一种方法显然是不能适应形势的需要了。人们在不同的地方工作，有的人比较松闲，关系多，获取信息的时间和渠道也多，而有的人却因工作或地域或人缘的因素，不能或较少、较迟地获得信息，或知道了情况但没有时间、没有精力捷足先登，这样自然就会形成机会屡屡落空的现象。如果还有开发商和有关管理部门某些人员不规范的信息发布或腐败行为，这样的先来后到就有更大的问题了，那么，民众的利益自然也就不能得到公正的保护了。

房少人多，对于保证政府的关爱落到实处，防止少数人利用职权从中获取私利，体现机会均等、保护民众的公正利益，实施科学的管理程序是十分重要的。程序是指事物运动的某种次序或过程或环节，含有某种秩序或顺序的意思，是为达到某种状态而进行的运动过程。这种过程包括按时间要求（如先来后到）或按年龄要求（如尊老爱幼）或按紧张程度（如轻重缓急）或按量度需要（如大小多少）等依次排列的工作或运动步骤。社会程序是人们按照一定的社会运动规律，经过无数次的实践、摸索、总结而形成的主观行动守则。这些行动守则虽然是人们主观意志的产物，但它必须符合人类社会发展的规律性。人们的社会实践活动就是为了不断地制定一些行动程序，来调适和规范自己的行动，以适应社会规律的需要。武汉市最近出台的这个《办法》，虽然在最后售出经济适用房的总量上是一样的，但在分配的方法和过程上却与"先来后到"的方法不一样，人们的感觉自然也不同。新《办法》至少表现出以下两个好处,一是体现了公开透明的原则。需要购房者可以通过报纸和网络获取房源、房型等方面的信息,购买人名单将在网上公布。二是体现了公平参与、机会均等的原则。信息提前公开,人们有准备的时间,采取现场摇号的方式既接受了公民监督,更体现了机会均等。自然,采取摇号方式也必须保证它运行的科学性和对它的公开监督。

党的十六大提出要加强程序化建设的要求,十六届四中全会提出要提高各级领导机关的执政能力,"权为民所用,情为民所系,利为民所谋"。任何良好的愿望,任何以人为本的举措,都必须要有科学有效的运动程序来做保证。举一反三,希望各级领导部门在程序的科学化建设上有更多更新的创造。①

(三) 怎样开好听证会

听证会是一个新事物,要把好事办好起码有两个问题需要研究。首先,我们要搞清楚什么样的事情需要召开听证会。一个地区一个城市的问题多得很,不能什么事情都要请公民参与开听证会吧——哪怕开再多的会,也不能解决比再多的会还要多的麻烦事。政府部门有许多调查机构和办事机构,凡是可以由他们搞得清楚、办得好的事情,就不要开听证会了,不然也会扰民的。其次,确定听证代表的遴选程序、数量和标准透明。什么人可以参加听证会?谁来决定?用什么标准决定?保证听证人的信息对称,为他们提供快捷方便的信息渠道,这样才能保证听证会的有效性。对于会上不能统一和解决的问题,政府部门要予以回应和说明,这是对参与者人格和权利的尊重,有时它比采纳意见更重要。

听证会是人民参与管理国家事务的一种形式、一个过程,它同时也应该表现出一种结果。人民的参与,只有以能够让他们看得见的形式表现出来,才是真正的民主。也只有这样,才能最终保障和调动人民参与政务及一切社会活动的积极性。自然,参与的过程也是一个学习和体验的过程,在民众的自觉参与和平等交流中,大家会在过程的体验中感悟到国家法律的尊严,建设的艰辛,管理的繁杂,社会的多样化。这种学习和升华,对

---

① 赵振宇:《用公正程序保证民众利益》,《解放日报》2005年12月17日。

于提高整个民族的政治和科学文化素质是大有好处的。听证会是一件好事情，要办好它，还需要各个方面主持者和参与者的共同努力才是。

我们不仅强调要保证公民的参与权，而且强调要保证公民的有效参与，即公民参与后能充分有效地发挥其参与的作用。有时候，看起来是请了人参与讨论，但问题并不能有效解决。英国人帕金森在他的《帕金森定律》一书中曾举了一个例子。一个预算会议讨论两个投资项目。第一个是关于建造核反应堆的问题。11名委员中有4位根本不知道什么叫反应堆。另有3位不知道它有什么用处，而在其余4位了解反应堆作用的委员中，又有2位只知道建造反应堆要花很多钱。当主管这方面工作的人，汇报了情况，说明准备把这项工程交给某公司承包，费用需1000万英镑之后，当时唯一有发言权的是B先生。他不仅怀疑1000万英镑的造价有漏洞，同时，他弄不懂为什么要把这项工程交给一家已经被人起诉的公司去承包。遗憾的是，他不知从何说起，谈具体设计方案吧，其他委员一窍不通；从反应堆是什么东西讲起吧，诸位先生是绝对不会承认自己无知的。于是B先生认为还是保持沉默为好。这样，一笔巨额开支就此通过了。

而在讨论关于投资350英镑在办公室旁建一个自行车棚的问题时，会议气氛马上不同了。与会者围绕这笔投资展开了热烈的讨论，最后认为，可以节约50英镑。50英镑节约了，但1000万英镑却损失了。从议事的程序上来说，是对的，大家集思广益，先民主后集中；但是，在请哪些人议事的程序上却犯了一个大错误——在讨论某些专业性很强的问题时请了一些不是这方面的专家，结果当然是不理想或较差的，甚至会是最差的。[①]

这样的情况外国有，中国也有，以前有，现在也有。

前几年，我国南方某市为了在市内建造一座标志性的建筑，市政府将专家们设计的6个方案的图片刊登在当地报纸上，请市民们投票。结果有效选票为5.5万份，约4万份选择了"一号方案"，于是我们今天看到的

---

① 参见〔英〕诺斯古德·帕金森《官场病——帕金森定律》，陈休译，生活·读书·新知三联书店，1982，第57~65页。

标志性建筑就是由市民投票决定的"一号方案"。几年过后，人们在谈起这个标志性建筑时，有不少人都摇起了头，认为不能代表该市的形象。自然，对一个建筑物，仁者见仁，智者见智，这并不奇怪。问题在于，这样的选择方式，这样的公民参与是否科学。第一，当时刊登6个建筑物的候选图片就是有导向性的。"一号方案"和"二号方案"图片比别的方案大得多，而且放在报纸6幅图片之首。6幅图片为什么这样排列，根据是什么，并没有向读者交代。报纸的版面是有讲究的，自然读者也能领会，而且参加投票选中了还会有一定的奖励，于是，处于报纸版面一号位置的"一号方案"就这样被"选"中了。第二，这是一个什么样的建筑呢？据介绍，该方案总投资4亿元左右，包括碟形主体建筑、下沉广场及地下展厅3部分，总建筑面积12万平方米。主体建筑长300米、高51米，共5层，占地1.8万平方米；展厅面积5万平方米，可设3000个国际标准展位；方案设计注重提炼老式展览馆的构图元素，大量采用门式构图，整体形象典雅端庄；等等。这样一些建筑要素对于一个普通市民来说都能理解吗？他们凭什么来投票呢？只能靠报纸上刊登方案的位置所发出的提示信息了。这种参与真正表达了参与者的意愿吗？显然是没有做到的。

政府将标志性建筑的几套规划方案公布于众，征求广大市民的意见，在此基础上再予以修改和完善，从广泛听取意见和调动广大市民热爱、关心、建设自己家园积极性的角度来说这是不错的。但是，将此作为决策的最后根据却是不妥当的。因为，标志性建筑的建设和开发问题，是一个复杂的系统工程。它不仅涉及哪个方案模型好看的问题，还涉及建设中的技术问题，开发中的可持续发展问题，材料的运用和旅游中的环境保护问题等，涉及该建筑与周边环境和在整个城市社会经济中的作用问题等。所有这一切都包含十分复杂的科学成分。对此要做出较为理想的选择，最终只能依靠懂得这些知识的多门类科学家，而且不是一个，而是一批这样的科学家。市民们参与评选只是一种意愿的表达，而且这种意愿更多的只是从模型的外观出发。如果以此为据显然是不够的。

《中华人民共和国宪法》明确规定："中华人民共和国的一切权力属于人民。""人民依照法律规定，通过各种途径和形式，管理国家事务，管理经济和文化事业，管理社会事务。"（第二条）宪法是国家的根本大法，参与权是人权的重要体现，公民是一切参与活动的主体，这是对人民主人公地位的确认和保护。从程序的参与原则来讲，就是要让公民在参与中的主体形象得到体现和保证。根据参与原则的要求，一切需要和应该邀请公民参与的事务都应该充分发挥公民的参与权；一切对公民参与权的轻视和亵渎都是对人权的侵犯，严重的要受到相关法律和法规的惩处。

（四）为"集体讨论决定"设置科学程序

党的十八届四中全会《中共中央关于全面推进依法治国若干重大问题的决定》（以下简称《决定》）强调"制度化、规范化、程序化是社会主义民主政治的根本保障"。《决定》中关于"健全依法决策机制"提出："把公众参与、专家论证、风险评估、合法性审查、集体讨论决定确定为重大行政决策法定程序，确保决策制度科学、程序正当、过程公开、责任明确。"这些程序的设置，保障了行政决策文件出台的科学性和法规性，但是，要真正让每一个环节落到实处，还需要对这些上位法定程序做出更加具体可行的下位操作程序（也称保障程序），如对"集体讨论决定"这个法定程序就需要设置科学有效的保障程序。

为"集体讨论决定"设置保障程序，大体包括以下几个内容。

其一，将决策讨论件提前送达讨论者手中。这里强调的是时间程序：事物都是在一定的时间和空间中运动的，没有时间的保证，再好的愿望也只能是一句空话。我们经常会参加这样的会议，到了会场才看到需要讨论决定的材料。大家临时发挥，很难保证对所需讨论问题的科学全面认识，这样的决策虽经"讨论"，但它的科学性是会受到影响的。

其二，应有两个及以上可供讨论或有不同意见的决策方案。这里说的是空间上的程序。在纷繁复杂的世界里，特别是在当今大数据时代，多元化、多样化是一个重要特征。在讨论重大行政决策文件时，只有一个版本供讨论，充其量只能是小改小革，虽然有一定的作用，但不能从根本上保证其科学性。行政决策就是要在不同意见中比较选择。在提供多个或不同意见方案时，可发表主持方的意见，这样既保证了方案的多样性和可选择性，也体现了主持方的意见，使讨论更加集中更有成效。

其三，对特殊领域或专业的问题，拟请相关专家到会解读。这里讲的是人员选择的程序问题。我们经常可以听到这样的话，请参会者"各抒己见、畅所欲言"。在很多情况下，这样看似民主的提倡其实是不科学的。规范性文件涉及的领域和问题，不是每一个教授或专家都有发言权的，如果主持人请了不是这方面的专家开会讨论，他们又很踊跃地"畅所欲言"，是得不到真正的好效果的，有时还可能把事情办砸。研究什么样的问题请什么样的专家（可根据情况适当放宽人选），这是保证讨论会科学高效的又一个程序。

其四，记载参与讨论者的不同意见，以便根据档案资料追究责任或奖励功勋。以证据说话，实事求是，这样才能保证决策文件制定的科学性和参与讨论决定的领导者、与会者职责的严肃性。随着依法治国理念的深入，为官者要有为，不仅要追究在任者的责任，还要对已经离职、卸任者实施终身追究制。同时，对决策文件收到良好效果、发挥积极作用的参会人员，也要给予表彰和奖励、业绩考核和职务晋升，这些都是需要有原始记录为证的。

其五，设立监督反馈机制，随时调整和修改决策。事物都是在运动中发展中变化的，不可能有任何一项决策文件永远正确。只有设立及时通畅的监督反馈机制，让讨论者不断听到、看到决定文件的实施情况，才能保证之后的讨论更加有的放矢、步步深入、日趋完善。

"集体讨论决定"是一个重要的法定程序，让我们为它设置更加科学有效的保障程序，使其发挥更好的作用。①

（五）保障人民参与国家和社会治理

我国国家制度和国家治理体系具有坚持人民当家作主、发展人民民主、密切联系群众、紧紧依靠人民推动国家发展的显著优势。这一显著优势有多种表现，其中一个重要方面是通过一系列行之有效的制度安排和活动规范，切实保障人民享有参与国家和社会治理的权利。

习近平在十九届四中全会上讲话指出："评价一个国家政治制度是不是民主的、有效的，主要看国家领导层能否依法有序更替，全体人民能否依法管理国家事务和社会事务、管理经济和文化事业，人民群众能否畅通

---

① 赵振宇：《为"集体讨论决定"设置科学程序》，《学习时报》2015年6月8日。

表达利益要求。"①

人民参与国家和社会治理，彰显了中国式民主广泛、真实、管用的特点和优势，能保证党和国家事业始终以人民为中心、为人民谋幸福，也能有效汇聚起蕴藏在人民群众中的智慧和力量，为党和国家事业发展提供源源不断的动力。我们要通过加强制度建设，不断完善制度程序和参与实践，保证人民享有更广泛、持续、深入参与国家和社会治理的权利，丰富有事好商量、众人的事情由众人商量的制度化实践。

广泛参与，最大限度调动公民参与的积极性。所谓"广泛"，强调了两个意思，一是参与的人员众多，可以充分发挥他们各自的优势，在他们各自熟悉的领域里畅快地发表自己想得到、说得好的真知灼见，有效地助力国家决策和社会治理；二是涉及的问题范围广大，关注的问题众多，既有涉及国家方针政策的问题，也有关乎百姓生活的衣食住行问题。由于参与者的资历和经历不同，根据不同人员的不同情况，多组织他们在自己熟悉的领域发表意见，是十分重要的。人民参与国家和社会治理，是实实在在的、全方位的。对涉及人民群众切身利益的问题，商量得越全面、越深入越好。在调研、决策、执行、监督、评估等各个环节，都要让人民群众参与进来，保证决策顺乎民意、合乎实际。

持续参与，用制度体系保证人民当家作主。所谓"持续"，讲的是公民参与管理国家事务的连续性和一贯性。《宪法》规定："中华人民共和国的一切权力属于人民"，"人民依照法律规定，通过各种途径和形式，管理国家事务，管理经济和文化事业，管理社会事务"。这是国家宪法对人权的最高要求和切实保障。这里有两层意思。其一，既然人民是国家主人，公民参与管理国家的意见表达和实践行动就不可能只是一时的、短暂的、某一区域的、某一方面的。这种参与自然也必定是随着国家社会经济文化的发展和进步持续不断地进行。时间的连续性和问题的广泛性是公民参与管理国家事务持续性的重要保障。其二，要让公民参与成为一种长期进行的常态，就必须有制度来对此保证、规范和约束。公民参与程序的科

---

① 《习近平：坚持和完善中国特色社会主义制度推进国家治理体系和治理能力现代化》，《求是》2020年第1期。

学化是一个重要前提。

深入参与，追求公民参与效果的最大化。所谓"深入"，讲的是公民参与管理的力度和参与的效果。公民的参与不仅表现在一定的会议，一定的文件，一定的媒体语言、文字和一定的活动形式上，更体现在地方和国家的重大行政计划、管理决策的制定和实际成效之中。公民参与只是表现在过程中，还是同时表现在结果上，是对参与是否"深入"，是否有成效及成效大小的一个实践检验。政治民主化的增量推进，加快了思想解放的步伐。民主政治迈步向前，保障公民讲真话的权利，它是行政决策科学化的首要前提，它不仅有益于社会秩序的回归，同时对提升公民素养，也大有裨益。

保障人民参与国家和社会治理，还应科学合理地设计相关程序和环节，完善相关制度安排。对于参与的事务要注重区分层次、专业、领域，既使利益相关各方都能充分表达意见诉求，又使参与过程有制可依、有规可守、有章可循、有序可遵，保证广大人民群众规范有序参与国家和社会治理。2019年9月1日，经国务院征求意见、修改公布的《重大行政决策程序暂行条例》开始实行。该条例对重大行政决策事项范围、重大行政决策的做出和调整程序、重大行政决策责任追究等方面做出了具体规定。制度和规范在不断发展完善，只有这样，也必须这样，才能保证公民"深入"参与治理的效果最大化得以实现。

当前，移动互联网、大数据、物联网、云计算和人工智能等新一代信息技术蓬勃发展，先进技术手段与社会治理深度融合，为人民广泛、持续、深入参与治理活动提供了便捷高效的平台和渠道。应充分运用这些技术手段科学整理、分析、汇总各方面的真知灼见，使之成为决策制定和调整的重要依据，保障人民群众的合理意见诉求得到尊重、落到实处。①

（六）为开好"基层代表座谈会"设置保障程序

2020年9月17日，习近平总书记在湖南考察时召开了基层代表座谈会，听取大家对"十四五"规划编制的意见和建议，受到社会各界人士

---

① 赵振宇：《保障人民参与国家和社会治理》，《人民日报》2020年1月15日，《新华文摘》2020年第6期摘发。

的好评热议。党的十八届四中全会强调"制度化、规范化、程序化是社会主义民主政治的根本保障"。党的十八届四中全会《决定》中关于"健全依法决策机制"提出："把公众参与、专家论证、风险评估、合法性审查、集体讨论决定确定为重大行政决策法定程序，确保决策制度科学、程序正当、过程公开、责任明确。"这些程序的设置，保障了行政决策文件出台的科学性和法规性，但是，要真正让每一个环节落到实处，还需要对这些上位法定程序做出更加具体可行的下位操作程序（也称保障程序）。"基层代表座谈会"就是"公众参与"里的一个重要组成部分，为保证其高效有序，就需要设置科学有效的保障程序。

为保证"基层代表座谈会"制度化、常态化，提高会议效率，需要把握以下几点。

其一，选好代表。代表人选择的优劣强弱直接关系到会议成效。此次湖南举行的座谈会，虽然只请了10位代表，却是经过精心挑选的，他们最大限度地代表多方面的利益和意见，保证会议能在有限时间里收集到更多更好的民意。为选好代表，需在辖区、单位，举办一些类似出谋划策、集思广益的座谈会、演讲会，这样，既能促进地方改进工作，也能让基层代表受到训练，提高掌握实情、有效表达的能力。同时，有关部门也要时常关注媒体的相关报道，发现适宜参加不同内容座谈会议的代表人选。

其二，互动交流。座谈会是说和听的统一，只有说，没人听或听的人心不在焉，这样的会议是没有什么成效的，更重要的是，这是对代表主人翁身份的亵渎，与会议的宗旨背道而驰。为了做到互动交流，一是要在会上真诚倾听（倾听是一项任务，也是一门学问），对会议涉及的内容做深入细致的功课准备，只有这样才能即刻和适时回应代表的意见和建议；二是要在会下，通过互联网了解会议主题所涉及的相关情况，做到参会时心中有数。习近平一到湖南就参观了三位女红军战士在汝城县沙洲村留下"半条被子"给老乡的纪念馆，并将这个故事带到会上，与代表们共享，融洽了会议气氛，深化了会议主题。

其三，反馈意见。参加座谈会，虽然是代表们畅所欲言，给领导提意见和建议，但代表们还是希望自己的发言能够得到回复，甚至所涉问题能得到解决。现在有很多网站设立互动平台，接收网民的意见和建议，但是能够有效回复的却很少，有的回复是"通用件"，有的则是"无可奉告"。信息社会讲究系统的沟通与反馈，这既是信息技术的要求，更是诚信政府取信于民的需要。在这次湖南举行的基层代表座谈会上，习近平就与代表交流了他经常关注和收到群众来信的事情，对于会上代表的意见和建议，他要求"十四五"规划建议对这些问题做出积极回应。

其四，总结鼓劲。基层代表座谈会，既是信息的交流会，更是行动的鼓动会。平时，大家很少能见到上级特别是高层领导，参加会议除了能够表达意愿外，还希望从领导那里获得走向幸福明天的鼓劲信息。参会领导要结合当时当地的情况，介绍一些新政策、新举措，同时要通过会议对全体与会者并向社会发布撸起袖子大干的鼓舞号令。习近平在座谈会上讲了四点意见，就是对参会代表和全国人民最大的鼓舞。另外，会议结束时要对会议情况进行总结，留存相关文件，以备后用。

"基层代表座谈会"是"公众参与"里的一种形式，要做好它，同时也要兼顾其他。①

三 程序化：新闻舆论传播的科学保障

（一）新闻舆论传播中的非程序化表现

随着民主政治的进步和发展，越来越多的政府部门注意使用媒体征求民主意见，这是一个进步。但是，在组织行动的开始和过程中，它们却忘记了采用科学程序或有意回避程序，违背了征求民主意见的根本宗旨。

2010年8月13日，《湖北日报》和《长江日报》四版分别刊登了武汉市东湖国家自主创新示范区为"高新大道城市设计方案"征求市民意见的整版广告。广告中除了整体城市规划图外，还有较为详细的规划说明：高新大道是雄楚大道向东的延长线，西起民族大道，东至外环线，长约15公里。该道路是连接湖北"1+8城市圈"的大动脉之一，它直接实现了东湖国家自主创新示范区与葛店经济开发区、鄂州市的对接。

本次城市设计范围：高新大道南北两侧纵深约200米的区域，总用地

---

① 赵振宇：《为开好"基层代表座谈会"设置保障程序》，《广州日报》2020年10月6日。

面积约为 1000 公顷。城市设计的重点为光谷大道至外环线两侧未建成段。设计方案拟依托高新大道和北侧九峰山溪优美的自然景观，结合科技、行政、商务、休闲等功能，将高新大道两侧设计成一条高楼鳞次栉比、山水穿梭其间、生态环境和谐、科技韵味十足、现代气息浓烈的科技走廊。

本设计方案将作为未来高新大道规划建设依据，后期招商、土地出让、规划、建设均将遵从该设计方案。

征求市民意见时间为 7 日，广告上还有联系电话。为了了解市民意见反馈情况，笔者在第 7 日拨打了留言电话。一位女士很有礼貌地告诉我，截至公示日还没有市民反映意见。"那怎么办呢？""我们还不是要听专家的意见！"

2014 年 8 月 27 日，《长江日报》一版发布消息：什么主题口号和 LOGO 最能代表武汉形象？经前期遴选，武汉城市形象口号、LOGO 各推 3 份候选设计方案，征求社会意见。

据介绍，这 3 条口号和 3 个 LOGO，是经社会征集、专业机构设计、专家论证等阶段，从 500 多条口号推荐条目和 1000 多个 LOGO 设计方案中选出。请广大市民和网民朋友，按照契合"敢为人先追求卓越"的武汉精神，延续城市历史之根和演变脉络，反映当前武汉城市追求和抱负，展示未来城市发展愿景的总体原则，根据简单、明了、新颖、美观的要求，选出最符合武汉形象的城市口号和 LOGO。

主题口号有 3 个候选条目。第一，"武汉，每天不一样！"第二，"大武汉，每天不一样！"第三，"大江大湖大武汉"。每个口号下面都有书面文字对这个口号进行介绍。

形象标识候选方案也有 3 个：一号作品、二号作品、三号作品。每个作品下面也有一段介绍文字。

从候选作品的产生过程来看，其好似是公开、公平、公正的，自然也是科学的。但是，在最后征求民意的关键时刻，在刊登这些候选作品的版面位置上的程序却是不科学的：3 个口号和 3 个作品根据什么原则排序，没有交代。而报纸的版面是有讲究的，自然读者也能领会（有的投票选中了还会有一定的奖励），于是，在这次公开征集民意中，虽然没有强迫或授意，但是出于报纸版面导向作用，处于一号位置的"口号 1"和"一号作品"就这样被"选"中了。9月16日,《长江日报》在一版发布结果:口号1"武汉,每天不一样!"当选武汉形象口号,一号作品当选武汉标识。

当前影响公民参与效果的主要因素有以下方面。其一,社会环境。包括教育、职业、收入、年龄、性别、种族、宗教、社会的流动性及居住条件。一般认为,政治参与率较高的是以下几类人:受教育程度较高、收入较高的中年男性;定居者和都市居民;种族、宗教及自愿组成团体的主要成员。其二,心理因素。包括对权力、功名和地位的需求及社会政治责任感等。这些受家庭及社会政治文化的影响,并同个人的性格特点有密切关系。学者所做的抽样调查结果表明,个性刻板、神经衰弱、狂躁的人参与意识较低;缺乏自信心、情绪悲观的人表现出较高的政治冷漠。其三,政治系统。公民政治参与的程度高低,在一定意义上取决于现实的政治系统是否提供了充分、有效、平等的参与形式和途径。政治系统的民主化程度越高,为公民提供的参与形式和途径就越多。

党的十九大报告提出,要加强协商民主制度建设,形成完整的制度程序和参与实践,保证人民在日常政治生活中有广泛持续深入参与的权利。保障公民参与管理国家事务,要把握好两个关键词,"依法"和"有序"。

"依法"说的是参与者的行为都要遵守国家和地方制定的相应法律和规定。人们在合法的前提下表达意愿、参与管理社会,有助于提高人们的法治观念和法律意识。同时,要求政府和行政机关对一切实施法律文本都要通过通俗易懂的传播方式为大众所知晓、所明白,使其自觉按法规办事。对公民的参与实践要做到赏罚分明,监督落实。奖励和惩罚是社会进行科学管理的有效杠杆,在这个过程中,不仅要求监督参与运动的结果,而且要求监督参与运动的过程,只有整个参与运动过程是合法的,才有可能保证其结果是积极有效的。

"有序"强调的是公民的一切参与都要按一定的程序办事,讲究行动的科学性。这种有序,一方面要求组织者依法行事,另一方面还要尊重参与者的意愿,使他们在自愿的前提下行使参与权利。一切国家机关和有关部门,不得以任何强迫的方式逼迫公民或利用名利等非正常因素诱导公民参与对本集团或部门有利的活动,违心地表达自己的意愿,从而达到组织者的目的。公民参与管理国家事务是公民的权利和义务，它不仅仅是一种形式，一个过程，它同时也应该表现出一种结果。公民的参与，只有以能够让他们看得见的形式表现出来，才是真正的民主。也只有这样，才能最终保障和调动公民参与政务及一切社会活动的积极性。

（二）建立和完善对舆论监督的程序设置

党的十八届四中全会的决定指出，要强化对行政权力的制约和监督。加强党内监督、人大监督、民主监督、行政监督、司法监督、审计监督、社会监督、舆论监督制度建设，努力形成科学有效的权力运行制约和监督体系，增强监督合力和实效。这里主要讲一下舆论监督的程序设置问题。

在网络媒体迅速发展和中国加入世界贸易组织的形势下，新闻媒体的角色发生着变化，话语权作为人权的一部分受到人们的重视。民主的舆论环境将使民众的言语与心愿得到畅通的表达与实现，非民主环境下的舆论环境将使民意表达不畅，同时影响社会结构中各要素的正常运作。加强舆论监督和舆论环境建设，保障公民依法有序参与管理国家事务，是我国民主政治建设中的一项重要任务。

每个人都有说话的权利。在促进政治民主建设的进程中，建立和完善一个良好的舆论环境是十分重要的。

舆论监督是舆论环境建设中的一项重要内容。舆论监督在现代社会的民主进程中发挥着越来越重要的作用：一是可以事先预防，防止偏差，保证决策和行动的正确性；二是可以及时发现问题，及时纠正，把损失降到最低；三是可以通过舆论监督过程的交流与沟通，融洽监督者与被监督者之间的相互关系，有利于党和政府及管理部门的决策与行动的良性运作；四是舆论监督的过程也是一个公民接受教育、参与管理的过程。它对于确保决策、管理的有效性，降低执行成本，反对滥用权力的腐败现象是极有帮助的。

重视和加强对政府决策和领导人的舆论监督，促使其在科学化、公开化和法制化的轨道上运行和完善，这是在新的形势下加强社会主义民主政治建设的一项重要任务。为完成该任务，还必须高度重视对舆论监督程序的设置工作，建立和健全科学、有效、合法的舆论监督机制。这是一个问题的两个方面，不可偏废，不可疏忽。

舆论监督的程序包括法律程序、道德程序、角色程序等。

法律程序。法律是我们行为的准则，一旦制定就具备强制性，一切正常人都不得以任何借口违法，对于监督者来说也应如此。舆论监督必须在宪法和法律、法规允许的范围内进行；同时，舆论监督也必然受到法律的保护。

法律保障舆论监督的正当权利。首先，我国的有关新闻法规，规定了新闻体制，即新闻传媒的机构设置、隶属关系以及机构运行原则与方针，保障了舆论监督的实施机构的合法性。其次，我国的有关新闻法规，赋予了新闻传媒传播权，即新闻传媒具有知情权、采访权、写作权、修改权、终审权、发表权和实行稿酬制度。最后，法律保障了新闻记者和新闻传媒的合法权益不受侵害。

当前，舆论监督在法律程序上的不当表现是，不仅存在对上监督流于形式和对下监督"杀伤过大"的问题，而且个别新闻媒介的舆论监督有时取行政和法律的功能而代之，表现出凌驾于其他社会机构和监督部门甚至法律机构之上的倾向，出现超越应有功能、不当干预，特别是影响司法操作的现象。

诚然，新闻舆论监督促进了一些久拖不决的民生问题得到解决，起到了积极的作用；但是，有时出现的媒介主导现象不仅导致司法部门失去自己的独立判断和负责能力，而且助长了下层机构通过媒介信号揣测上级意图，唯上是听的不良社会风气。这种违反程序的操作，降低了新闻媒介的可信度，影响了新闻舆论传播和舆论监督的效果。对此，新华社南振中先生提出，应在社会主义市场经济条件下，尽快制定《新闻舆论监督准则》《新闻舆论监督条例》和《新闻舆论监督法》。这一法规体系的形成，有助于改变新闻舆论监督的无序状态，使新闻舆论监督沿着规范化、法制化的轨道健康发展。这些意见是值得我们高度重视的。

道德程序。道德是以社会舆论、信心、习惯、传统和教育的力量来调整人们之间以及人与自然、人与社会的相互关系。道德虽然不像法律那样对人们具有强制性，但它也是调整人们相互关系的一种行为规范。新闻舆论监督，除了遵循法律程序外，还必须遵循道德程序。

1991年1月，中华全国新闻工作者协会通过了《中国新闻工作者职业道德准则》，后历经 1994 年 4 月、1997 年 1 月、2009 年 11 月三次修订。2019 年 11 月，立足于新时代的新形势新任务新要求，中华全国新闻工作者协会对准则进行了第四次修订，并于 12 月 15 日向社会公布。

准则提出，新闻工作者要坚持用习近平新时代中国特色社会主义思想武装头脑，增强"四个意识"，坚定"四个自信"，做到"两个维护"，牢记党的新闻舆论工作职责使命，不断增强脚力、眼力、脑力、笔力，自觉遵守国家法律法规，恪守新闻职业道德，自觉承担社会责任，做政治坚定、引领时代、业务精湛、作风优良、党和人民信赖的新闻工作者。

准则提出，坚持以人民为中心的工作导向，保持人民情怀，及时回应人民群众的关切和期待，畅通人民群众表达意见的渠道。加强和改进舆论监督，激浊扬清、针砭时弊，坚持科学监督、准确监督、依法监督、建设性监督。

准则强调，坚持新闻真实性原则，努力到一线、到现场采访核实，报道做到真实、准确、全面、客观。坚持网上网下"一个标准、一把尺子、一条底线"。

准则强调，坚持改进创新，遵循新闻传播规律和新兴媒体发展规律，强化互联网思维，顺应全媒体发展要求，创新理念、内容、体裁、形式、方法、手段、业态等，适应分众化、差异化传播趋势，敢于打破思维定式和路径依赖，善于运用网络新技术新应用，不断提高传播力、引导力、影响力、公信力。

准则提出，增强法治观念，遵守宪法和法律法规，切实维护国家政治安全、文化安全和社会稳定。遵守党的新闻工作纪律，遵守新闻采访规范，尊重和保护新闻媒体作品版权。

准则提出，要努力培养世界眼光和国际视野，生动诠释中国道路、中国理论、中国制度、中国文化，着重讲好中国的故事、中国共产党的故事、中国特色社会主义的故事、中国人民的故事，让世界更好地读懂中国。

新闻工作者的职业道德教育，不仅要长期不懈地抓下去，而且要从大学的新闻系学生抓起，从一切想从事这项工作的"准记者"们抓起。要制定一系列切实可行的行为激励和约束机制，使新闻从业人员的道德程序落到实处。

搞舆论监督，一般来说都希望用公开报道的形式，这样可以使被监督者的行为和过程公布于众。公开报道一般有利于问题的解决，对于一些腐败问题，还可以起到震慑邪恶、伸张正义、警戒大众的作用。正因为这样，一些有问题的领导或腐败坏分子才惧怕媒体曝光。新闻媒体能够利用公开报道的方式，揭露问题和腐败，促使问题的解决和对腐败的惩治，也是新闻工作者参与社会，为社会做贡献的一种表现，应该受到肯定和赞扬。

"内部参阅"是舆论监督中的一种必不可少的报道方式，应受到媒体和有关领导、部门的重视。在新闻单位，每年除了对公开发表的新闻作品予以评选奖励外，还召开有关内参的研究和评选会。从参评稿件中反映的问题来看，内参大致有以下几种类型。揭露型。它是内参最基本也是影响力最大的一种。此类内参有的揭露重大事件内幕、事实真相，有的揭露领导干部腐败丑行，有的揭露损害人民群众利益的恶性案件，等等。情况反映型。这类内参以反映信息，研究问题为主。批评建议型。这类内参用于发现问题、反映问题，提供解决问题的方法和思路，为领导决策服务。

公开报道和内部参阅是新闻媒体进行舆论监督的两种必不可少的形式，要视具体报道对象和问题决定采用哪种形式。在新闻从业人员中要纠正一种倾向，即只愿进行公开报道，不愿干内参工作。其实，内参的作用是十分巨大的，同时，在司法过程中它还受到某种程度的保护。当然，内参也要实事求是，也要按新闻规律办事。

角色程序。角色程序说的是在舆论监督中，新闻记者在采访报道中的角色位置问题。人在社会中生活，因承担一定社会责任而扮演一定社会角色。不同的社会角色，要求该角色有不同的社会表现，否则，便会发生角色冲突。

在当前的舆论监督中，记者（含评论员、编辑等）的角色错位大致表现在两个方面，其一是超越法律的界限，以居高临下的姿态干预法律生活，在自己的采访报道中常有命令指挥司法部门如何行为的言辞；其二是超越普通公民的界限，以为自己就是人民的代言人，在采访报道中常以自己的意见代表大众的意见，对公民中的不同意见特别是与自己相左的意见不予支持，甚至全部否定。新闻法学专家魏永征指出："人民并没有把自己的言论出版新闻自由等权利授予新闻媒介和新闻工作者。所谓'记者是人民的代言人'的说法，是从道义上说的，不能说人民有了代言人，自己就不用说话了。新闻工作者是作为人民的一分子，与广大人民一起来行使这些权利的。新闻工作者的采访权、报道权、评论权、批评权和通信权、传播权等等，只是公民行使表达权和知情权的一种具体形式，是一种职业权利。"这些意见是十分重要和正确的。在现实生活中，记者角色的混乱和错位，不仅影响了其他角色者的意见表达，同时也使我们的舆论监督报道在某些情况下表现出一定程度的不足，影响到舆论监督的效果。新闻工作者的采访权、报道权、评论权，只是公民行使表达权和知情权的一种具体形式，是一种职业权利。记者的一切采访、报道活动必须遵守这种角色的程序要求，不得有违。①

---

① 赵振宇：《程序化：新闻舆论传播的科学保障》，《文化传播研究》2019年第6期。

后　记

本书是一部有机融合新闻学、传播学、管理学和政治学等学科理论资源，"用中国理论解读中国实践"的哲学社会科学探新之作。

我自1982年大学毕业后被分配到中共武汉市委机关报《长江日报》工作，先后当过记者、编辑、评论员、周刊部主任、评论理论部主任和《文化报》总编辑，任高级编辑。2001年应华中科技大学新闻学院吴廷俊院长邀请，任新闻系主任，后任华中科技大学新闻评论研究中心主任、二级教授。

在40余年的报社新闻实践和大学教学研究中，我主持的《长江日报》"人与社会"专栏获1988年"全国好新闻奖"（后改为"中国新闻奖"）全国唯一的好专栏一等奖。1994年起，由长江日报社周刊部、武汉电视台经济部、武汉电台新闻部联合主办的《热门话题纵横谈》专栏，进行了多媒体相融的成功尝试。时任中宣部部长丁关根作批示，表扬了这一专栏，并要求中宣部新闻局和中央电视台派人来汉总结3家新闻单位联办的经验，向全国新闻单位宣传，促使新闻报道形成合力。结合全国新闻界的创新实践和自己的思考研究，2000年我出版了《新闻策划》（武汉出版社）。调入大学后，我撰写的《新闻报道策划》和《现代新闻评论》（武汉大学出版社）先后于2006年、2008年被列为普通高等教育"十一五"国家级规划教材。2018年我与教学团队主持的"新闻评论人才培养创新体系的建构与实施"，获教育部四年一度的国家级教学成果二等奖。我们创办新闻评论团、新闻评论班和新闻评论研究中心等开展新闻评论特色教育，被媒体誉为"新闻评论的黄埔军校"。我本人也获得了华中科技大学教学名师、华中学者、武汉市人民政府参事、国务院政府特殊津贴专家和马克思主义理论研究和建设工程首席专家等荣誉。在多年新闻实践和教学研究的同时，我也学习和开展了哲学社会科学有关方法论的研究，完成了本书《新闻传播与管理科学方法四论》的写作。

新闻策划论，是本书第一论。本论围绕什么是新闻报道策划，为什么不能搞"新闻炒作"，提出了新闻报道的价值前提、事实前提、时效原则和整体原则等。强调在各类策划中，新闻人必须到一线、循规律、出佳作，提高责任意识、讲究科学方法、发挥创造精神。为了积极面对挑战、科学把握未来，本书特别提出实施编辑主导责任制和探索怎样讲好中国故事。

第二论是舆论引导论。这是我主持国家社科基金重点课题的结项成果。本论主要研究了突发事件及其演变特征、应对策略、引导机制，加强和完善常态化管理机制等问题。本论还结合近年发生的新冠疫情，提出对民众呼声要"有所应"，更要"有所为"，面对不确定信息领导要担责、加强和完善新闻发布的程序化建设等。

第三论是激励方法论，研究的是如何发掘人力资源问题。本论提出激励的作用、问题及对策，对不同人群的激励方法，激励的基本原则，完善奖励法规和建立中国特色奖励学等问题。我从20世纪80年代中后期即开始了对这一课题研究，先后出版了《奖励的奥妙》《奖励的科学与艺术》《神奇的杠杆——激励理论与方法》等多部著作，在《社会科学》等刊物发表多篇论文，在多家媒体开辟《奖励学漫谈》等专栏，发表作品多次获中央及地方媒体和政府的奖励，《社会科学学科辞典》以词条形式对本人和研究成果予以介绍。

第四论是程序科学论。20世纪80年代初，中央提出决策科学化，以克服领导决策的随意性弊端。当时我就认为，只有程序科学化才能有效解决这一难题。2002年中央正式将"程序化"写进党的十六大报告。我撰写的论文获得了时任中央政治局委员、湖北省委书记俞正声的肯定批示，发文要求全省领导干部学习。我于2005年主持了国家社科基金有关程序论的项目课题，2008年出版《程序的监督和监督的程序》。本论提出非程序化的危害及对策，程序设置的基本原则，建立和完善程序化建设的有效途径，掌握程序科学的方式方法，不断促进人与社会、人与自然、人与人的和谐等。

本书以规范和调适民众、媒体、政府和社会的关系为出发点，聚焦新闻策划、舆论引导、人员激励和决策程序等重大议题，尝试探析协调四者运行关系的科学方法与实践路径。以问题为导向是研究者的责任，实践是检验真理的唯一标准，而时间则最终评判人们认知与实践的是非功过、真伪优劣。本书思考和写作历40年之久，它是一个不断学习、交流、提高的过程。感谢华中科技大学新闻与信息传播学院将其纳入"喻园新闻传播学者论丛"出版，感谢社会科学文献出版社各位编辑同人精心编辑校正，更要感谢能够读到本书的诸位读者朋友，希望能够听到大家的意见和建议。

赵振宇

2023年夏于武汉

图书在版编目(CIP)数据

新闻传播与管理科学方法四论 / 赵振宇著. -- 北京：社会科学文献出版社，2024.2
（喻园新闻传播学者论丛）
ISBN 978-7-5228-3043-8

Ⅰ.①新… Ⅱ.①赵… Ⅲ.①新闻学-传播学-管理学-研究 Ⅳ.①G210②C93

中国国家版本馆CIP数据核字（2024）第019334号

喻园新闻传播学者论丛
新闻传播与管理科学方法四论

著　　者 / 赵振宇

出 版 人 / 冀祥德
责任编辑 / 周　琼
文稿编辑 / 张静阳
责任印制 / 王京美

出　　版 / 社会科学文献出版社·政法传媒分社（010）59367126
　　　　　　地址：北京市北三环中路甲29号院华龙大厦　邮编：100029
　　　　　　网址：www.ssap.com.cn
发　　行 / 社会科学文献出版社（010）59367028
印　　装 / 三河市尚艺印装有限公司

规　　格 / 开　本：787mm×1092mm　1/16
　　　　　　印　张：20.25　字　数：314千字
版　　次 / 2024年2月第1版　2024年2月第1次印刷
书　　号 / ISBN 978-7-5228-3043-8
定　　价 / 98.00元

读者服务电话：4008918866

版权所有 翻印必究